Natasha Belfort Palmeira

A forma livre

Baudelaire e Machado de Assis

editora■34

9 Do poema ao romance
NATASHA BELFORT PALMEIRA

53 *A espingarda de Baudelaire (1867)*

57 *O spleen de Paris*
na imprensa brasileira (1871-1879)

59 O estrangeiro [*L'Étranger*]
60 Embriagai-vos [*Enivrez-vous*]
61 Um hemisfério nos cabelos
[*Un Hémisphère dans une chevelure*]
63 Fora do mundo [*Anywhere out of the World.
N'importe où hors du Monde*]
65 Vênus e o louco [*Le Fou et la Vénus*]
66 Desejo de pintar [*Le Désir de peindre*]
68 Epílogo [*Épilogue*]
70 O relógio [*L'Horloge*]
72 O ideal e o real [*Laquelle est la vraie?*]
73 As quimeras [*Chacun sa Chimère*]
75 O bobo e a Vênus, poema em prosa
[*Le Fou et la Vénus*]
76 Um hemisfério nos teus cabelos
[*Un Hémisphère dans une chevelure*]
78 O estrangeiro, poema em prosa [*L'Étranger*]

79 O *dolce far niente* da poesia

Campos Carvalho (1871)
83 Cinismo e charuto
94 Página de bitume (Inspiração à punhal)
101 Ode ao cigarro!
109 A Senhora Lanceta

Autor desconhecido (1872)
133 Uma vítima do himeneu,
poema em prosa em três cantos

Luís Guimarães Júnior (1871-1872)
151 Literatura angélica, poemas em prosa
155 Introdução de *Arabescos*
164 *Arabescos*
169 Seráfica
171 O lobisomem
178 Esmola
180 Canto de amor
182 As nuvens

José de Alencar (1872)
187 Introdução de *Noturnos*

Machado de Assis (1872)
193 Dois livros

Alberto Coelho da Cunha (1873)
197 Fantasias: Vozes à toa

201 *Charles Baudelaire almoçava (1875)*

Machado de Assis (1878)

207 O bote de rapé: comédia em sete colunas
218 Um cão de lata ao rabo
227 Filosofia de um par de botas
234 Elogio da vaidade

Carvalho Júnior (1876-1879)

245 Um amor filósofo (Romance microscópico)
252 Aspásia (Fantasia)

Raul Pompeia (1885-1886)

259 A noite
261 Rumor e silêncio

Cruz e Sousa (1893-1898)

265 Bêbado
268 No inferno

275 A forma livre

Charles Baudelaire (1864)

279 A moeda falsa

Machado de Assis (1880-1905)

283 O almocreve
286 A propósito de botas
290 Chovendo
292 A esmola da felicidade

Sobre os autores e tradutores

297 Alberto Coelho da Cunha

298 Campos Carvalho

298 Carvalho Júnior

300 Cruz e Sousa

301 Gama Rosa

303 Luís Guimarães Júnior

304 Raul Pompeia

309 **Cronologia**

317 **Referências bibliográficas**

327 **Índice onomástico**

Do poema ao romance
Natasha Belfort Palmeira

Parte deste ensaio foi publicada em "Outro Baudelaire: sobre a forma livre de *O spleen de Paris* e das *Memórias póstumas de Brás Cubas*". *Novos Estudos CEBRAP*, vol. XL, n. 3, 2021, pp. 517-31.

Certa vez Antonio Candido escreveu que "estudar literatura brasileira é estudar literatura comparada".[1] Esse comparatismo seria espontâneo, uma vez que a literatura de um país colonial como o Brasil surge "como o prolongamento de outras", que se tornam assim tanto exemplos para a produção literária como parâmetros para o trabalho crítico. Por isso não surpreende que a "formação da literatura brasileira" estudada por Candido tenha sido fruto de uma atitude de fundo comparatista dos próprios escritores brasileiros, ocupados com sua "dupla fidelidade" à realidade local e à tradição ilustre do Ocidente.

Porque soube "se embeber meticulosamente" da obra dos predecessores sem perder de vista a literatura europeia, Machado de Assis é pedra angular desse processo. Assim, nas *Memórias póstumas de Brás Cubas*, obra decisiva para a trajetória do escritor e para o romance brasileiro, Machado "assimila, aprofunda e fecunda"[2] tanto o legado de Manuel Antônio de Almeida, Joaquim Manuel de Macedo e José de Alencar, como

---

1 Antonio Candido, "Literatura comparada", in *Recortes*. São Paulo: Todavia, 2023, p. 262.

2 Id., *Formação da literatura brasileira: momentos decisivos*. São Paulo: Todavia, 2023, p. 443.

aquele "de um Sterne ou de um Xavier de Maistre".[3] E não menos — é essa a minha tese — a lição de um contemporâneo seu às voltas com a invenção de uma forma capaz de dar corpo às errâncias e guinadas da consciência moderna: Charles Baudelaire.

Foi há pouco mais de três anos, no sossego da leitura sem compromisso de *O spleen de Paris* que este ensaio começou a tomar forma. De improviso, o curioso colete e as moedas de um dos poemas em prosa do livro me levaram, como se verá, a um dos capítulos das *Memórias póstumas*, e desse a uma busca que envolvia a recepção de Baudelaire em terras brasileiras, assim como a importação e o desenvolvimento do poema em prosa por aqui. A partir dessa leitura por assim dizer exógena — já que ela não emergia do texto e do tradicional estudo das fontes, mas sim de poemas à primeira vista sem relações com o romance de Machado —, um período da nossa história literária e um aspecto importante do romance decisivo de um dos maiores escritores do país apareciam sob nova luz.

Neste livro o leitor descobrirá um novo capítulo da fortuna crítica de Baudelaire no Brasil; nossos primeiríssimos e deliciosos poemas em prosa; um grupo de jovens poetas da década de 1870 — a boêmia literária que nasce em torno das duas academias de direito da época, em São Paulo e em Recife; e uma nova faceta de Machado de Assis, que aos trinta e poucos anos se deixa contaminar pelo frescor e irreverência dessa mocidade, sem, contudo, perder o chão, além de uma nova matriz formal das *Memórias póstumas de Brás Cubas*.

E como esse "mestre na periferia" escreve de um país distante daquele habitado pelo grande "lírico no auge do capita-

---

3 Machado de Assis, "Prólogo da quarta edição das *Memórias póstumas de Brás Cubas*" [1881], in *Obra completa em quatro volumes*. São Paulo: Nova Aguilar, 2015, vol. I, p. 599.

lismo",[4] mas não de outro mundo, os leitores destas páginas irão se deparar com uma nova sugestão de leitura de *O spleen de Paris*, isto é, partindo do romance para chegar aos *petits poèmes* — o que prova que toda literatura nacional só tem a ganhar com a literatura comparada. Afinal, como disse outro crítico, "nossa pátria filológica é a Terra".[5] Nesse vaivém, a famosa fórmula que Machado encontrou para dar nome às *Memórias póstumas de Brás Cubas*, "a forma livre", alcança novas latitudes. Mas antes de voltarmos a ela, comecemos pela viagem de Baudelaire aos trópicos.

*

Até recentemente a história da recepção de Baudelaire no Brasil se confundia com a fortuna crítica de *As flores do mal*. Os dois maiores levantamentos das traduções do poeta no país enumeram poemas desse livro,[6] e o mais recente e incontornável estudo sobre o assunto, *Aclimatando Baudelaire*, de 1996, trata sobretudo do transplante dessas *flores*.[7] A princípio, não haveria razão para que assim não fosse, afinal, segundo um célebre contemporâneo ultramarino de Baudelaire, era mesmo desse buquê que provinham o tom e os temas de certa "poesia

4   Walter Benjamin, *Obras escolhidas III. Charles Baudelaire: um lírico no auge do capitalismo*. Trad. de José Carlos Marins Barbosa e Hemerson Alves Baptista. São Paulo: Brasiliense, 2010.

5   Erich Auerbach, "Filologia da literatura mundial", in *Ensaios de literatura ocidental. Filologia e crítica*. Org. de Davi Arrigucci Jr. e Samuel Titan Jr. Trad. de Samuel Titan Jr. e José Marcos Mariani de Macedo. São Paulo: Editora 34, 2012, p. 372.

6   Cf. Tavares Bastos, *Baudelaire no idioma vernáculo*. Rio de Janeiro: Livraria São José, 1963 e Jamil Almansur Haddad, "Baudelaire e o Brasil", in Charles Baudelaire, *As flores do mal*. Trad., intr. e notas de Jamil Almansur Haddad. São Paulo: Max Limonad, 1981.

7   Cf. Glória Carneiro do Amaral, *Aclimatando Baudelaire*. São Paulo: Annablume, 1996.

priapesca" que marcou boa parte da produção poética brasileira no final dos anos 1870.[8]

Machado de Assis escreve isso em 1879, em ensaio sobre a produção de jovens poetas influenciados por dois grandes escritores franceses do século, Baudelaire e Victor Hugo. A escola hugoísta parecia ter tido um fim com Castro Alves. Quanto à influência do primeiro, comenta que "a imitação é mais intencional do que feliz. O tom dos imitadores é demasiado cru; e aliás não é outra a tradição de Baudelaire entre nós. Tradição errônea. Satânico, vá; mas realista o autor de 'D. Juan aux enfers' e de 'Tristesses de la lune'!".[9] Para o gosto de Machado, a nova geração carregava nas tintas ao traduzir a poética baudelairiana no amor às carnes, de onde viria, segundo ele, a "nota violenta" criticada nos versos de Carvalho Júnior e até então inédita na poesia brasileira.

Mais próximo de nós, o crítico Antonio Candido mostrou, em estudo sobre a influência de Baudelaire em nossa literatura, como a inicial "deformação" do poeta francês tinha fundamento histórico: o realismo carnal de poetas como Carvalho Júnior, Teófilo Dias e Fontoura Xavier corresponderia às "necessidades expressivas" da juventude de um país provinciano e atrasado. Daí o Baudelaire "unilateral", agressivamente erótico

---

8   Machado de Assis, "A nova geração" [*Revista Brasileira*, 1 dez. 1879], in *Obra completa em quatro volumes*. São Paulo: Nova Aguilar, 2015, vol. III, p. 1238.

9   Ibid., p. 1234. Machado comentava com propriedade. Não custa lembrar, a esse respeito, que Baudelaire publicara os primeiros poemas de *As flores do mal* em 1855, na *Revue des Deux Mondes*, revista que Machado lia e apreciava, e cuja assinatura era oferecida nas principais livrarias cariocas da época, como a B.-L. Garnier. Também será nas páginas desse periódico que Machado acompanhará a fortuna crítica francesa e contemporânea da obra, assumindo leitura independente, sobretudo ao se contrapor à associação pejorativa da obra de Baudelaire ao realismo, como apontou Gilles Abes, "A recepção de Baudelaire no Brasil: obra e fortuna crítica". *Remate de Males*, vol. XLII, n. 1, pp. 108-31, jan./jun. 2022.

e pouco satânico, graças ao qual seria possível combater em literatura os valores tradicionais da sociedade e do romantismo declinante. Um bom exemplo dessa apropriação enviesada do poeta francês é "Profissão de fé", de Carvalho Júnior, poema que, segundo o crítico, de fato poderia ser lido como um manifesto antirromântico:

> *Odeio as virgens pálidas, cloróticas,*
> *Belezas de missal que o romantismo*
> *Hidrófobo apregoa em peças góticas,*
> *Escritas nuns acessos de histerismo.*

> *Sofismas de mulher, ilusões óticas,*
> *Raquíticos abortos de lirismo,*
> *Sonhos de carne, compleições exóticas,*
> *Desfazem-se perante o realismo.*

> *Não servem-me esses vagos ideais*
> *Da fina transparência dos cristais,*
> *Almas de santa em corpo de alfenim.*

> *Prefiro a exuberância dos contornos,*
> *As belezas da forma, seus adornos,*
> *A saúde, a matéria, a vida enfim.*[10]

Imitação do soneto "L'Idéal" de Baudelaire, esses versos forçam os sinais antitéticos do modelo: o que já não satisfaz a um ganha precisão — o romantismo torna-se o alvo da aversão — e provoca ódio no outro; o ideal estético original assume os tons de um realismo mais terra a terra, e os contornos da matéria comum substituem a pose insólita da estátua de Michelangelo. Na visão de Carvalho Júnior, assim como na de outros contem-

---

10 Carvalho Júnior, "Profissão de fé", in *Parisina, escritos póstumos*. Rio de Janeiro: Tipografia de Agostinho Gonçalves Guimarães & C., 1879, p. 87.

porâneos seus, Baudelaire era tido por realista,[11] epíteto para o qual Machado de Assis torceria o nariz no ensaio sobre "A nova geração": é que as ciências modernas, escreve, "despovoaram o céu dos rapazes" e "lhes deram diferente noção das coisas".[12]

A confusão dos termos e escolas tinha a ver com o "bando de ideias novas"[13] que passavam a circular pelo país a partir do final dos anos 1860 e início de 1870, e cujos princípios colocariam a nu as estruturas arcaicas do Império, dando sopro a novas formas políticas e sociais. Basta mencionar dois eventos importantes dos primeiros anos da década de 1870: a fundação do Partido Republicano e a promulgação da Lei do Ventre Livre — e não por acaso boa parte dessa primeira leva de baudelairianos é tão republicana como abolicionista. As doutrinas importadas nutririam também a reação antirromântica nacional, que culminaria, em 1878, no debate em torno do mais novo romance de Eça de Queirós — do qual Machado também participa — e na chamada "batalha do Parnaso". E, para completar o quadro, vale lembrar que, como o romancista português, pertenciam à "geração Coimbra", ou "geração 70", os poetas

---

11 Como bem notou Paolo Tortonese, são diversas as facetas que Baudelaire adquire ao longo do tempo, da publicação de *As flores do mal* até hoje. Porém, elas sempre oscilam entre duas visões do poeta, a do Baudelaire romântico e a do antirromântico, que teve maior sucesso. O Baudelaire realista de Champfleury e de Courbet, dos jovens poetas brasileiros criticados por Machado e, antes deles, o de Ernest Pinard (o procurador imperial à frente do processo contra o poeta em 1857) pertence a esse último grupo. Já o Baudelaire de Machado é como ele próprio, e também como Flaubert, "*le poète du romantique en creux*", o poeta do romanstismo esgotado, "esvaziado de sua substância", "entre os sonhos da juventude e as constatações da idade adulta, entre o culto da poesia e a análise corrosiva". Paolo Tortonese, "Baudelaire romantique et antiromantique". *L'Année Baudelaire*, vol. xviii/xix, 2014, p. 153.

12 Machado de Assis, "A nova geração", op. cit., p. 1231.

13 Sílvio Romero, "Explicações indispensáveis", in *Tobias Barreto: vários escritos*. Rio de Janeiro: Laemmert & C. Editores, 1900. p. xxiv.

Antero de Quental e Guerra Junqueiro, ambos muito lidos pelos primeiros baudelairianos brasileiros, e em cujas poesias já se misturavam a poesia de Baudelaire e o estilo da "ideia nova".

Nosso realismo poético surgiria desse caldo, que se refletia nas suas diferentes denominações — "movimento realístico-social", "poesia científica", "musa cívica" ou ainda "escola de Chacal" — e indicava um período de transição. No ensaio sobre os baudelairianos da décadade de 1870, Antonio Candido escreve que esses poetas eram pré-parnasianos na medida em que antecipavam "o cuidado formal" e o apreço pelas "imagens raras", mas antiparnasianos no "relativo gosto pelo moderno" e no espírito contestatário manifesto nos amores carnais inspirados em *As flores do mal*. De Baudelaire, continua o crítico, os jovens poetas teriam herdado quase tudo, só não teriam sentido "bem a coragem do prosaísmo e dos torneios coloquiais", além de não terem se interessado "pelos espaços externos da vida contemporânea, inclusive o senso penetrante da rua e da multidão".[14] É verdade, os versos de *Hespérides*, das *Flores funestas*, ou de *Opalas*, muito pouco ou quase nada tinham desse outro Baudelaire.[15]

---

14 Antonio Candido, "Os primeiros baudelairianos", in *A educação pela noite*. São Paulo: Todavia, 2023, p. 52.

15 *Hespérides*, de Carvalho Júnior, reúne 22 poemas publicados postumamente em *Parisina, escritos póstumos*, op. cit. As *Flores* de Teófilo Dias foram publicadas inicialmente em 1880, na mesma edição da *Revista Brasileira* em que foram publicados os primeiros capítulos das *Memórias póstumas de Brás Cubas*. Foram reunidas, em seguida, em Teófilo Dias, *Fanfarras*. São Paulo: Dolivais Nunes, 1882. O último livro, de Fontoura Xavier, é de 1884: *Opalas*. Lisboa: Viúva Tavares Cardoso, 1905.

Os outros baudelairianos

Contudo, uma resenha que Machado de Assis escreveu na *Semana Ilustrada* em 14 de abril de 1872 revela a existência de outro lado da produção poética de Baudelaire entre nós e leva a pensar que, ao falar em "tradição errônea" no famoso artigo sobre a nova geração, sete anos mais tarde, Machado tivesse em mente outra tradição do poeta francês no país.

"Dois livros" trata de dois volumes então recém-publicados pelo poeta carioca Luís Guimarães Júnior: *Curvas e zig-zags* e *Noturnos*. O primeiro, diz o resenhista, reúne artigos de um "gênero que não é vulgar entre nós" — leia-se a crônica. Mas quem folheia *Noturnos*, prossegue, lê "pequenos poemas em prosa", "ordem de composição" que exige do escritor "feição rara e especial" e da qual "não temos obra perfeitamente semelhante". Para apresentar o livro do amigo e o gênero a que se filiava, Machado aludia discreta e simplesmente aos *Petits poèmes en prose* de Baudelaire,[16] obra urbana e parisiense que viera a público apenas três anos antes.

Como se sabe, o mérito de ter introduzido o gênero de *O spleen de Paris* no Brasil tem sido atribuído sobretudo a dois nomes do simbolismo nacional, a Raul Pompeia, autor de *Canções sem metro*, cujo primeiro poema é de 1883, e a Cruz e Sousa, autor de *Missal*, de 1893, isto é, a escritores que sucederam à criação poética em verso dos "primeiros baudelairianos" estudados por Antonio Candido... e também a esse hoje esquecido volume de Guimarães Júnior resenhado por Machado.

---

16 Baudelaire teria empregado essa denominação pela primeira vez na série de poemas em prosa publicada na *Presse*, em agosto de 1862. Segundo Antoine Compagnon, tratava-se de um empréstimo de Sainte-Beuve, que em 1842 usara quase o mesmo epíteto ("pequenas baladas em prosa") em sua introdução a *Gaspard de la Nuit*, de Aloysius Bertrand. Cf. Antoine Compagnon, *Baudelaire. L'irréductible*. Paris: Flammarion, 2014.

Noturnos não era um título fortuito. *Poèmes nocturnes: essais de poésie lyrique en prose, dans le genre de Gaspard de la Nuit* designava o primeiro apanhado de poemas em prosa de Baudelaire publicado na revista hebdomadária *Le Présent*, em 1857. O título escolhido por Guimarães Júnior correspondia perfeitamente portanto ao conteúdo do livro: 47 poemas em prosa, uma elegia, e um "noturno" em guisa de introdução de ninguém menos que José de Alencar, que emprestava assim seu prestígio ao gênero recém-chegado no "turbilhão das letras fluminenses", para falar nos termos de Guimarães Júnior. A obra era incomum, porém não solitária.

Em fevereiro de 1872, o autor de *Noturnos* resenha um livro publicado no ano anterior que continha, segundo ele, "poemetos em prosa, que Baudelaire denomina 'o *dolce far niente* da poesia', e que rivalizam com o verso na doçura, sobrepujando-o quase em pensamento". Tratava-se de *Arabescos. Fantasias*,[17] do estudante de direito em São Paulo J. R. de Campos Carvalho, que em setembro daquele mesmo ano assina a tradução de sete poemas em prosa baudelairianos, publicados no *Correio Paulistano*: "O estrangeiro", "Embriagai-vos", "Um hemisfério nos cabelos", "Fora do mundo", "Vênus e o louco", "Desejo de pintar" e "Epílogo".

Ou seja, as primeiras traduções dos *Pequenos poemas* vinham a público no mesmo momento em que eram vertidos pela primeira vez para o português alguns poemas de *As flores do mal* como "O veneno" ["Le Poison"].[18] Não é de estranhar, portanto,

---

17 O traçado imitando ornatos árabes é tido por Baudelaire como "o mais ideal de todos": "empregado em um quadro ou em um poema, que formam conjuntos mais complexos, a palavra [arabescos] não é nem um pouco exata, mas pelo menos tem a vantagem de excluir qualquer significado racional ou filosófico para considerar apenas a curva, a 'linha' mais ou menos feliz do poema ou do quadro". Suzanne Bernard, *Le Poème en prose: de Baudelaire jusqu'à nos jours*. Paris: Librairie A.-G. Nizet, 1994, p. 113.

18 Até onde sei, o único estudo das traduções de Baudelaire que mapeou alguma versão em português de *O spleen de Paris* no XIX é "Baudelaire no

que o tradutor desse último poema, o catarinense Luís Delfino, se tornaria poucos anos mais tarde adepto do chamado "grupo de Desterro", do qual participariam jovens poetas como Virgílio Várzea e Cruz e Sousa, os autores de *Tropos e fantasias*, de 1885 — primeira incursão de Cruz e Sousa na prosa poética —, além de colaboradores do jornal abolicionista *Tribuna Popular*, como relata o próprio Virgílio Várzea neste saboroso retrato do grupo:

> Sob a névoa e o vento frígido da manhã de inverno pondo na face dos transeuntes uma vermelhidão inflamada, cinco rapazes, metidos em grossos sobretudos até aos pés ou envoltos em *plaids* de lã, desciam lentamente o adro ajardinado da velha matriz do Desterro, que, com o antigo casarão solarengo dos Gama d'Eça, fechava e fecha ainda hoje, ao fundo, a vasta praça Barão da Laguna, a principal da pequena capital catarinense. Sobraçando livros, folhetos, revistas, jornais, caminhavam fazendo de vez em quando ligeiras paradas, numa parolagem animada e ruidosa sobre ciência, letras e artes — o assunto favorito de todos —, parolagem interrompida não raro por golpes de leitura feitos nervosamente naquelas publicações e cortada

Brasil", da tradutora Denise Bottmann. Cf. Denise Bottmann, "Edições de Baudelaire no Brasil". *Revista XIX*, vol. II, n. 5, 2018, pp. 158-90. Vale lembrar que o poeta já aparecia na imprensa brasileira antes da data das primeiras traduções. Em 1856, por exemplo, é noticiada no *Courrier du Brésil* a publicação de *Histoires extraordinaires*, contos de E. A. Poe traduzidos por Baudelaire. Seria aliás a partir da sua versão do poema "The Haven" (1845) que alguns anos mais tarde Machado de Assis traduziria "O corvo". Cf. Jean-Michel Massa, *Machado de Assis tradutor*. Trad. de Oséias Ferraz. Belo Horizonte: Crisálidas, 2008, p. 56. Mais adiante, em 1862, o mesmo jornal publica "La Lune offensée" [*Courrier du Brésil*, 20 abr. 1862], e em 1867, ano da morte do poeta, lê-se nas páginas do *Correio Mercantil* e do *Diário de notícias* "A espingarda de Baudelaire", uma singular anedota sobre o autor de *O spleen de Paris* de sentinela numa noite de fevereiro de 1848, reproduzida neste livro [pp. 53-56].

sempre de gestos e palavras enfáticas, entusiásticas, revolucionárias, contrastando com a placidez habitual do largo, aliás, o ponto mais frequentado da cidade e aquele para onde convergiam as duas ruas principais e as que levavam aos arrabaldes. De cigarros nos lábios lançavam constantemente baforadas de fumo ao ar frio e úmido, imprimindo uma nota pleonástica às ideias incendiárias que esposavam e andavam a discutir a todo instante e por toda a parte. Eram os redatores da *Tribuna Popular*, o flamante e revolucionário periódico literário, feito de uma maneira toda nova e original, e que se imprimia numa tipografia ocupando um grande prédio acaçapado que se elevava por detrás da matriz, à ruazinha da Trindade. [...] Esse grupo representava em Santa Catarina, como outros no Rio de Janeiro e pelas capitais das demais províncias brasileiras, o movimento científico, literário e artístico tão profundamente fecundo e reformador que, em todo o mundo civilizado, assinalou o século passado: compunham-no Cruz e Sousa, Araújo Figueiredo, Horácio de Carvalho, Santos Lostada, Victor Vasques e mais três — ao instante ausentes —, Oscar Rosas, Carlos de Faria e Lídio Barbosa, sem falar ao [ilegível] e eminente poeta Luís Delfino [...].[19]

Unia-se a essa plêiade o Dr. Francisco Luís da Gama Rosa, que em 1883 chegara à capital de Santa Catarina para assumir a presidência da província. Intelectual muito bem informado, Gama Rosa é, além disso, com toda probabilidade o tradutor de quatro poemas em prosa de *O spleen de Paris*, publicados em 1879 no jornal carioca *O Repórter*: "As quimeras", "O bobo e a Vênus", "Um hemisfério nos teus cabelos" e "O estrangeiro". Um ano antes dessa série, Teófilo Dias publica *Cantos tropicais*, volume

---

19 Virgílio Várzea, "Impressões da Província (1882-1889): A Tribuna Popular e a Guerrilha Literária Catarinense" [*Correio da Manhã*, 17 fev. 1907, p. 1], *apud* Luiz Alberto de Souza, "Um mundo em agonia: a geração de 1870 em Desterro". *Revista História e Cultura*, vol. III, n. 1, 2014, p. 186.

citado por Machado de Assis em "A nova geração", e que continha uma tradução de "L'Albatros" dedicada a Artur de Oliveira, poeta viajado a quem Antonio Candido atribuiu o papel de precursor na difusão de *As flores do mal* no Rio de Janeiro.[20]

Voltando a 1872, o *Diário de Notícias do Rio de Janeiro* republica seis dos poemas em prosa do *Correio Paulistano*, acrescidos de mais um, "O relógio", todos traduzidos por Campos Carvalho, enquanto o poeta gaúcho Carlos Ferreira lança *Alcíones*, um livro com nítidas marcas de *As flores do mal*: uma paráfrase de "Le Balcon" ("Modulações") e uma estrofe de "L'Irréparable" servindo de epígrafe a um dos poemas da obra. Ferreira participava da Sociedade do Partenon Literário, importante agremiação republicana e abolicionista que contribuiu para consolidar uma vida literária em Porto Alegre, organizando saraus e publicando mensalmente revista própria. Nesse periódico o escritor Alberto Coelho da Cunha, autor de histórias sobre as ruas de Pelotas e a charqueada rio-grandense, publicaria uma série de "fantasias" entre 1873 e 1874.

---

20 Cf. Antonio Candido, "Introdução", in Teófilo Dias, *Poesias escolhidas*. Org., intr. e notas de Antonio Candido. Rio de Janeiro: ABL; São Paulo: Imprensa Oficial, 2011, p. xxx. Assim como Sousândrade, Artur de Oliveira teria lido Baudelaire no ultramar antes de 1870 e teria apresentado sua obra e a de diversos poetas franceses aos jovens escritores brasileiros. Em entrevista a Prudente de Morais para a revista modernista *Terra roxa e outras terras*, Alberto de Oliveira relatou o seguinte: "Conheci Artur de Oliveira logo que cheguei ao Rio, em agosto de 1877. Nós nos reuníamos num café que havia ali na rua do Ouvidor, Fontoura Xavier, Teófilo Dias, Francisco Antonio de Carvalho Júnior, Artur de Oliveira, eu às vezes e ainda outros. O Artur lia Gautier, Banville, Sully-Prudhomme, Baudelaire e empolgava-nos com seu entusiasmo". Alberto de Oliveira e Prudente de Morais Neto, "Patéfone". *Terra roxa e outras terras*, n. 7, 17 set. 1926, p. 4, *apud* Péricles Eugênio da Silva Ramos, *Do Barroco ao Modernismo: estudos da poesia brasileira*. São Paulo: Ed. Secretaria da Cultura, Esportes e Turismo, 1968, pp. 169-70.

E aqui cabe um breve parêntese filológico sobre esse termo que vemos despontar nos títulos dos nossos primeiros poemas em prosa. "Fantasia" designa, ainda na segunda metade do século XIX, uma peça de forma livre, literária, musical ou pictórica — pense-se nas fantasias de Chopin, Liszt ou Schumann, e nos caprichos de Callot, de Giambattista Tiepolo ou Goya — e se aplica especialmente a esse gênero sem regra definida inaugurado por Hoffmann[21] e pelo autor de *Gaspard de la Nuit*, e que mais tarde levaria Baudelaire a compor suas "tortuosas fantasias".

Para encerrar esse inventário, mencionemos mais duas traduções: uma dos *Pequenos poemas*, "O ideal e o real", de 1873 e outra dos versos de "Le Jet d'eau", no ano seguinte, de Regueira Costa,[22] que havia escrito o prefácio de *As noites da virgem*, de 1868, livro de Vitoriano Palhares que apesar de não recordar sequer vagamente a forma ou os assuntos dos primeiros poemas em prosa de Baudelaire, já foi considerado como o precursor desse gênero no Brasil.[23]

Naturalmente a proximidade das datas das traduções das peças de uma e outra obra do poeta francês não é pura coincidência. Os baudelairianos de verso e de prosa se conheciam, o que se nota aliás pelas menções mútuas em dedicatórias e epígrafes, e a ligação entre eles tampouco é arbitrária. Como boa parte da elite, muitos poetas da nova geração eram estudantes das faculdades de direito de Recife ou de São Paulo — e não era incomum que passassem até mesmo pelas duas durante a

---

21 Autor de *Fantasiestücke in Callots Manier*, de 1814-1815. O livro de Aloysius Bertrand é de 1842.

22 O poema foi recolhido em João Batista Regueira Costa, *Flores transplantadas*. Recife: Tipografia Comercial, 1884.

23 O decoro do livro é em tudo oposto ao amor erotizado da nova geração, mas é verdade também que Guimarães Júnior dedicou "Alcova", um dos poemas de *Noturnos*, "Ao autor de *As noites da virgem*", que ele conhecera em Recife.

formação. A circulação das obras de Baudelaire no decênio de 1870 está, portanto, diretamente ligada à vida boêmia e literária que floresce em torno dos únicos dois centros de estudos jurídicos à época, o que explica também a confusão de escolas da "nova poesia" que Machado de Assis justamente sintetizou evocando Baudelaire e Victor Hugo — e indiretamente duas regiões do país.[24]

Guimarães Júnior, por exemplo, começa os estudos em São Paulo, mas forma-se em Recife: na primeira cidade, encontra o estudante Campos Carvalho, para quem escreve a introdução de *Arabescos*; na pernambucana, convive com os poetas da nascente escola condoreira, como Tobias Barreto, líder da Escola de Recife, e Castro Alves, que também frequenta as duas academias de jurisprudência. Carvalho Júnior segue a mesma trajetória: inicia os estudos na faculdade de Recife, por onde passa brevemente Artur de Oliveira e formam-se Regueira Costa e Vitoriano Palhares, mas obtém o diploma de bacharel em São Paulo, em 1877, isto é, no mesmo ano em que Teófilo Dias ingressa nessa mesma instituição. Por fim, também se matricularam na faculdade paulista, em anos distintos e

24 Além de acelerar a urbanização, a fundação da Academia de Direito de São Paulo impulsionou uma série de iniciativas culturais. Mencionamos, para esta história, o papel pioneiro do livreiro francês Anatole Louis Garraux, que, ao abrir uma livraria em 1863 naquela cidade, estabeleceu uma ponte direta entre as empresas editoriais francesas e o mercado paulista antes dependente do comércio fluminense. Assim, em 1878 o catálogo da Casa Garraux dispunha de cinco obras de Baudelaire: "*Les fleurs du mal*. Poésies. 1 vol. in-8; *Les paradis artificiels, opium et haschisch*. 1 vol. in-8; *Petits poèmes*, 1 vol. in-8; *L'art romantique*, 1 vol. in-8; e *Curiosités esthétiques*, 1 vol. in-8". Todos pelo valor de 4$000. Cf. *Livraria Acadêmica de L. A. Garraux em língua francesa*. São Paulo: L. A. Garraux, 1878, p. 90. Acontece que até 1870 Garraux fora sócio de Guelfe Lailhacar, que mantinha por sua vez uma livraria onde a intelectualidade recifense se reunia — o que estreitava ainda mais os laços espirituais entre as duas capitais.

sem concluir a formação, os poetas gaúchos Fontoura Xavier[25] e Carlos Ferreira. Não há supresa então ao descobrirmos que os autores de *Noturnos* e *Arabescos*, um carioca, outro mineiro, dedicaram poemas em prosa a este último poeta. Machado de Assis, que à época nunca saíra do Estado do Rio de Janeiro, não deixou de tomar parte nessa história colaborando brevemente em 1865 como correspondente na *Imprensa Acadêmica*, jornal dos estudantes da Faculdade de Direito de São Paulo.

Ou seja, ao mesmo tempo que *As flores do mal* eram lidas e eleitas como o "alimento mais nutritivo" por boa parte dos jovens poetas da década de 1870, os poemas em prosa de *O spleen de Paris* eram traduzidos e cultuados por um círculo até agora ignorado de escritores que começavam a se exercitar no novo gênero. As duas obras-primas de Baudelaire iam assim circulando e consolidando, *pari passu*, senão propriamente duas tradições, duas tendências do poeta no país.

O poema em prosa no país da crônica

Não é pouco o que diz Machado a respeito dos dois livros de Guimarães Júnior. Afinal, quantos naquela altura do século XIX conseguiriam apreender a particularidade daquela forma "tão completa em si mesma" ensaiada em *Noturnos*, e distingui-la de um outro gênero, já "vulgar entre nós", a crônica, e que com ela muitas vezes se confunde? Bem poucos, e a própria história dos pequenos poemas em prosa mostra quão certeiro é o golpe de vista do crítico nessa breve resenha que ele escreve aos 32 anos.

O spleen *de Paris* foi publicado pelo editor Michel Lévy em 1869, mas a gestação dos *Pequenos poemas* leva mais de uma década, entre o projeto do livro e o recorte forçado dos ma-

---

25 Segundo Antonio Candido, além de amigo de Teófilo Dias, Fontoura Xavier teria sido seu companheiro de quarto em São Paulo. Cf. Antonio Candido "Introdução", op. cit., p. XXX.

teriais imposto pela imprensa, numa "extraordinária mistura", como disse um crítico, entre o estilo raciniano e o do jornal.[26] As primeiras incursões de Baudelaire no gênero do poema em prosa aparecem quase indistintamente no corpo do texto do breve ensaio *Do vinho e do haxixe*, de 1851. Tratam-se de versões prosaicas de "A alma do vinho" e "O vinho dos trapeiros", incluídas mais tarde em *As flores do mal*. Quatro anos depois, Baudelaire compõe para um livro em homenagem a C.-F. Denecourt "O crepúsculo da tarde" e "Solidão", seus dois poemas em prosa inaugurais, e considerados como tais pelo poeta, tanto que em 1857 o par abre o primeiro conjunto de seis poemas na revista literária *Le Présent*, apresentados sob o título de *Poemas noturnos*. Baudelaire homenageava assim os *Contos noturnos* de Hoffmann ao mesmo tempo que filiava os seus ao gênero de Aloysius Bertrand, cuja história, na França, remonta ao processo de dissociação entre poesia e versificação, e ao desenvolvimento da prosa poética entre os séculos XVIII e XIX.

São fundamentais nesse processo as traduções de poemas épicos como *Ossian* ou *A morte de Abel* para o francês, uma vez que começam a habituar os ouvidos a uma "poesia em prosa",[27] do mesmo modo que as traduções de baladas anglo-saxãs

26 Jacques Rivière, *Études*. Paris: Gallimard, 1945.
27 Para uma análise mais detida sobre a evolução do gênero ver o capítulo "Le Poème en prose avant Baudelaire: aperçu historique" no livro de Suzanne Bernard, *Le Poème en prose: de Baudelaire jusqu'à nos jours*, op. cit., pp. 19-93. Já no nosso romantismo, "a recusa ao metro proliferou mais na reflexão teórica do que na criação efetiva, o que não mitiga o seu pioneirismo: deslocando cesuras, alterando esquemas rítimicos e rímicos, desobedecendo a regra de estrofação, os românticos dinamizaram a forma literária, conforme atesta o florescimento na época de um gênero comumente confundido com o poema em prosa: a prosa poética, de que *Iracema* (1865), de José de Alencar, é exemplo maior". Gilberto Araújo, "Introdução", in Raul Pompeia, *Canções sem metro* [1900]. Org. de Gilberto Araújo. Campinas: Ed. da Unicamp, 2013, pp. 18-19. O autor ainda escreve que há no período romântico "obras mais nitidamente fer-

e medievais. São importantes também as versões francesas dos *Lieder* alemães, que surgem aos montes no início do século XIX, e é claro, dos contos fantásticos de Hoffmann,[28] de cuja antologia o autor de *Gaspard de la nuit* tomaria emprestado o subtítulo para a sua própria obra: "Fantasias à maneira de Callot". A partir dessa ideia, Baudelaire resolve "tentar alguma coisa de análogo e de aplicar à descrição da vida moderna, ou antes, de *certa* vida moderna, mais destilada, o mesmo procedimento que ele aplicara à descrição da vida antiga, tão estranhamente pitoresca".[29]

Contemporâneos da primeira edição de *As flores do mal*, alguns dos poemas em prosa publicados na revista *Le Présent*, como por exemplo "O convite à viagem" e "Um hemisfério numa cabeleira", retomavam temas análogos ou idênticos aos

---

mentadoras do poema em prosa" como *Meditação* (1846), de Gonçalves Dias, *O livro de Frá Gondicário: fragmentos de poesia em prosa* (s.d.), de Álvares de Azevedo, ou ainda *As noites da virgem* (1868), de Vitoriano Palhares.

28 Hoffmann só será traduzido na França a partir de 1829, no ano anterior ao estudo de Charles Nodier sobre o gênero fantástico (*Du fantastique en littérature*), por meio do qual, em parte, Aloysus Bertrand descobre a obra do escritor alemão. Cf. Suzanne Bernard. *Le Poème en prose: de Baudelaire jusqu'à nos jours*, op. cit., p. 54. No Brasil, a literatura fantástica de Hoffmann influenciou muitos de nossos autores românticos, notadamente Álvares de Azevedo, inventor de São Paulo "como espaço ficcional", segundo a expressão de Antonio Candido, e em cuja obra — feita de "choques dos contrários" e da ruptura dos gêneros literários — os futuros discípulos de *O spleen* em solo nacional certamente encontrariam inspiração. *Lira dos vinte anos* contém uma única, mas curiosa, peça breve em prosa intitulada "Eutanásia". Cf. Antonio Candido, "A educação pela noite", in *A educação pela noite*, op. cit., p. 16.

29 Charles Baudelaire, *O spleen de Paris. Pequenos poemas em prosa*. Trad. de Samuel Titan Jr. São Paulo: Editora 34, 2021, p. 7.

dos versos, e produziam, através de assonâncias e aliterações, efeito sonoro comparável àquele produzido pela rima.[30]

Mas se os primeiros poemas em prosa parecem nascer do desejo de escrever um "complemento às *Flores do mal*", os poemas seguintes, um ponto de inflexão na obra poética do autor, têm a matéria urbana por principal inspiração.[31] Assim, em 1861, ano em que são publicados os versos dos *Quadros parisienses* para substituir os poemas condenados na primeira edição das *Flores*, e com os quais julga ter "ultrapassado os limites da poesia",[32] o poeta escreve três novos poemas em prosa — "As multidões", "As viúvas" e "O velho saltimbanco" — que, juntamente à série de poemas anteriores, serão publicados no 19º número da *Revue Fantaisiste*, de Catulle Mendès, com a menção "continua", mas anunciados desde o sexto número, bem no espírito do apelo comercial da ficção seriada da época.

O detalhe não é irrelevante: o assunto novo, urbano e prosaico acomodava-se perfeitamente às páginas do jornal. Ainda em 1861, Baudelaire promete ao jornalista Arsène Houssaye um conjunto de poemas que deveriam aparecer alternadamente no rodapé do jornal *La Presse*, o segundo de maior tiragem da França, e na revista literária *L'Artiste*. Entretanto, o projeto toma outro rumo: sob o título de *Pequenos poemas em prosa*, vinte poemas e uma carta-dedicatória a Arsène Houssaye são publicados no jornal, de agosto a setembro de 1862, e na revista

30 Cf. Suzanne Bernard, *Le Poème en prose: de Baudelaire jusqu'à nos jours*, op. cit., p. 114. E sobre a aventura da forma em Baudelaire, do verso à prosa, ver o capítulo "Baudelaire: prose et formes poétiques", in Henri Scepi, *Théorie et poétique de la prose, d'Aloysius Bertrand à Léon-Paul Fargue*. Paris: Honoré Champion / Unichamp-Essentiel, 2012, pp. 61-84.

31 Em 16 de fevereiro de 1860, Baudelaire conta em uma carta a Poulet-Malassis querer escrever "devaneios filosóficos de um *flâneur* parisiense", inspirando-se nas *Águas-fortes de Paris* de Charles Méryon. Charles Baudelaire, *Correspondance*. Org. de C. Pichois e J. Ziegler. Paris: Gallimard, 2024, tomo I, p. 670. Bibliothèque de la Pléiade.

32 Ibid., p. 583.

apenas três, em 1864 ("A moeda falsa", "Uma morte heroica" e "A corda"). As publicações seguintes seguirão mais ou menos o mesmo rumo: dos cinquenta poemas que formarão a coletânea póstuma, 43 aparecem nas colunas estreitas do jornal,[33] de modo que é impossível desassociar a escrita dos poemas em prosa do suporte a que boa parte deles se destinaram. E de fato muito da natureza escorregadiça e difícil de definir[34] dos poemas em prosa tem a ver com a convivência promíscua com os gêneros textuais mais diversos nos folhetins, todos à época tão indefinidos quanto o de *O* spleen *de Paris*.[35]

E dentre esses, é sem dúvida à crônica parisiense, gênero entre o jornalístico e o literário, que os pequenos poemas são mais tributários. Como o protagonista de *La Fanfarlo*, o cronista Samuel Cramer, cuja "tática particular [...] consiste em comparar coisas dissemelhantes",[36] Baudelaire alia em seus poe-

33 Alguns despontam em revistas literárias como a *Revue Fantaisiste* ou a *Nouvelle revue de Paris*, mas a maioria sai nos jornais (*La Presse, Le Figaro, L'Événement, Le Grand Journal e L'Indépendance belge*). Cf. Jean-Michel Gouvard, "*Le Spleen de Paris* de Charles Baudelaire: des 'petits genres journalistiques' aux 'petits poèmes en prose'". *Mémoires du livre*, vol. VIII, 2017, p. 2.

34 Os três pilares do poema em prosa, segundo Suzanne Bernard, pioneira no estudo do gênero, são a brevidade, a unidade orgânica e a gratuidade. Já para Tzvetan Todorov, o que o distingue é a união dos contrários. Dominique Combe, por sua vez, considera que é a exclusão do princípio narrativo que o caracteriza, enquanto outros ainda o definirão como a "história do questionamento da forma e da ausência de uma resposta". Cf. Fernando Paixão, "Poema em prosa: problemática (in)definição". *Revista Brasileira*, 2013, pp. 151.

35 De fato, a escrita dos pequenos poemas é contemporânea da diversificação das rubricas dos jornais, quando a concorrência entre eles aumenta e é preciso buscar conteúdo mais atrativo a fim de aumentar as assinaturas. Cf. Jean-Michel Gouvard, "*Le Spleen de Paris* de Charles Baudelaire: des 'petits genres journalistiques' aux 'petits poèmes en prose'", op. cit., p. 2.

36 Charles Baudelaire, "*La Fanfarlo*" [1847] , in *Œuvres complètes*. Org. de André Guyaux e Andrea Schellino. Paris: Gallimard, 2024, tomo I, p. 328. Bibliothèque de la Pléiade.

mas em prosa o penetrante e o ligeiro, o assustador e o burlesco, o devaneio e a moral. Ora, essa aliança dos contrários, a concisão da prosa, o gosto pela anedota e o tom de conversa solta delineavam também os contornos da crônica. E se lembrarmos que ambos dividiam o mesmo espaço tipográfico no jornal, não é exagero imaginar que boa parte dos leitores da época não soube bem apreender a singular carga poética dos pequenos poemas em prosa e distinguir um gênero do outro.[37]

Viajando para o outro lado do Atlântico, a crônica adquire vida própria: aclimata-se com tal facilidade que até parece "um gênero brasileiro".[38] Nos rodapés dos jornais, o "sarrabulho lítero-jornalístico", como o chamou Martins Pena, surgem a partir de meados de 1850 as folhas de "Ao correr da pena", de Alencar, "Um passeio pela cidade do Rio de Janeiro", de Joaquim Macedo, ou ainda as "Aquarelas", de Machado de Assis. Numa prosa leve e despretensiosa, os folhetinistas discorrem sobre os costumes da capital do império, sobre as primeiras máquinas de costura importadas no país, sobre as novidades da rua do Ouvidor ou sobre o próprio ofício, zanzando de um assunto para outro conforme lhes dá na telha.

Como se sabe, Machado inicia-se cedo na crônica, e já com o tino para a particularidade das "saliências fisionômicas" inerentes ao seu berço e para o jogo rendoso entre o "útil e o fútil",[39] o sério e o frívolo, para o casamento, enfim, de polos "heterogêneos como água e fogo" que Baudelaire transformaria em princípio formal de sua prosa poética.[40] Começa a carreira de

---

37 Leia-se o interessante capítulo sobre o assunto em Marie-Ève Thérenty, *La littérature au quotidien. Poétiques journalistiques au XIXe siècle*. Paris: Le Seuil, 2009, pp. 260-66.

38 Segundo a expressão de Antonio Candido, "A vida ao rés-do-chão", in *Recortes*, op. cit., p. 28.

39 Machado de Assis, "O folhetinista" [*O Espelho*, n. 9, 30 out. 1859], in *Obra completa em quatro volumes*, op. cit., vol. III, pp. 1005-07.

40 Sobre a forma singular com que Baudelaire desfaz a *Stiltrennung* nos *Pequenos poemas em prosa*, ver o ensaio de Paolo Tortonese, "Dans la

cronista colaborando em revistas efêmeras, até que em 1860 entra para a equipe do *Diário do Rio de Janeiro*, primeiro jornal diário do país. A partir daquele momento passa a escrever crônicas de forma ininterrupta até 1878, ano em que publica, no rodapé de *O Cruzeiro*, *Iaiá Garcia*, seu quarto romance, as crônicas das *Notas Semanais* e, antes destas, uma série de narrativas breves tão difíceis de classificar como os *poemas em prosa* de Baudelaire.

Essas composições de gênero quase inclassificável surgiriam na recém-criada seção de "Fantasias" do rodapé de *O Cruzeiro*, naturalmente. Assim como os *Pequenos poemas* de Baudelaire, as fantasias de Machado nascem de uma profunda experimentação estética, guiada menos pela exigência de se compor uma prosa poética — e de fato Machado ensaia vários gêneros e estilos — do que pelo desejo de dar forma "ao senso penetrante da rua", às cenas fugidias da cidade e do próprio jornal.

Nas nove peças publicadas no primeiro semestre de 1878, Machado diverte-se com o próprio suporte do texto, como em "O bote de rapé: comédia em sete colunas" e "A sonâmbula: ópera cômica em sete colunas"; satiriza o charlatanismo de terapias com bases científicas duvidosas que dão no jornal; cria uma alegoria política das relações diplomáticas conflituosas entre platinos e brasileiros; compõe um elogio prosopopeico da vaidade; escreve um diálogo de mexerico e trivialidades em verso, e dá um show de virtuosismo estilístico que faria o autor de *Noturnos* lhe escrever com entusiasmo, diretamente de Roma: "Com esta quero dizer-te que li três folhetins teus no *Cruzeiro*, remetidos pelo Serra. O *humour* do que se intitula 'Um cão de lata ao rabo' era digno de ser vazado *em molde francês* e lido em Paris, pátria adotiva de Heine".[41]

---

marmite de Baudelaire". *Revue de langue et littérature françaises de l'Université de Tokyo*, n. 55, 2022, pp. 443-59.

41   Luís Guimarães Júnior, "Carta a Machado de Assis, 24 de junho de 1878", in Machado de Assis, *Correspondência de Machado de Assis (1870-1889)*.

No meio-tempo entre a publicação de uma e outra fantasia, e na mesma rubrica, Machado ainda reflete sobre o realismo na famosa crítica ao romance de Eça, em que acusa o escritor português de perder de vista a realidade à força de exagerar os traços ou de imitar o modelo naturalista. Ao adaptar a trama de *La Faute de l'abbé Mouret* para as circunstâncias eclesiásticas de uma província portuguesa, a quilômetros de distância da austeridade da sociedade francesa, o autor de *O crime do padre Amaro* comprometeria a verossimilhança do dilema moral do protagonista, que perdia assim razão de ser. Quinze dias depois, Machado responde às objeções ao seu comentário sobre o romance de Eça em novo artigo sobre o que ele chama de "messianismo literário" e adverte: "Voltemos os olhos para a realidade, mas excluamos o realismo, assim não sacrificaremos a verdade estética".[42]

Com admirável desembaraço, Machado transita de um gênero para o outro, parodia toda sorte de discurso, além de aproveitar a experiência de cronista para tratar, por diferentes ângulos, dos mais variados assuntos, do consumismo da rua do Ouvidor a um mero par de botas, fazendo pouco caso das coisas graves e alarido para as coisas miúdas. Não é esta "metafísica de

Org. de Irene Moutinho e Sílvia Eleutério. Rio de Janeiro: ABL, 2009, tomo II, p. 140. Coleção Afrânio Peixoto, 92. Grifo meu. Heine não é mencionado por acaso. Como se disse, os *Lieder* desempenham um papel importante na evolução do gênero do poema em prosa na França, sobretudo os de Heine, que passa assim a ser o modelo de um lirismo "dolorido e zombeteiro", próprio do tempo moderno, e talhado em peças breves de "grande força sugestiva". Cf. Suzanne Bernard, *Le Poème en prose: de Baudelaire jusqu'à nos jours*, op. cit., p. 90. Assim são as 58 peças que compõem *Intermezzo*, traduzidas por Gérard de Nerval em 1848 para a *Revue des Deux Mondes*. Luís Guimarães Júnior cita alguns versos desta obra como epígrafe em um de seus poemas em prosa, e Machado até se aventura na tradução da peça de abertura: "Prólogo de *Intermezzo*, (H. Heine)".

42 Machado de Assis "Literatura realista" [*O Cruzeiro*, 16 e 30 abr. 1878], in *Obra completa em quatro volumes*, op. cit., vol. III, pp. 1206-15.

quinquilharias", para usar a expressão feliz de Davi Arrigucci Jr., que dará o tom nas *Memórias* dois anos mais tarde? Para se ter uma ideia do aproveitamento dessa experimentação estética no romance da reviravolta machadiana, vale a pena ler de mais perto uma das "narrativas breves" da série no jornal.[43]

No dia 23 de abril de 1878, lia-se no pé da primeira página de *O Cruzeiro* uma divertida fantasia em que um *flâneur* carioca descobre um par de botas cambaias e falantes na praia de Santa Luzia. Mas ao passar os olhos para a seção de notícias "do sul do império", na mesma página, o leitor talvez pudesse confundir as botas e botinas da fantasia com aquelas do caso do surrupiador italiano e suposto sapateiro, um tal de Pedro Possi, que fundeara no porto de Pelotas com diversos trastes, dentre os quais "um par de botas de couro da Rússia e dois pares de botinas". As matérias da notícia e da peça provocam uma espécie de *trompe-l'œil*, talvez involuntário, pouco importa; o que conta notar é como essa miragem típica da escrita fugidia, experimental e fragmentária entraria na composição das *Memórias*.

Tomemos a moral dessa fantasia: "Não há bota velha que não encontre um pé cambaio". Sem muito esforço, o leitor das *Memórias* pode lembrar do capítulo XXXVI: "A propósito de botas". Na ficção do folhetim, as botas tinham "rolado todos os degraus da escala social", das vidraças da rua do Ouvidor até o pé de um "preto padeiro" que as abandona rotas na praia. A direita era vaidosa, queria ainda ser calçada; a esquerda estava contente com a "aposentadoria". Por fim, um morador de rua

---

43 Augusto Meyer, que teve mais de uma boa intuição sobre Machado, comenta que capítulos inteiros dos romances foram escritos não por um ficcionista habitual, mas sim "por esse rabiscador hebdomadário de tiras de almaço, que, em vez de sofreá-lo, obedece gostosamente ao puxão do improviso; obedece também a um instinto finíssimo de sinuosidade e despistamento". Augusto Meyer, "De Machadinho a Brás Cubas". *Teresa*, n. 6-7, 2005, p. 416.

que passava por ali resolve calçá-las, e a vaidosa chega então à moral da história.

Na versão de Brás, a filosofia das botas torna-se um "epicurismo de sapateiro" em defesa da felicidade barata de descalçar botas apertadas, e equiparado ao prazer de se desembaraçar de um amor que compromete os brios do moço rico. Isto é, ele é comparado ao alívio de dispensar Eugênia, "a aleijadinha", a quem é renegado tal privilégio e, como se vê depois, a quem só devem sobrar botas velhas e cambaias — "Tu, minha Eugênia, é que não a descalçaste nunca; foste aí pela estrada da vida, manquejando da perna e do amor".[44] Seguindo o paralelo sugerido pelo narrador da "Filosofia de um par de botas", em que os calçados servem para "considerar as vicissitudes humanas", é plausível supor que, para criar a menina coxa da perspectiva de Brás, Machado tenha pensado nas botas acalcanhadas, sem serventia e ainda por cima vaidosas da peça que compusera dois anos antes.[45] Esse jogo de espelhos mostra como as fantasias do rodapé de *O Cruzeiro* concorreriam para a "forma livre" das *Memórias* — e antes disso, como elas dariam fundamento prático à crítica que Machado faria à "tradição errônea" de Baudelaire em 1879: "Essa assimilação do sentir e da maneira" do poeta "não traz principalmente o perigo de reproduzir os ademanes, não o espírito — a cara, não a fisionomia?".[46]

---

44 Machado de Assis, *Memórias póstumas de Brás Cubas* [*Revista Brasileira*, mar./dez. 1880], in *Obra completa em quatro volumes*, op. cit., vol. 1, p. 642.

45 Nesse sentido, "as botas acalcanhadas" de "Filosofia de um par de botas" poderiam entrar para o "festival de maldades" no plano da linguagem inventariado por Roberto Schwarz em *Um mestre na periferia do capitalismo. Machado de Assis*. São Paulo: Duas Cidades / Editora 34, 2008, p. 62.

46 Machado de Assis, "A nova geração", op. cit., p. 1234.

Entre pose e descompostura

No terceiro tomo da *Revista Brasileira* de 1880, nas páginas que precedem o início das *Memórias*, Teófilo Dias — um dos poetas da geração sobre a qual Machado escrevera no ano anterior e na mesma revista — publicou um apanhado de versos intitulado *Flores funestas*. O último falava do amor de um verme pela flor mais pura, num jogo de associações muito parecido com o símile que descreve o verme do remorso em "L'Irréparable" e, de maneira atenuada, numa relação com a *"vermine"* de "Une Charogne", ambos de Baudelaire.

Como sugeriu Samuel Titan Jr., é possível que o verme homenageado mais tarde no livro das *Memórias*, em 1881, seja parente do outro verme, o da revista, e que a dedicatória pomposa e inverossímil do romance em livro (que substituía a epígrafe tirada de uma peça de Shakespeare),[47] assim como os ademanes de quem sofre da "volúpia do aborrecimento", como diz Brás Cubas, aludam "à pose satanista de Teófilo Dias".[48] Se assim fosse, o conselho que Machado dá ao jovens poetas em 1879 bem poderia valer ao próprio Brás que a duras penas tenta arraigar a ciência no cérebro: "Digo aos moços que a verdadeira ciência não é a que se incrusta para ornato, mas a que se assimila para nutrição; e que o modo eficaz de mostrar que se possui um processo científico, *não é proclamá-lo a todos os instantes, mas aplicá-lo oportunamente*".[49]

---

47 "Não é meu intento criticar nenhum fôlego vivo, mas a mim somente, em quem descubro muitos senões", (*Como gostais* [As you like it], ato III, cena II). Machado de Assis, *Memórias póstumas de Brás Cubas. Revista Brasileira*, 1880, vol. III, p. 353.

48 Cf. Samuel Titan Jr., "O romance e a revista. As *Memórias póstumas de Brás Cubas* na *Revista Brasileira*". *Serrote*, vol. I, 2009, pp. 144-49.

49 Machado de Assis, "A nova geração", op. cit., p. 1255. Grifo meu.

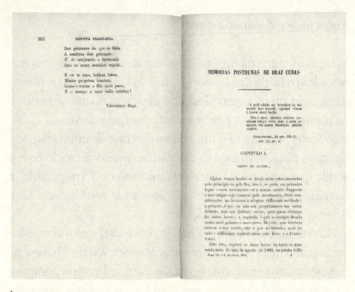

À esquerda, os últimos versos de "Flores funestas", de Teófilo Dias.
À direita, o primeiro capítulo das *Memórias póstumas de Brás Cubas*,
de Machado de Assis.

Essa imitação tácita e irônica não era infundada, pois ao passo que satirizava o tom postiço dos jovens já criticados no famoso artigo sobre a nova geração, Machado buscava apreender a modernidade poética de Baudelaire. Tal se nota, como vimos, nos ensaios do rodapé de *O Cruzeiro* de 1878, mas também numa série de seis poemas publicada na *Revista Brasileira*, dois meses antes da publicação dos primeiros capítulos das *Memórias póstumas*.[50]

Desses "Cantos ocidentais", título que Machado retomará no momento da edição das *Poesias completas* no novo século, um em particular salta imediatamente aos olhos, tanto pela modernidade da forma[51] quanto pela proximidade com alguns versos de Baudelaire:

50 Os "Cantos Ocidentais" foram publicados em janeiro, e os primeiros capítulos das *Memórias*, em março.
51 Como comenta Antônio Marcos Sanseverino, o "ritmo leve e melódico próprio da redondilha maior" parece se adequar mais facilmente "à ma-

SUAVE MARI MAGNO

Lembra-me que, em certo dia,
Na rua, ao sol de verão,
Envenenado morria
Um pobre cão.

Arfava, espumava e ria,
De um riso espúrio e bufão,
Ventre e pernas sacudia
Na convulsão.

Nenhum, nenhum curioso
Passava, sem se deter,
Silencioso,

Junto ao cão que ia morrer,
Como se lhe desse gozo
Ver padecer.[52]

téria cotidiana que não comporta a forma elevada de um alexandrino". A despeito da fama de poeta clássico, Machado produziria nesse soneto uma poética de estilos misturados, de modo que, tal como em Baudelaire "a citação truncada da tradição clássica [do título do poema, "*Suave mari magno*"] ganha feição irônica quando trazida para o cotidiano urbano". Antônio Marcos Sanseverino, "*Cantos ocidentais* (1880), a poesia machadiana na *Revista Brasileira*". *Machado de Assis em linha*, vol. VIII, n. 15, pp. 104-05. Já em 1958 Augusto Meyer pensava essa série de poemas como expressão da transição do Machadinho comedido para o Machado da "ironia livre", mostrando como boa parte dos motivos neles explorados despontariam novamente nas *Memórias póstumas*. Cf. A. Meyer, "De Machadinho a Brás Cubas", op. cit.

52 Machado de Assis, "*Suave mari magno*" ["Cantos ocidentais". *Revista Brasileira*, jan./mar. 1880, p. 139], in *Obra completa em quatro volumes* op. cit., vol. III, p. 560.

Não é difícil lembrar, ao ler esse soneto de Machado, de "Une Charogne", poema emblemático de Baudelaire que tanto inspirou os jovens da "nova geração" e certa "tendência canibal ou antropofágica" em nosso realismo poético, para falar com Antonio Candido. Em *Suave mari magno*, ao contrário, não há nada disso. Em vez de trazer à baila a imagem da carcaça como metáfora do desejo carnal e animalesco, Machado retoma o motivo baudelairiano para evocar, como no original, a efemeridade da matéria — embora com uma sutil e sugestiva diferença.

Nos versos de um e de outro, o assunto do primeiro plano é a morte de um animal encontrado durante um passeio de verão, que faz recordar o destino inelutável dos vivos. Contudo, se no poema de Baudelaire o "objeto infame" já é um cadáver, no de Machado o cão ainda é moribundo. No primeiro restam apenas os vestígios de uma morte sofrida: o suor do veneno, as pernas rijas ao ar, pose que o poeta associa às mulheres lúbricas (transformadas em jumentas em "Antropofagia", de Carvalho Júnior) num jogo cínico que prepara a comparação final entre a matéria putrefata e a amada, "o anjo", "a paixão". Já no soneto, o veneno ainda corre pelo corpo convulso, o que exige da parte do observador certa frieza, ou melhor, uma dose de sadismo, pois como se lê nos últimos tercetos, a morte próxima do animal provoca prazer nos passantes.

Uma coisa, porém, é traçar um paralelo entre um corpo exânime e a mais bela das criaturas, ou então entre este e viventes reconfortados com sua própria condição; coisa diferente é atribuir ao bicho agonizante um "riso espúrio e bufão". Ainda que projetada no cachorro, tal postura derrisória perante os vivos, caso o riso dirija-se aos passantes, ou então diante da morte, caso o animal ria de si próprio, muito faz pensar na "disposição escarninha" de Brás Cubas diante de tudo e todos.[53]

---

53 Enquanto vê desfilar diante de si os séculos montado no seu hipopótamo, Brás diz: "ao contemplar tanta calamidade, não pude reter um grito de angústia, que Natureza ou Pandora escutou sem protestar nem rir; e não

Assim, ao transpor oportunamente o tema de "Une Charogne" para a paisagem urbana local, Machado criava um resultado novo, com fortes ressonâncias com a sociedade brasileira, e que ele não deixaria de reaproveitar no romance.

De volta às *Memórias*, digamos que à luz do soneto, a dedicatória "ao verme" do livro pode parecer tanto sátira de uma imitação apressada e postiça, como a dos poetas da nova geração, tanto assimilação inventiva do tema baudelairiano[54] da decomposição em que "a tinta da melancolia", diluída pela galhofa, pouco a pouco vai se eterizando por outros tantos privilégios de classe até se transmutar na "voluptuosidade do nada" (capítulo VII: "O delírio"). Em outras palavras, além de piada literária, a afetação *spleenética* inicial também se prestava aos famosos volteios do romance.

A forma livre

Muita tinta correu desde a publicação desse extraordinário "corpo estranho" da literatura brasileira que é *Memórias póstumas de Brás Cubas*. O essencial do método de composição da reviravolta machadiana parecia estar guardado na célebre indicação do narrador no prólogo ao romance: "Trata-se, na verdade, de uma obra difusa, na qual eu, Brás Cubas, se adotei

> sei por que lei de transtorno cerebral, fui eu que me pus a rir — *de um riso descompassado e idiota*". Machado de Assis, *Memórias póstumas de Brás Cubas*, op. cit., p. 609. Grifo meu.

54 Merquior notou como o tédio, sentimento que nasce "no asfalto da civilização industrial" parece ter encontrado "um canteiro ainda melhor no nosso sonolento Império tropical", e arremata o raciocínio com a seguinte comparação: "Machado concebe a existência como uma desalentadora oscilação entre a dor e o tédio, e talvez só Baudelaire se lhe compare na argúcia com que ele define os vários matizes do enjoo moral". José Guilherme Merquior, "Gênero e estilo das *Memórias póstumas de Brás Cubas*". *Revista Colóquio/Letras*, n. 8, 1972, p. 16.

a forma livre de um Sterne, ou de um Xavier de Maistre, não sei se lhe meti algumas rabugens de pessimismo".[55]

De um lado a "analogia formal" seria de superfície, e os malabarismos da prosa das *Memórias* esconderiam um *homem subterrâneo*.[56] Por outro, a pista soaria semifalsa, uma vez que as "rabugens de pessimismo" teriam pouco a ver com o humorismo "simpático e sentimental do Tristam Shandy". Somando-se essa primeira diferença em relação ao romancista inglês à "natureza fantástica" da narrativa machadiana, se descobriria o verdadeiro gênero a que pertence, isto é, o "gênero cômico-fantástico", "também conhecido como literatura menipeia" — hipótese que abriria novas investigações para se pensar o romance dentro da tradição luciânica.[57] Em sentido contrário, a afirmação daria enfim nome à forma literária que serviria de modelo às *Memórias*, e atestaria a filiação destas à obra de Sterne.[58] Dando menos ênfase às referidas influências literárias, um crítico se limitou a apontar como o arcaísmo de tal matriz formal produziria efeito bruscamente moderno, e ao qual corresponderia, segundo outro crítico, "um dado estrutural de nossa elite".[59] Também não é menos provável, dada a escassa credibilidade do narrador, que o empréstimo da técnica sete-

---

55 Machado de Assis, *Memórias póstumas de Brás Cubas*, op. cit., p. 599.

56 Segundo Augusto Meyer, "O homem subterrâneo", in Machado de Assis, *Obra completa em quatro volumes*, op. cit., vol. I, p. 33.

57 Sigo aqui o raciocínio de Merquior no artigo citado acima. Quanto aos estudos filiando a obra machadiana à sátira menipeia, leia-se sobretudo Enylton José de Sá Rego, *O calundu e a panaceia: Machado de Assis, a sátira menipeia e a tradição luciânica*. Rio de Janeiro: Forense Universitária, 1989.

58 Tese de Sérgio Paulo Rouanet, "A forma shandiana: Laurence Sterne e Machado de Assis". Trad. de Sandra Guardini Teixeira Vasconcelos. *Teresa*, n. 6-7, 2005

59 Respectivamente Antonio Candido, "Esquema Machado de Assis", in *Vários escritos*. São Paulo: Todavia, 2023, pp. 15-35, e Roberto Schwarz, *Um mestre na periferia do capitalismo. Machado de Assis*, op. cit.

centista fosse na verdade mais um dentre outros — de resto foi Machado mesmo quem sublinhou no prólogo da quarta edição do romance que a diferença entre a obra "de um Sterne ou de um Xavier de Maistre" e a do defunto seria um "sentimento amargo e áspero, que está longe de vir dos seus modelos".

Sem negar tudo o que se disse a respeito, este ensaio aponta para outra direção. Até aqui, vimos como a sensibilidade para este outro Baudelaire urbano e prosaico conduziu Machado às experimentações de *O Cruzeiro* em 1878, e serviu de fermento crítico e literário para o ensaio sobre a nova geração, de 1879, e para os versos de "*Suavi mari magno*", de 1880. Procuramos mostrar também como o espírito zombeteiro deste último poema e a forma caleidoscópica das fantasias seriam reaproveitadas no romance da maturidade.

O que se lerá adiante mostrará que a forma "flexível e compósita", afeita "às ondulações do devaneio, aos sobressaltos da consciência"[60] dos *Pequenos poemas em prosa* não só participa da reviravolta machadiana como está no coração das *Memórias póstumas de Brás Cubas*.

Ao sair de uma tabacaria, o narrador do 28º poema em prosa de *O spleen de Paris* fica intrigado com a "singular e minuciosa divisão" que seu amigo faz do troco: "no bolso esquerdo do colete, guardou as moedinhas de ouro; no direito, as moedinhas de prata; no bolso esquerdo das calças, uma massa de soldos graúdos; e, por fim, à direita, uma moeda de prata de dois francos, que tinha examinado com atenção". Em seguida, caminhando pelas ruas de Paris, os dois transeuntes encontram um homem pedindo esmolas. O narrador nota que a oferenda do amigo é muito mais considerável que a sua: "Você tem razão; depois do prazer de ser surpreendido, não há prazer maior

---

60 Charles Baudelaire, *O spleen de Paris. Pequenos poemas em prosa*, op. cit., p. 7.

que o de causar uma surpresa".[61] O outro, no entanto, revela ter oferecido a moeda falsa.

O narrador segue conjecturando sobre os efeitos daquela conduta, certo de que ela só poderia ser perdoável pelo desejo de produzir um acontecimento que fosse na vida do *pauvre diable*, ou então pela curiosidade em conhecer as múltiplas consequências da "moeda falsa nas mãos de um mendigo", funestas ou não. Mas o amigo põe abaixo tais hipóteses e retoma cada palavra sua — com exceção do qualificativo "maior", que com ares de tartufice ele substitui por "doce" —, com o que o narrador constata que ele "quisera fazer, ao mesmo tempo, uma caridade e um bom negócio, ganhar quarenta soldos e o coração de Deus; conquistar a preço módico o paraíso; enfim, levar grátis um brevê de homem caridoso".[62]

Mais de uma década depois, Machado de Assis escreve uma cena de motivo muito semelhante. Viajando de Coimbra a Lisboa, Brás Cubas por pouco não sofre um acidente grave: o jumento em que ia montado empaca e, fustigado, quase dispara com o cavaleiro preso ao estribo — não fosse a ajuda de um almocreve. De início, Brás reconhece o mérito do homem — "se o jumento corre por ali fora, contundia-me deveras, e não sei se a morte não estaria no fim do desastre"[63] — e resolve dar três das cinco moedas que trazia consigo como recompensa. No curto diálogo que se segue entre os dois, entretanto, o almocreve dá despreocupadamente os créditos do feito à Providência ("com a ajuda do Senhor, viu vosmecê que não aconteceu nada"). Enquanto isso, Brás vai até os alforjes, de onde tira um colete velho em cujo bolso carregava as moedas de ouro: cogita se "não era excessiva a gratificação", se não bastavam duas moedas ou mesmo uma "para lhe dar estremeções de alegria".[64] Da roupa,

---

61 Ibid., p. 65.
62 Ibid., p. 66.
63 Machado de Assis, *Memórias póstumas de Brás Cubas*, op. cit., p. 627.
64 Ibid., p. 628.

supõe que o pobre-diabo nunca vira moeda de ouro, e do meloso monólogo paternal dirigido ao bicho, que merecia antes "um cruzado de prata". Negócio feito, sai cavalgando a trote largo, envergonhado, "um pouco incerto do efeito da pratinha". Apesar disso, ao olhar para trás, Brás nota as claras mostras de contentamento do outro. O dizer descompromissado do almocreve vem então a calhar (ele fora um "simples instrumento da Providência" e, portanto, "o mérito do ato era positivamente nenhum"), porém tarde demais: "Meti os dedos no bolso do colete que trazia no corpo e senti umas moedas de cobre; eram os vinténs que eu devera ter dado ao almocreve, em lugar do cruzado em prata".[65]

Entre o episódio das moedas de cobre e o da moeda falsa vai alguma diferença, mas a curiosa semelhança de um e outro passo dá provas do vivo interesse de Machado pela disposição "rara e especial" do outro Baudelaire, o prosaico, urbano e multitudinário; e, mais importante ainda, da íntima afinidade entre as duas prosas.

Na cena parisiense, quem recebe a moeda falsa é um pedinte; ele não prestou serviço algum aos dois passantes, e estes são chamados a exercer publicamente um ato de caridade. Já no caso de Brás, o almocreve salvou-lhe a vida "não sem esforço nem perigo", o que envolveria algum tipo de remuneração. No poema, a oferenda do amigo bota suposições fantasiosas no cérebro do narrador a respeito dos efeitos da moeda falsa na vida do miserável, dos modos de se fazer riqueza fácil ou de terminar na prisão por acusação de falsário; no capítulo das *Memórias*, a gratificação provoca uma daquelas reflexões autocomplacentes e caprichosas típicas de Brás, estratégia com a qual ele fica uma vez mais "desobrigado diante da pobreza":[66] de recompensa pela boa ação, o cruzado passa a desperdício, uma vez que o

---

65 Ibid.

66 Roberto Schwarz, *Um mestre na periferia do capitalismo. Machado de Assis*, op. cit., p. 67.

almocreve não fizera nada além de ceder "a um impulso natural, ao temperamento, aos hábitos do ofício".[67] Sumariamente, fica tudo explicado pela convicção arrogante de que o feliz destinatário do cruzado de prata não fizera mais do que a obrigação.

Postas de lado as diferenças de meio e desenlace, tanto num episódio como no outro há um esboço da charlatanice do filantropo moderno. Nas cenas, ambos estão curiosamente equipados de vários bolsos para dispor o dinheiro miúdo, o que dá uma nota cômica e ridícula aos retratos: pelo traço caricato da triagem do troco no poema, pela gradação decrescente do valor das moedas no capítulo do almocreve. Naquele, a hipocrisia da filantropia burguesa é contrastada por um "deleite criminoso" em "comprometer os pobres" — violência que é explorada em outros poemas do livro, como "O mau vidraceiro" e o muito comentado "Pau nos pobres!".[68] Nas *Memórias*, uma agressividade semelhante surge da naturalidade com a qual o mesmo gênero de hipocrisia, senão em maior grau, é tratado. Assim, não há constrangimento algum em unir o lucro à filantropia — o par de benefícios da invenção do emplasto usado como desculpa para encobrir o desejo verdadeiro, "a paixão do arruído" —,

67 Machado de Assis, *Memórias póstumas de Brás Cubas*, op. cit., p. 628.
68 "Quando os personagens de Baudelaire fazem o mal, isso não se dá, como em Bataille, pelo simples prazer da transgressão e do misticismo erótico, mas como protesto objetivo contra o mal banalizado do cotidiano burguês e como sua rememoração". Dolf Oehler, *O velho mundo desce aos infernos: autoanálise da modernidade após o trauma de junho de 1848 em Paris*. Trad. de José Marcos Macedo. São Paulo: Companhia das Letras, 1999, p. 293. O procedimento segue a mesma lógica dos contos machadianos da virada dos anos 1870 para os anos 1880, como "A causa secreta", em que a crítica da naturalização de práticas cruéis (muitas para o bem da ciência) não se faz pela denúncia explícita, mas sim pela incorporação daquela mesma frieza descritiva dos relatos científicos a que o leitor dos jornais da época estava habituado. Cf. Lúcia Granja, *Machado de Assis. Antes do livro, o jornal: suporte, mídia e ficção*. São Paulo: Ed. da Unesp, 2018, pp. 65-82.

tampouco em ter Cotrim como modelo de um caráter "ferozmente honrado": "seco de maneiras" quando manda "com frequência escravos ao calabouço, donde eles desciam a escorrer sangue", mas dotado de "sentimentos pios" quando pratica benefícios filantrópicos em nome de várias irmandades, apesar do "sestro de mandar para os jornais a notícia".[69]

Visto desse ângulo, o sangue-frio adotado na descrição de disparates, ou mesmo a conhecida crueldade de Brás com a pobre Eugênia e companhia, tem muito a ver com a voluntária moral desagradável com que Baudelaire pretendia encerrar seus poemas em prosa.[70] Confluentes também são os maus-tratos com o leitor, que é alternada e repetidamente imbecilizado ("leitor obtuso"), vilipendiado ("o maior defeito deste livro és tu, leitor"),[71] ou comparado a um cão miserável "a quem se deve oferecer não perfumes delicados, que o exasperam, mas imundícies cuidadosamente selecionadas"[72] —, além de ter constantemente frustrada sua expectativa narrativa. O procedimento, afim com o objetivismo flaubertiano nos princípios que o ditam, seria um "exercício de traição de classe", como sugeriu Roberto Schwarz retomando a estética antiburguesa estudada por Dolf Oehler a propósito de Baudelaire.[73] A cumplicidade traiçoeira dos narradores é ainda uma maneira de pôr as cartas na mesa, de expor, num gesto autorreflexivo, a relação contraditória com os leitores-consumidores e o estatuto ambíguo do

---

69 Machado de Assis, *Memórias póstumas de Brás Cubas*, op. cit., p. 711.

70 Como se lê em carta a Saint-Beuve de 15 de janeiro de 1866, cf. Charles Baudelaire, *Correspondance*, op. cit., tomo II, p. 583.

71 Machado de Assis, *Memórias póstumas de Brás Cubas*, op. cit., pp. 652 e 671.

72 Charles Baudelaire, *O spleen de Paris. Pequenos poemas em prosa*, op. cit., p. 18.

73 Cf. Dolf Oehler, *Quadros parisienses: estética antiburguesa em Baudelaire, Daumier e Heine (1830-1848)*. Trad. de José Marcos Macedo e Samuel Titan Jr. São Paulo: Companhia das Letras, 1997.

escritor-jornalista.[74] Tal movimento é manifesto também no jogo irônico com as convenções impostas pelo jornal, como a serialização e a coexistência de conteúdos heterogêneos, do *fait divers* ao anúncio da venda de escravos.

A autossuficiência das peças ("tão completas em si mesmas", como disse Machado) era, como o perspectivismo narrativo, uma forma de manobrar com graça e ironia o caráter fragmentário e aleatório da imprensa. E de fato tanto "A moeda falsa" como "O almocreve" podem ser perfeitamente lidos à parte, assim como muitos outros capítulos do romance; inversamente, a leitura das *Memórias* poderia muito bem prosseguir sem este ou outros episódios do mesmo gênero.[75] Na dedicatória "À Arsène Houssaye", Baudelaire escreve que em sua "pequena obra" tudo era "ao mesmo tempo pé e cabeça", combinação que teria a vantagem de permitir ao autor e ao leitor interromper um o devaneio, o outro a leitura. Um princípio semelhante parece reger as *Memórias póstumas*. Estendendo o paralelo para o outro lado, a prosa praticada por Baudelaire em *O spleen* não parece afinal tão distante assim da romanesca, pelo menos do romance perspectivístico moderno de um Flaubert ou de um Machado. Com efeito, segundo as próprias indicações do poeta, o livro poderia ser lido como um romance: "pois não suspendo a von-

74 Sobre as implicações formais da relação narrador-leitor e as questões relativas à incorporação do texto-mercadoria nas *Memórias*, ver Hélio de Seixas Guimarães, *Os leitores de Machado de Assis: o romance machadiano e o público de leitores do século 19*. São Paulo: Nankin / Edusp, 2004.

75 Tanto assim que o capítulo "A propósito de botas", das *Memórias*, será publicado separadamente, tão soltinho como um poema em prosa, nas páginas da *Revista Ilustrada* em janeiro de 1881. Nesse sentido, esta observação de Lúcia Miguel Pereira sobre Machado é certeira: "Os seus romances têm um ritmo cíclico, compõem de uma sucessão de quadros. A superioridade do *Brás Cubas* sobre os outros vem justamente da harmonia entre a marcha interrompida da narrativa e a dissociação do herói, da 'errata pensante'". Lúcia Miguel Pereira, *Machado de Assis: estudo crítico e biográfico*. Belo Horizonte: Editora Itatiaia; São Paulo: Edusp, 1988, p. 226.

tade renitente" do leitor "pelo fio interminável de uma intriga supérflua".[76] De outra parte, não é à toa que o próprio gênero das *Memórias* pareceu incerto para seus contemporâneos,[77] de tal maneira que Machado tratou de incorporar a perplexidade dos primeiros leitores ao prólogo da terceira edição das *Memórias*, reiterando que o livro "era romance para uns e não o era para outros".[78] Conduzidos pelo olhar sobre o "cruzamento das inumeráveis relações"[79] que lhes oferecia o cotidiano parisiense e carioca, Baudelaire e Machado compunham narrativas fora das amarras da sequência nexo-causal habitual do romance.

Como nas fantasias de *O Cruzeiro*, as liberdades narrativas das *Memórias*, facilmente reconhecíveis em um de seus efeitos imediatos — o bazar estilístico —, não provêm tanto da transposição de um modelo literário, o que aliás Machado teve ocasião de criticar por mais de uma vez, mas do propósito de formalizar, inclusive a partir de uma prosa de "feição arcaizante", a experiência contemporânea. Machado figurava assim, num só gesto mimético, a postura arbitrária da elite escravista do país estudada por Roberto Schwarz, e o feitio spleenético do indivíduo avesso à intriga usual do romance — e de que-

---

76 Charles Baudelaire, *O spleen de Paris. Pequenos poemas em prosa*, op. cit., p. 7.

77 A respeito das *Memórias*, Urbano Duarte escreve que "para um romance, falta-lhe uma intriga". Urbano Duarte "Bibliografia" [*Gazetinha*, 02 fev. 1881], *apud* Hélio de Seixas Guimarães, "O impacto da obra de Machado de Assis sobre as concepções de romance". *Machado de Assis em linha*, ano 1, n. 1, jun. 2008, p. 29. E Capistrano de Abreu pergunta: "As *Memórias póstumas de Brás Cubas* são um romance? Em todo caso são mais alguma coisa. O romance aqui é simples acidente". Capistrano de Abreu, "Livros e letras" [*Gazeta de Notícias*, 30 jan. 1881], in Machado de Assis, *Obra completa em quatro volumes*, op. cit., vol. 1, p. 18.

78 Machado de Assis, "Prólogo da quarta edição das *Memórias póstumas de Brás Cubas*", op. cit., p. 599.

79 Charles Baudelaire, *O spleen de Paris. Pequenos poemas em prosa*, op. cit., p. 7.

bra respondia à "tradição errônea" do autor de *As flores do mal* pela "fisionomia", pelo "espírito" da forma livre descoberta no outro Baudelaire.[80]

*

Este livro surgiu de uma sugestão de Samuel Titan Jr. que, ao ler meu ensaio sobre a forma livre de *O spleen de Paris* e das *Memórias póstumas de Brás Cubas*, imaginou ver reunida em livro a constelação de poemetos prosaicos que perfazem a tortuosa viagem da forma "flexível e compósita" de Baudelaire até a "forma livre" do romance de Machado. Para tanto, abrem este volume as primeiras traduções dos *Pequenos poemas em prosa* de Baudelaire publicadas na imprensa brasileira ao longo da década de 1870. São nove peças de *O spleen de Paris*, algumas com mais de uma versão, e por vezes traduzidas por autores diferentes.

Na segunda parte estão reunidos os primeiros ensaios do gênero no Brasil. Dos vários poemas em prosa que compõem *Arabescos* e *Noturnos*, escolhemos reproduzir apenas aqueles em que se sente o gosto baudelairiano. Alguns são uma clara releitura abrasileirada de um poema de *O spleen*, como "A Senhora Lanceta", de Campos Carvalho, uma versão carola da "Senhorita Bisturi". Enquanto Baudelaire se abstém da descrição do pardieiro da moça, detendo-se apenas aos retratos dos médicos na parede, Campos Carvalho a prolonga, passando do cemitério à

---

80 Como aliás parece ter intuído o futuro autor de *Canções sem metro* ao comentar o romance em 1880: "É ligeiro, alegre, espirituoso, é mesmo mais alguma coisa: leiam com atenção; com calma; *há muita crítica fina e frases tão bem subscritadas que, mesmo pelo nosso correio, hão de chegar ao seu destinatário.* É portanto um romance mais nosso, *uma resposta talvez,* e de mestre uma e outra coisa; e será um desastre se o oficial de gabinete absorver o literato. Esperemos que não. Raul D.". Raul Pompeia, "Crônica 3" [*Revista Ilustrada*, 1880, n. 202, 1880], in *Obras*. Org. de Afrânio Coutinho. Rio de Janeiro: MEC/FENAME/Oficina Literária Afrânio Coutinho/Civilização Brasileira, 1983, vol. VII, pp. 21-22. Grifo meu.

alcova e desta aos altares contraditórios da médico-maníaca. Sem economias, o narrador descreve seu passeio à meia-noite pelo campo-santo, discorre sobre seu desejo de encontrar o diabo para lhe pedir inspiração para escrever "um romance tenebroso", até que encontra sua Senhora Lanceta. Esta logo reprova o intento do moço com argumentos de devota, mas de uma devoção estranha, já que para ela heresia é falar mal dos médicos: "No bisturi, no gume do aço da lanceta caridosa está a salvação". A bizarria paulistana, assim, não é tanto uma excentricidade macabra à maneira da parisiense deslindada por Baudelaire, mas antes uma combinação estapafúrdia, bem à brasileira, que parece surpreender até o narrador do poema: "Como combinar-se esses aparatos da religião externa com os acessórios materiais da ciência médica?".

Em outros há quase uma paráfrase — embora o exotismo mude de paisagem —, por exemplo em "Canto de amor", de Guimarães Júnior. Pois como não pensar em "Um hemisfério numa cabeleira" ao ler passagens como estas: "Teus cabelos negros e cheios de perfume abrem-se como um manto maternal, onde se vai aquecer minha fronte sombria, e conduzem-me, à semelhança das capas encantadas das *Mil e uma noites*, a países longínquos"? Noutros, ao contrário, o empréstimo de um tema produz efeito diferente do original, como "Página de bitume", em que "a bela Dorothée" de *O spleen*, representação sublime e erotizada de uma escrava alforriada, é substituída por Doroteia, um "ideal horripilante" e satânico. A mesma coisa ocorre em "As nuvens" — uma cadeia de correspondências a partir de uma frase de "O estrangeiro" —, ou "Esmola", em que o autor parece explorar à sua maneira o jogo de contrastes de "Os olhos do pobre". Há por fim aqueles que se aproximam dos *Pequenos poemas* pela tentativa moderna de extrair da experiência cotidiana o belo, imperativo literário que produz resultados inusitados, tal como em "Seráfica", de Luís Guimarães Júnior, rememoração afetuosa de uma escrava da infância do escritor.

Estão reunidas ainda nessa mesma parte introduções e resenhas sobre esses e outros livros no gênero, fantasias e noturnos esparsos na imprensa brasileira ao longo da década de 1870 — de escritores hoje esquecidos, como Alberto Coelho, até os mais improváveis, como Carvalho Júnior, o poeta da "nota violenta, tão exclusivamente carnal", mas também autor de "Aspásia (Fantasia)" e "Um amor filósofo (Romance microscópico)" —, além de quatro das nove fantasias de Machado publicadas originalmente nos rodapés de *O Cruzeiro*. Ao ler "O bote de rapé", "Um cão de lata ao rabo", "Filosofia de um par de botas" e "Elogio da vaidade", o leitor certamente reconhecerá os motivos de *O spleen* e das *Memórias*, além de aspectos estruturais comuns à forma livre das duas obras.

Em seguida, dado que o caminho da forma "flexível e compósita" de Baudelaire até a forma livre de Machado é também a história da consolidação do poema em prosa no Brasil, decidimos incluir neste livro, com o propósito de armar um quadro mais amplo — e ainda assim incompleto —,[81] dois pares de poemas baudelairianos daqueles que até agora têm sido consi-

---

81 Naturalmente, o gênero não se restringe a Aloysius Bertrand e Baudelaire. Ainda no século XIX, e na França, podemos mencionar Banville, Mallarmé, Rimbaud; atravessando o canal da Mancha, Oscar Wilde, e em terras portuguesas, João Barreira, o autor de *Guaches* (1892), obra cujo grande sucesso à época levou os estudiosos do poema em prosa a pensá-la como o elo entre a matriz francesa e nós. No Brasil raros são os livros dedicados inteiramente ao gênero, tratando-o apenas parcialmente, e já a partir do simbolismo, como em *Panorama do movimento simbolista brasileiro* (1952), de Andrade Muricy, ou em *Decadismo e Simbolismo no Brasil* (1980), de Cassiana Lacerda Carollo. Única empreitada panorâmica é *O poema em prosa* (1962), antologia organizada por Xavier Placer, que partindo de Vitoriano Palhares salta direto para Cruz e Sousa e Raul Pompeia, para reunir na maior parte do volume contribuições modernistas, de Manuel Bandeira e Carlos Drummond de Andrade até Ferreira Gullar. No âmbito acadêmico há ainda a tese de doutorado de Gilberto Araújo de Vasconcelos Júnior, *O poema em prosa no Brasil (1883-1898): origens e consolidação*. Rio de Janeiro: UFRJ, 2014. Tese (Doutorado em Letras).

derados como os precursores do gênero no país: Raul Pompeia e Cruz e Sousa.

Abrem a terceira e última parte, "A moeda falsa", pequeno poema em prosa de Baudelaire, "O almocreve" e "A propósito de botas", capítulos das *Memórias póstumas*, e como prova de que *O spleen de Paris* continuou ecoando na obra ficcional machadiana, um capítulo de *Esaú e Jacó*.[82] Por fim, no intervalo de um romance e outro, o leitor encontrará um texto "sem assunto" em que Machado flagra da janela, tal como as namoradeiras a observar o movimento das ruas naquela pose indolente eternizada em nossas esculturas populares, o burburinho da cidade numa tarde chuvosa — crianças "patinando n'água", moças arregaçando saiais, "uma preta, cujo tabuleiro lhe serve ao mesmo tempo de guarda-chuva", botas encharcadas, gâmbias finas —, tudo numa prosa pictórica e musical, "mesmo sem ritmo nem rima", que nos leva de volta ao sonho original de *O spleen de Paris*.

---

82 O capítulo "A esmola da felicidade" retoma o motivo de "A moeda falsa" (assim como o capítulo XLI — "Caso do burro" — da mesma obra recorda "Um engraçadinho" dos *Pequenos poemas em prosa* de Baudelaire) e interrompe o fluxo narrativo do romance. O "irmão das almas" desse terceiro capítulo só reaparecerá, e dessa vez com nome, lá para o final do livro em um episódio (capítulo LXXIV — "A alusão do texto") que quebra novamente o encadeamento do enredo.

A espingarda de Baudelaire

"A espingarda de Baudelaire" aparece no *Correio Mercantil* e no *Diário de notícias* em 22 de outubro de 1867, isto é, dois meses após a morte do poeta. Muitas são as anedotas sobre Baudelaire e seu engajamento político em 1848. Segundo Jules Buisson, em 24 de fevereiro daquele ano, Baudelaire gritava de fuzil na mão seu famoso mote: "Precisamos fuzilar o general Aupick!", seu padrasto. E segundo Gustave Le Vavasseur, Baudelaire participa de maneira exaltada das Jornadas de Junho. Ver a esse respeito Dolf Oehler, "'Loucura do povo e loucura da burguesia'. Baudelaire: ator, poeta e juiz da revolução de 1848". *Literatura e Sociedade*, vol. xv, n. 13, 2010, pp. 26-35.

Decorria o ano de 1848. Todos então faziam em França parte da guarda nacional. Também Baudelaire, não obstante os seus hábitos pacíficos, devia envergar o seu uniforme de soldado cidadão. Quando dizemos uniforme, é a maneira por que julgamos dever-nos expressar, por isso que cada um vestia o que lhe parecia, e armava-se como podia. Os uniformes dos defensores da ordem pública eram, na máxima parte, os fatos ordinários.

Numa noite de inverno, estava o poeta francês de sentinela do lado externo dos bulevares, num posto de guarda onde se viam mais blusas do que fardas. Eram onze horas e o número de transeuntes começava a diminuir.

De repente, sente-se um ruído suspeito, e à luz amortecida de um lampião, percebe o nosso recruta uma sombra, que lhe pareceu fantasma a andar sobre quatro pés.

Passe de largo, grita Baudelaire. — Nada de caçoadas, retire-se. Mas um de seus camaradas, soltando uma gargalhada, clama: é um cão, mas assegure-lhe que não traz espingarda.

Pois bem, responde Baudelaire, um pouco mais tranquilo, é então um negócio que me convém, por isso que a minha espingarda não tem cão.

A espingarda de Baudelaire. — Decorria o anno de 1848. Todos então fazião em França parte da guarda nacional. Tambem Baudelaire, não obstante os seus habitos pacificos, devia envergar o seu uniforme de soldado cidadão. Quando dizemos uniforme, é a maneira por que julgamos dever-nos expressar, por isso que cada um vestia o que lhe parecia, e armava-se como podia. Os uniformes dos defensores da ordem publica erão, na maxima parte, os fatos ordinarios.

N'uma noite de inverno, estava o poeta francez de sentinella do lado externo dos boulevards, n'um posto de guarda onde se vião mais blusas do que fardas. Erão 11 horas e o numero dos transeuntes começava a diminuir.

De repente, sente-se um ruido suspeito, e á luz amortecida de um lampeão, percebe o nosso recruta uma sombra, que lhe pareceu um phantasma a andar sobre os quatro pés.

Passe de largo, grita Baudelaire. — Nada de caçoadas, retire-se. Mas um dos seus camaradas, soltando uma gargalhada, clama : é um cão, mas assegure-lhe que não traz espingarda.

Pois bem, responde Baudelaire, um pouco mais tranquillo, é então um negocio que me convem, por isso que a minha espingarda não tem cão.

"A espingarda de Baudelaire". *Correio Mercantil*, 22 de outubro de 1867.

O spleen *de Paris* na imprensa brasileira (1871-1879)

Os oitos poemas a seguir foram traduzidos por Campos Carvalho. Destes, sete foram publicados em 10 de setembro de 1871 no *Correio Paulistano*. Com exceção de "Epílogo", e com a tradução de um novo poema, "O relógio", a mesma série foi republicada com ligeiras alterações no *Diário de Notícias* do Rio de Janeiro em 13 de março de 1872. O poema seguinte, "O ideal e o real", de tradutor desconhecido, foi publicado em 30 de novembro de 1873 no *Domingo. Jornal Literário e Recreativo*. Por fim, os últimos quatro poemas foram traduzidos por Gama Rosa e publicados de 11 de fevereiro a 8 de abril de 1879 no jornal *O Repórter*.

O estrangeiro
[*L'Étranger*]

— O que amas mais, homem enigmático, diz? Teu pai, mãe, irmãos, a família?

— Nunca os conheci, minha família é a ironia.

— Já sei, amas teus amigos?

— Oh! Pra que servir-se de uma palavra cujo sentido até hoje desconheço.

— Será a beleza?

— Amá-la-ia voluntariamente, mas... como deusa e imortal.

— Então é a tua pátria?

— Ignoro em que latitude está situada.

— É o ouro, adivinho?

— Detesto-o como o senhor detesta a Deus!

— Ah! O que amas então, extraordinário estrangeiro?

— Eu... amo as nuvens... as nuvens que passam... lá ao longe... as maravilhosas nuvens!

Campos Carvalho
10 de setembro de 1871 e 13 de março de 1872

Embriagai-vos
[*Enivrez-vous*]

É preciso estar sempre ébrio! A embriaguez é tudo, é a única questão.

Para não se sentir o horrível fardo do Tempo que parte as nossas espáduas e nos inclina para a terra, é preciso embriagar--se sempre... de contínuo.

Mas com quê?

Com o vinho, com a poesia ou com a virtude, pouco importa. Mas embriagai-vos.

E se algumas vezes... sobre os traços de um palácio, sobre a verde relva de um fosso, na solidão morna da câmara despertardes... passada ou latente a embriaguez... perguntai ao vento, à onda, à estrela, ao pássaro, ao relógio... perguntai a tudo que foge, a tudo que geme, a tudo que rola, que canta e que fala... perguntai que hora é?

O vento, a onda, a estrela, o pássaro e o relógio responderão: "É a hora da embriaguez!".

Para não serdes os hilotas imbecis, que o tempo martiriza embriagai-vos sempre... sempre.

Com o vinho, com a poesia ou com a virtude, pouco importa... embriagai-vos!

Campos Carvalho
10 de setembro de 1871 e 13 de março de 1872

Um hemisfério nos cabelos
[*Un Hémisphère dans une chevelure*]

Deixa-me respirar muito tempo... muito tempo... o perfume dos teus cabelos e, nas suas ondas negras, mergulhar o meu semblante, como um homem alterado na água de uma fonte: deixa que minhas mãos agitem-nos, como a um lenço odorante, para sacudir saudades pelo ar.

Se pudesses saber tudo que vejo e tudo que sinto, tudo aquilo que eu escuto nos teus cabelos!

Minha alma viaja sobre o perfume, como as almas dos outros homens sobre a música.

Teus cabelos possuem todo um sonho, cheio de velames e de mastreamentos: contêm grandes mares, cuja monção me transporta para os climas ridentes, onde o espaço é mais azul e mais profundo, a atmosfera perfumada pelos frutos, pelas flores, pelas folhas e pela pele humana.

No oceano de teus cabelos, eu entrevejo um porto afluindo de cantos melancólicos, de homens vigorosos de todas as nações e de navios de todas as formas talhando suas arquiteturas finas e complicadas sobre um céu imenso, onde se pavoneia o calor eterno.

Nos carinhos de teus cabelos, eu volto a encontrar os langores de longas horas, passadas sobres os estofos do divã, na câmera de belo navio e embaladas pelos rolamentos do porto, entre os canteiros de flores e as garrafas refrigerantes.

No lar ardente de teus cabelos, respiro os aromas do tabaco misturado ao ópio e ao açúcar; na noite de teus cabelos, vejo resplandecer o infinito do azul tropical; sobre as praias sedosas de teus cabelos eu me embriago com os perfumes combinados do alcatrão, do musgo e do óleo de coco.

Deixa-me morder muito tempo tuas tranças negras e pesadas. Quando eu mordo teus cabelos elásticos e rebeldes parece-me... que eu mastigo recordações...!

Campos Carvalho
10 de setembro de 1871 e 13 de março de 1872

Fora do mundo
[*Anywhere out of the World.*
N'importe où hors du Monde]

Esta vida é um hospital onde cada doente deseja mudar de leito. Este quer sofrer junto ao fogão, aquele pensa que ficaria bom ao lado da janela.

A mim parece que estaria sempre bem onde eu não estivesse, e esta questão de mudança é uma das que discuto constantemente com minha alma.

"Diz-me, minh'alma, pobre alma congelada, já pensaste habitar Lisboa?

"Lá deve fazer calor e tu te alegrarias ali como um lagarto. Esta cidade mora à beira d'água.

"Contam que é edificada com mármores e o povo tem tamanha aversão ao vegetal, que decepa todas as árvores.

"Ei-la... é uma paisagem ao teu gosto, é uma paisagem feita de luz e minerais e que tem o líquido para refleti-las!"

Minha alma não responde.

"Uma vez que amas o repouso, com o espetáculo do movimento, queres habitar a Holanda, esta terra beatificada?

"Talvez te divertisses nesta região, cuja imagem tanto tens admirado nos museus? O que pensarias de Roterdã, tu que amas a floresta dos mastros e os navios com as amarras agarradas ao sopé das casas?"

Minh'alma fica muda.

"Batávia talvez te servisse mais? Além disso encontraríamos aí o espírito da Europa casado com a beleza tropical."

Nem uma palavra. Minh'alma estará morta?

"Então... estás tão entorpecida que só te agrada o teu mal? Se é assim fujamos para os países que são as analogias da Morte. — Está feito o pacto, pobre alma! Nossas malas caminharão para Tornea.

"Vamos mais longe ainda, ao término do Báltico; ainda mais longe se é possível; vamos nos instalar no polo. Ali, o sol frisa a terra obliquamente, e as lentas alternativas da luz e da noite suprimem a variedade e aumentam a monotonia, esta metade da vida. Ali, poderemos tomar longos banhos de trevas, enquanto que, para nos divertir, as auroras boreais mandarão de tempo a tempo seus rosões clarões, como reflexos de um fogo de artifício nos Infernos!"

Enfim... minh'alma fez explosão e grita subitamente: "Seja onde for... não importa o lugar... mas partamos para fora deste mundo!".

Campos Carvalho
10 de setembro de 1871 e 13 de março de 1872

Vênus e o louco
[*Le Fou et la Vénus*]

Que admirável dia! O vasto *parc* espasma-se sob o olhar chamejante do sol, como a mocidade sob o domínio do Amor.

O êxtase universal das coisas não se exprime por algum ruído, as águas parecem dormidas. Muito diferente das coisas humanas, existe aqui uma orgia silenciosa.

Dir-se-ia que uma luz sempre em aumento faz brilhar mais os objetos; que as flores excitadas ardem no desejo de rivalizarem com o azul do céu pela energia de suas cores e o calor tornando visíveis os perfumes fá-los subir para os astros, como fumaças.

Entretanto, neste prazer universal eu vi um ser aflito.

Aos pés de uma Vênus colossal, um destes loucos artificiais, um destes caturras voluntários, que fazem rir aos reis, quando o Remorso e o Tédio os circundam, embuçado em um costume brilhante e ridículo, com enfeites de chifres e campainhas, unido ao pedestal, levanta os olhos cheios de lágrimas para a imortal deusa.

E seus olhos dizem:

"Eu sou o último e o mais solitário dos homens, órfão do amor e da amizade e nisto... muito inferior ao mais imperfeito dos animais. Mas... fui criado também para compreender a beleza imortal! Ah! Deusa, tenha piedade de minha tristeza e de meu delírio!"

Porém a implacável Vênus olha ao longe e nada sabe e nada vê com seus olhos de mármore!!!

Campos Carvalho
10 de setembro de 1871 e 13 de março de 1872

Desejo de pintar
[*Le Désir de peindre*]

Infeliz talvez o homem... mas feliz artista que o desejo atormenta!

Eu morro por pintar aquela que raramente me aparece e que foge tão depressa, como uma bela coisa que se estima e fica atrás do viajante mergulhado na noite.

Há que tempos ela me sumiu!

Bela, mais que bela, tem a surpresa por condão.

A noite abunda em si e tudo que o seu ser inspira é noturno e profundo. Seus olhos são dois antros, onde o mistério cintila vagamente, e seu olhar ilumina como um relâmpago: é uma explosão nas trevas.

Eu devia compará-la a um sol negro, se eu pudesse conceber um astro negro derramando luz e felicidade.

Mas... ela convida mais para pensar na lua, que, sem dúvida, marcou-a com sua horrível influência; não a lua branca dos idílios, que só parece a uma noiva de gelo, sim a lua sinistra e embriagada, suspensa no fundo de uma noite tempestuosa movida pelas nuvens que correm; não a lua pacífica e discreta visitando o sono dos homens puros, porém lua arrancada dos céus, vencida e revoltada a quem as bruxas da Tessália constrangem a dançar sobre a erva.

Em sua pequena fronte habitam a vontade tenaz e o amor da presa.

Entretanto, por baixo deste semblante inquieto, onde as narinas móveis aspiram o incógnito e o impossível, brilha, com uma graça inexprimível, o riso de uma grande boca vermelha, branca, delícia, e que faz sonhar no prodígio de uma soberba flor guardada em um terreno vulcânico.

Há mulheres que inspiram a inveja de vencê-las e gozá-las... mas esta inspira o desejo: morrer-se lentamente sob seu olhar fixo e divino.

Campos Carvalho
10 de setembro de 1871 e 13 de março de 1872

Epílogo[1]
[*Épilogue*]

Contente o coração, subi a mais alta cima da montanha, onde se pode contemplar a cidade em toda sua amplitude, hospitais, lupanares, o inferno, purgatório, e a prisão dos calcetas; onde tudo o que é enorme floresce como a flor.

Bem sabes, ó Satã, meu anjo, meu amigo, que não subi para de lá derramar meus prantos em vão!

Como o amante decrépito de uma velha barriga, eu queria embriagar-me naquele monte de horrores, cujo encanto infernal me rejuvenesce de contínuo.

Ave Satã! Que tu durmas ainda nos lençóis da manhã pesada, obscura e constipada, ou que te pavoneies nos véus da tarde bordados de ouro fino, assim mesmo eu te amo, ó capital infame!

Cortesãs e bandidos, deste modo muitas vezes ofereceis prazeres que os vulgares, os profanos não compreendem.

---

1   Trata-se de tradução bastante livre — a passagem do verso para a prosa, a interjeição satânica e as duas últimas estrofes são da lavra do tradutor. "Épilogue" foi publicado pela primeira vez no final de *O spleen de Paris*, no IV tomo das *Obras completas* do poeta, editadas por Michel Lévy em 1869. No entanto, uma carta de Baudelaire de 1860 mostra que os tais tercetos estavam na verdade destinados ao volume de *As flores do mal*. Cf. Charles Baudelaire, *Œuvres complètes*. Org. de André Guyaux e Andrea Schellino. Paris: Gallimard, 2024, tomo II, pp. 135-36 e 1229. Bibliothèque de la Pléiade.

Salve Belzebu! Eu ainda te adoro, infame cidade, alcova turbulenta onde o gênio de Lúcifer idealiza as obras-primas de seu ateliê!

Campos Carvalho
10 de setembro de 1871

O relógio
[*L'Horloge*]

Os chineses veem as horas nos olhos dos gatos.

Um dia... há muito tempo... um missionário que passeava pelos arrabaldes de Nanquim conheceu que tinha esquecido seu relógio e perguntou a uma criança: que horas eram!

O garoto do celeste império hesitou a princípio; depois recordou-se e respondeu: "Vou lhe dizer".

Passados alguns momentos ele apareceu, trazia sob os braços um grande e corpulento gato e olhando-lhe o branco dos olhos, afirmou sem hesitar: "Ainda não é meio-dia". E respondeu acertado.

Para mim, se me inclino para a bela Felina, a minha bem--amada, que às vezes faz honra a seu sexo: o orgulho de meu coração e o perfume de meu espírito, seja de noite, de dia, na sombra opaca ou no fundo de seus olhos adoráveis, eu sempre vejo a hora distintamente, sempre a mesma, uma hora vasta, solene, grande como o espaço, sem divisão de minutos, nem de segundos, uma hora imóvel que ainda não está designada nos relógios, e... entretanto ligeira como um suspiro, rápida como um olhar.

E se algum importuno vier me distrair enquanto os meus olhares dançam sobre este delicioso quadrante; se algum gênio malcriado e intolerante, algum demônio do contratempo vier dizer-me: "O que perscrutas com tanto cuidado? O que procuras nos olhos deste ser? Por ventura vês aí a hora, mortal pródigo e vagabundo?".

Eu responderei sem hesitar: "Sim, eu vejo a hora, é a eternidade!".

Não é, senhora, que fiz um madrigal verdadeiramente meritório e tão enfático como vós mesma? Na verdade, tive tanto prazer em bordar esta preciosa galanteria, que nada vos peço em troca.

Campos Carvalho
13 de março de 1872

O ideal e o real
[*Laquelle est la vraie?*]

Conheci uma certa Benedita que enchia a atmosfera do ideal, e cujos olhos espalhavam o desejo da grandeza, da beleza, da glória e de tudo quanto faz crer na imortalidade.

Mas esta mulher milagrosa era muito bela para viver muito tempo, morreu poucos dias depois que a conheci, e fui eu quem a enterrei, bem encerrada numa caixa de madeira perfumada e incorruptível como são os cofres da Índia.

E como os meus olhos ficaram fitos no lugar em que sepultei o meu tesouro, vi subitamente uma figura que se assemelhava singularmente à defunta, e, que de pé sobre a terra fresca, dizia com estrondosas gargalhadas:

"Sou eu a verdadeira Benedita! Sou eu! Uma famosa desprezível! E para castigo da tua loucura e cegueira, amar-me-ás tal qual sou."

Mas eu furioso respondi:

"Não! Não! Não."

E para dar mais força à minha recusa, pisei fortemente na terra de modo que enterrei as pernas até os joelhos na sepultura recente, e como um lobo caído no laço, fiquei preso, para sempre talvez, à cova do ideal.

30 de novembro de 1873

As quimeras
[*Chacun sa Chimère*]

Sob um grande céu pardacento, em uma vasta planície poeirenta, sem caminhos, sem erva, sem uma urtiga, sem um cardo, eu encontrei muitos homens que caminhavam curvados.

Cada um deles levava sobre o dorso uma enorme quimera, tão pesada como um saco de farinha ou o correame de um soldado romano.

Mas a monstruosa fera não era um peso inerte; pelo contrário, ela envolvia e comprimia o homem com os seus elásticos e potentes músculos; se agarrava ao peito com as suas duas garras aduncas e a sua fabulosa cabeça elevava-se-lhe sobre a fronte como um desses capacetes horríveis com que os guerreiros antigos pretendiam atemorizar o inimigo.

Interroguei um desses homens e perguntei-lhe aonde iam assim.

Respondeu-me que ele e seus companheiros ignoravam o seu destino, mas que evidentemente iam para alguma parte porque sentiam-se impelidos por uma invencível necessidade de andar.

Coisa singular: nenhum desses viajantes tinha o semblante irritado; nenhum mal dizia a besta-fera suspensa ao seu pescoço e colada ao seu dorso; dir-se-ia que cada um a considerava como fazendo parte de si mesmo.

Nenhuma daquelas fisionomias fatigadas e sérias apresentava uma só ruga de desespero, sob a cúpula esplenética do céu, com os pés imersos na poeira de um solo tão árido como o firmamento, eles caminhavam com o semblante resignado dos condenados a esperar sempre.

E o cortejo passou a meu lado e desapareceu na atmosfera do horizonte, no ponto em que a superfície curva do planeta se retrai à curiosidade do olhar humano.

E, no entanto, durante alguns instantes obstinei-me em querer compreender aquele mistério, mas logo depois a irresistível indiferença baixou sobre mim e ai! Senti-me ainda mais pesadamente opresso que eles sob o peso das suas implacáveis quimeras.

G. R.
11 de fevereiro de 1879

O bobo e a Vênus (poema em prosa)
[*Le Fou et la Vénus*]

Que admirável dia! O vasto parque desmaia sob o olhar ardente do sol como a juventude sob o domínio do amor.

Nenhum ruído exprime o êxtase universal das coisas; as águas estão como que adormecidas. Bem diferente das festas mundanas, há aqui uma orgia silenciosa.

Dir-se-ia que uma luz sempre crescente faz de mais em mais cintilar os objetos; que as flores excitadas anseiam por rivalizar com o azul do céu pela energia das suas cores, e que o calor, tornando visíveis os perfumes, os faz subir para os astros como fumos.

No entanto no meio desta alegria universal eu vi um ente aflito.

Aos pés de uma Vênus colossal, um destes loucos artificiais, um destes bobos voluntários encarregados de fazer rir os reis quando o remorso ou o tédio os oprime, coberto de um vestuário brilhante e ridículo, coifado de chifres e guizos, de joelhos e abraçado ao pedestal, levanta os olhos cheios de lágrimas para a Deusa imortal.

E os seus olhos dizem: "Eu sou o último e o mais solitário dos homens, privado do amor e da amizade, e bem inferior nisto ao mais imperfeito dos animais. No entanto, eu também nasci para compreender e sentir a imortal beleza! Ah! Deusa! Tem piedade da minha tristeza e do meu delírio!".

Mas a implacável Vênus olha não sei o quê ao longe com os seus olhos de mármore.

G. R.
12 de fevereiro de 1879

Um hemisfério nos teus cabelos
[*Un Hémisphère dans une chevelure*]

Deixa-me respirar por muito tempo, por muito tempo, o odor dos teus cabelos e mergulhar neles o meu rosto todo como um homem sedento na água de um regato; deixa-me deslocá-los, agitá-los com a mão, como um lenço perfumado, para sacudir recordações no ar.

Se pudesses saber tudo o que eu vejo! Tudo o que sinto! Tudo o que leio nos teus cabelos! Minh'alma viaja sobre o perfume como a alma dos outros sobre a música.

Teus cabelos contêm um sonho inteiro cheio de velas e mastros; há entre eles grandes mares cujos ventos me levam para climas deliciosos, onde o céu é mais azul e mais distante, onde a atmosfera é perfumada pelos frutos, pelas folhas e pela pele humana.

No oceano da tua coma eu entrevejo um porto formicolante de cantos melancólicos, de homens robustos de todos os países e de navios de todos os feitios recortando com as suas arquiteturas finas e complicadas o fundo azul de um céu imenso onde se pavoneia o eterno calor.

Nas blandícias da tua coma eu reencontro os langores das longas horas passadas sobre um divã, na câmara de um belo navio, embalado pelo vaivém imperceptível das águas do porto, entre vasos de flores e taças de refrescos.

No ardente lar da tua coma eu respiro o cheiro do tabaco misturado com ópio e açúcar: na noite da tua coma eu vejo resplandecer o infinito do azul tropical; nas margens alcatifadas da tua coma eu me embriago com os aromas combinados do alcatrão, do musgo e óleo de palmeira.

Deixa-me morder por muito tempo as tuas tranças pesadas e negras. Quando trinco os teus cabelos elásticos e rebeldes, ai! Parece-me que estou comendo recordações e saudades!

G. R.
22 de fevereiro de 1879

O estrangeiro, poema em prosa
[*L'Étranger*]

— O que mais amas neste mundo, homem enigmático, diz? Teu pai, tua mãe, tua irmã ou teu irmão?

— Não tenho pai, nem mãe, nem irmã, nem irmão.

— Tens amigos?

— Serviste-te de uma palavra, cujo sentido me é ainda absolutamente desconhecido.

— Tua pátria?

— Ignoro sob qual latitude ela está situada.

— A beleza?

— Amá-la-ia de boa vontade, porém divina e imortal.

— O ouro?

— Odeio-o tanto quanto odeias a Deus.

— Oh! Então o que amas tu neste mundo, extraordinário estrangeiro?

— Eu amo as nuvens... as nuvens que passam... além... as maravilhosas nuvens.

G. R.
8 de abril de 1879

O *dolce far niente* da poesia

Campos Carvalho (1871)

ARABESCOS

PHANTASIAS

POR

J. R. de Campos Carvalho

ESTUDANTE DA ACADEMIA DE S. PAULO.

Com uma introducção pelo Dr. L. C. Guimarães Junior.

RIO DE JANEIRO.

Typographia—PERSEVERANÇA—rua do Hospicio, n. 91.

1871.

Frontispício da primeira edição de *Arabescos. Fantasias,*
de Campos Carvalho.

Cinismo e charuto[1]

É meia-noite!

Comecemos como os romances de Ann Radcliffe.[2]

Os besouros batem nos vidros das janelas como doidas mariposas: ladra o cão lá fora e um hilota lembra saudades nos sons dormentes duma luxuriosa sanfona.

Meu gato, na volúpia de uma modorra, espicha o dorso e atiça o lume feroz de seus olhos afogueados.

Ó meu amigo, é tarde, os ventos sacodem a garoa, a cidade dormita e só nós velamos, tu como um sibarita despretensioso, eu autômato estúpido, que devoro os minutos que fogem ao *spleen* no fumo plácido que o charuto me dá, o meu vulcão das noites frias e sem ventura, o meu narcótico ao sentimentalismo que me pesa.

Ainda é cedo, não gemas, empresta-me a luz mortiça de tuas pálpebras para iluminar os meus pensamentos e deixa-me falar, escrever e chorar... chorar, sim... por ti que me foges, pelo meu charuto cuja fagulha avermelhada e coberta de cinzas, como

---

1 Este poema foi publicado pela primeira vez no *Correio Paulistano* em 21 de maio de 1871, sob o pseudônimo de Julio de Atamonte, e recolhido junto aos outros reunidos aqui no livro de João Ribeiro de Campos Carvalho, *Arabescos. Fantasias*. Rio de Janeiro: Tipografia Perseverança, 1871.

2 A escritora inglesa Ann Radcliffe (1764-1823) é considerada uma das precursoras do romance gótico e conhecida por suas descrições racionais de fenômenos sobrenaturais.

um artefato de Pompeia, escalda-me os lábios, como um beijo vendido ou uma gota de veneno: chorar por mim mesmo, por meu peito, que é uma urna fatal onde o infortúnio agasalhou a figura esquálida dos pesares.

Boiam suspensos no páramo azul a lua, a estrela e o meu ideal, astro negro, núncio de tormenta e... é tudo silente... conversemos, meu charuto, sê tu meu amor e as trevas o cenário.

Dás-me inspiração, dás-me vida, ainda mais repercutes lembranças mortas, que eu adoro tanto, como o vale natal nos arrula aos ouvidos os ecos dos risos infantis que o tempo envolveu na sua cadeia de olvidos.

Hoje, ave sem ninho, eu destaco da pérola fusca de minhas lágrimas os sonhos de ventura, que a idade feliz julgou brincarem em torno aos cetins do íris; e esses reflexos vívidos da louca inteligência, radiosos como fragmentos de ágata aparecem-me a furto, como uma ironia da sorte aos turvos nevoeiros de minh'alma.

E entre a saudade que crescia e a aspiração que delira, eu destaco na tela lúbrica da mocidade alguma sombra de melancolia dolorosa, que me parece a síntese triste de um trio mortuário. Vejo o sonho sangrento de Prometeu, na ira da ambição maldizendo o impossível; as cicatrizes e as pústulas do Aasvero,[3] como verdades eternas que a lógica, axioma e o martírio de Tântalo,[4] a inteligência e a razão em uma esfera limitada pelos acessórios materiais, sufocando na cólera o mundo que devia ser sua obra, a ciência que devia ser seu invento.

3   Aasvero ou judeu errante é um personagem da tradição cristã que, reza a lenda, foi condenado à errância eterna por ter batido nas costas de Jesus durante a Paixão.

4   Rei lendário da Lídia, Tântalo ofereceu aos deuses a carne de seu próprio filho em um festim. Como castigo, estes o condenaram ao Tártaro, um vale abundante em frutos e água com os quais ele não poderia jamais saciar sua fome e sede — daí a expressão "martírio de Tântalo".

A virtude, como auxílio de moral prática e levada pelo egoísmo humano em dogma espiritual, para representar a hipocrisia e não a sinceridade dos seres: a moral mistificada, cidadela arruinada dos homens fracos, que protege a indolência do livre espírito nos seus sombrios muramentos; a religião, fanatismo que um homem probo coloriu com seu sangue e, que a população estúpida transformou em mercancia com os reacionários, azar com os aventureiros.

A política, a crença, o direito, dúvidas que não se simplificam, abismos como o Maelstrom do poeta americano,[5] que tentam, asfixiam e corrompem como a atmosfera pútrida daquela gruta maligna, que na Itália diverte aos *touristes* com o assassinato dos cães.

Aqui, no meu silêncio de morte, eu louvo a Belzebu por um princípio de oposição e duvido e descreio, como a filosofia do paradoxo, como o sofisma do judeu de Amsterdã,[6] porque a minha razão embriagada por ti, quer fugir-se ao tema debatido pelos homens e voar para o mundo inabitado do panteísmo, para as revoluções enormes, que o crânio de Proudhon concebeu.

Mas silêncio às escolas, tréguas aos filósofos, é ridículo discorrer sobre as teses sensaboronas dessa metafísica mais enleada que o fio de Ariadne. Falo para ti que respiras pelos poros de uma crosta de cinza fria e para o meu gato, que rosna em cima da cadeira, como um padre no concessionário ouvindo a crônica de uma mantilha que serve de pano de boca a uma visagem de oitenta anos.

Sou grego, procuro a perfeição plástica do ideal helênico nas formas geométricas de uma mulher; quero o consórcio do *eu* da filosofia racionalista com a última expressão da beleza estética; uma sentença de Platão no pescoço airoso de uma

---

5   Alusão ao conto "A Descent into the Maelström" (1844), de E. A. Poe, traduzido em 1856 por Charles Baudelaire e recolhido no livro *Histoires extraordinaires*.

6   Alusão a Spinoza, nascido em 1632 em Amsterdã.

figura de Fídias, que seja a personificação de talento humano, no fórum da arte.

Será uma utopia isto?

Responde-me, ó charuto, companheiro do sábio alemão, e tu, ó rajado animal felino, que brincavas com as loiras estrigas da cabeleira de Margarida na mocidade do Fausto, faz-te sonâmbulo, quadrúpede d'olhos furta-cores, e responde-me?

Vamos à Grécia... a Hélade dos sonhos e das musas baloiça-se sobre a onda azul do mar de Corinto... a cidade dos prazeres mostra a Aspásia,[7] a tenda do artista que talha o mármore imortal... conduz Frineia ao recinto memorável do escultor e mostra-lhe a deificação do gênio nos altares do templo pagão.

As duas cortesãs partem como peregrinas, as festas duplicam-se à sua chegada e os camartelos dos crentes da religião do belo vão disputar em sua honra a imortalidade nos veios petrificados da pedra legendária de Paros.

A inteligência curva-se ao bruto rochedo, o sentimento dá-lhe as formas, e o espírito antigo atira à multidão a epopeia personificada no buril do mestre: há o duelo do trabalho com a inspiração, vence esta e a idade feliz relê os heróis de Homero ante os bustos quietos das filhas da oficina da arte.

Ali é a tenda de Fídias... o moço grego troca um beijo na mole sesta com os lábios rubros da hetaira, que canta as odes de Safo na lira d'Orfeu, dorme no regaço perfumoso de mirra da plebeia histórica e disperta semideusa na bela religião de seu tempo.

De um sonho ele compra os séculos.

Lá está a estátua... branca como o céu de Quios... expressiva como o verso de Corina...[8] heroica como a epopeia dos séculos

---

7   Mulher culta da Era de Ouro da Grécia Antiga, e sobre a qual pouco se sabe, Aspásia de Mileto foi elogiada por figuras eminentes de seu tempo como Sócrates e Péricles.

8   Poetisa da Grécia antiga que, segundo Plutarco, viveu por volta do século VI a.C.

e alegre como o gênio do povo que a erige em deusa, imortal, sublime, nobre, como o século que a gerou.

A banqueta da arte é o pedestal, seu altar a oficina que é o seu templo, e ela a imortalidade de um nome.

Ei-la, a beleza modelo, a última expressão de forma, a ideia, o gênio, as idades reverenciando um nome, as letras marcando dísticos em uma concepção admirável.

Aparece no símbolo de uma mulher, formas esculturais e esplêndidas, cadinho onde vazou-se o talento de um homem para a perfeição de um monumento estético.

A cabeça quieta como guarida sagrada de um pensamento divino e imutável. Os olhos firmes e eloquentes como as estrelas do serão na torrente do Eurotas, à hora em que as hamadríades[9] bailavam e o rebanho balia nos apriscos de Pireu. O pescoço apresenta as suaves contorções de cisne que boia no cansaço de um cântico crepuscular e a que o estatuário profano roubou símiles para os deuses. Sua boca muda, como a imortalidade respira o sopro olente do infinito. Seu corpo é a retidão das linhas puras, a perfectibilidade de um pensamento enorme, único, imutável, onde o amor antigo podia se aquiescer, como nas douradas colunas do altar sagrado, onde ardiam na odorífera caçoila os incensos dos sacerdotes e a luz dos candelabros de pérolas.

A filha lúbrica do espírito pagão irrompeu-se dos lençóis de espuma; riu-se do tridente do bárbaro Deus e foi moldurar-se no crânio inspirado do divino mestre.

Deram-lhe o poder e o culto, a alma e o gênio, a prece e a história, e a filha do mármore criou uma época inefável, criou-se deusa na imortalidade da poética religião do paganismo.

À sua aparição patenteou-se essa lasciva mulher, desgrenhada, nua e palpitante de belas emoções, levantada sobre as tábuas de um proscênio ínclito pelo cinzel admirável do velho

9 Ninfas que vivem nas árvores, segundo a mitologia grega.

Pigmaleão. Ela tinha na frase elegante do poeta[10] o beijo a tremer-lhe nos lábios e o pejo a desmaiar-lhe na alfombra maravilhosa de uns seios iriados pela santa poesia da arte plástica.

A volúpia, o amor, os prazeres criaram esse outro símbolo do deísmo antigo, a Vênus Calíope, Afrodite, Pudica, Vênus de Cnido e Astarte[11] sublimaram a concepção da estatuária primitiva. A Hélade tornou-se o grande conservatório da humanidade, os homens do pensamento foram buscar lá a inspiração das fantasias ideais para o aprontamento de novas lucubrações.

Vieram os tempos, como uma legião de bárbaros, como terremotos funestos e esse empório celeste, eterno, esboroou-se nos distúrbios fatais do destino. Derrocaram as colunatas, quebraram as estátuas, transformaram os templos em covis de bandidos; mas o gênio, a lição, foram-se propagando, inúteis da média idade, sofríveis na renascença e soberbos nos nossos tempos.

Hoje já não há estátuas, bonecos de gesso filhos do engraxado artefato do carcamano; telas, mas fotografias — *bombés* do sistema Militão;[12] não há templos, mas barracas de cavali-

10 A história de Pigmalião, rei de Chipre que se enamorou de sua própria escultura, foi contada por Ovídio em *Metamorfoses*, livro x.

11 Afrodite de Cnido é uma das mais célebres estátuas da Antiguidade Grega, realizada por Paraxíteles (século iv a. C.). A estátua deu origem a um modelo de representação, a Vênus Pudica, em que a deusa é figurada nua cobrindo os seios e o sexo. Astarte, divindade da fertilidade e também protetora da guerra, é conhecida em todo o Antigo Oriente por diferentes nomes, segundo a tradição: Tanit para os cartagineses, Inana para os sumérios, e Afrodite para os gregos.

12 Conhecido por seu moderníssimo trabalho de documentação fotográfica da paisagem urbana de São Paulo (veja-se o notável *Álbum comparativo da cidade de São Paulo 1862- 1887*), o carioca Militão Augusto de Azevedo era também exímio retratista. Passa a exercer o ofício em São Paulo em 1862, quando viaja à cidade como ator da Companhia Dramática Nacional. Inicia-se na nova profissão como sócio e gerente da casa de retratos de Carneiro & Gaspar, localizada na rua Imperatriz, 58, da qual se tornaria proprietário em 1875, sob novo nome, a Fotografia Americana. Sempre ao passo com os tempos, seu ateliê torna-se famoso pelos baixos preços

nhos e barracões do governo; não há altares, mas balcões de botequim, tamboretes de quitandeiras: não há jogos olímpicos e o *peripateticon*,[13] mas bilhares e *toupie*, como no Fretin e um higiênico à tarde pela Luz,[14] a respirar-se ar puro e cobrir-se um homem de poeira.

Vai longe a dissertação, meus companheiros, e o cérebro cansado pelo marasmo perigoso já não quer divagar, ele anela outros prismas, olha o lar além das montanhas azuladas do meu

das *cartes de visite*, formato de retrato que se popularizou na década de 1870; mas também por suas inovações técnicas ou "sistemas", como se dizia na época. Em 1868, por exemplo, o jornal *Ipiranga* (SP) anuncia que o fotógrafo viajaria ao Rio de Janeiro para estudar processos novos, dentre os quais a "fotografia sobre porcelana", e, em 1871, data de lançamento de *Arabescos*, o *Correio Paulistano* publica o seguinte anúncio: "A Casa Carneiro & Gaspar, dirigida nesta cidade pelo Sr. Militão, todos os dias melhora as condições de sua oficina. Ultimamente apresentou ela mais uma novidade com os retratos em cartão, denominados *bombé*. A parte do cartão em que estampa-se o retrato é em relevo, colorido ou não à vontade do freguês, sobre fundo escuro. Vimos recentemente amostras neste gênero perfeitamente trabalhadas. Imitam na aparência os retratos em porcelana". *Correio Paulistano*, 23 ago. 1871.

13 Círculo filosófico dos seguidores de Aristóteles.

14 Trata-se da loja de Amélie Fretin, localizada na rua Quinze de Novembro, em São Paulo. Durante a década de 1860, a empreendedora francesa comercializou ali "diferentes artigos para fumantes", partituras musicais, brinquedos (daí a menção à *toupie*, o nosso pião), além de ter estabelecido no mesmo endereço "um gabinete de leitura, isto é, um sistema de aluguel de livros em português e francês (fato que mostra até onde podia ir a influência inovadora desses comerciantes, à parte a própria circulação de livros e a absorção da língua francesa)". Heloisa Barbuy, *A cidade-exposição: comércio e cosmopolitismo em São Paulo, 1860-1914*. São Paulo: Edusp, 2006, p. 141. Já a expressão "um higiênico" refere-se aos "passeios higiênicos", isto é, os passeios ao ar livre — neste caso no Jardim Luz, o primeiro jardim público da cidade —, cujos benefícios para a saúde começavam a ser defendidos pela perspectiva higienista de inícios do século XIX.

berço natal e vê, em uma gravura de Pontoppidan,[15] que me demora a cavaleiro, o mar. Como o navio que foge aos recifes da costa ele contempla, em êxtase cataléptico o cenho furioso dessa cantora rouca, que acompanha a orquestração dos ventos nas sinfonias das tempestades, escala as ondas agrupadas, sente as convulsões do navio que pula e desce até o limo do oceano, como o pintor que foi estudar ali o suicídio, nas águas verdes de um túmulo marulhoso.

Depois volve-se para o lar e sente-lhe entrar pelos tecidos um rio de fel despejado pelo caudal de minhas dores passadas.

Ao lado do meu berço uma cruz enfeitada de coroas de goivos; ao lado da infância o materialismo do tempo; ao lado da cascata a mancenilha; uma voz de menos no festim anual e uma morte de mais na genealogia dos seus.

Meu lar... meu berço perfumoso onde se entreabrem as cortinas de veludo verde e escuta-se o dueto bucólico dos violões que as bafagens da tarde ecoam por trás das colinas, como estás solitário, meu velho amigo! Hoje a sombra de teus senhores, o vulto dos teus hóspedes, parecem-se oásis de horror em um deserto de tédio e o vento do pomar sacode os velhos caixilhos, como açoites do *simoun*,[16] como vozes de amigas saudades.

Aqui, muito além das tuas paisagens, com os olhos dormentes, túrbidos e úmidos como arrependidos penitentes sob as arcadas das sobrancelhas, eu envio-te o meu preito de lágrimas pela urna sombria de minha alma, como o sacerdote católico que umedece as alcatifas das aras sagradas com o líquido purificado pelo nome do Cristo.

Envio-te minhas lembranças, estas e os meus desejos partem em caravana e vão beber perfumes de amor na mágica cisterna

---

15 Trata-se de uma das gravuras (*The Rock of Torghatten in Norway*) que ilustram a *História natural da Noruega*, de Erik Pontoppidan (1698--1764), bispo, historiador e naturalista de origem dinamarquesa. Ver p. 93 deste volume.

16 Vento quente, seco e violento do deserto do Saara.

de tuas santas tradições e voejarem em torno à intolerável majestade de uma mulher sem espírito; esse perfil ingrato e egoísta que não soube apertar aos seios de púrpura as lavas do amor agitadas por tentações ignotas.

Eu te saúdo, meu lar, e fica em paz.

Que vejo! Com o barulho da última frase o gato pulou para a mesa e soltou um grito, revirando os vaga-lumes dos olhos pelas órbitas sonolentas.

Que tens meu velho? Amores esquecidos, algum romance interceptado pela *bola* da Edilidade?[17]

— *Nhá-ursa...* respondeu-me ele![18]

Este grito do meu *fidus achates*[19] resume uma fantasia dolorosa, é a expressão do pranto amigo aos manes de uma gata preta, que os cacetes dos moleques fizeram sucumbir ante o dormir roncador da patrulha que vigiava a ordem pública!

Oh! Tu felina fisionomia, que hoje dormes teu sono eterno ao relento, sem as pompas de um funeral, sem a ode dos poetas e os discursos encomiastas dos prosadores, tiveste uma lágrima e um miau... em sustenido do teu gentil companheiro! Ele chora, por ti, mia por ti, e me acompanha por ti... oh!... Descansa, o teu listrado amigo é o símbolo mnemônico da tua preta figura, do teu felino donaire. O coitado até tornou-se surdo e mudo, pois permite aos ratos crescerem o abdômen e arranjar digestão nas douradas lombadas dos meus inocentes praxistas, dos meus queridos *Corpus Juris e Ordenações*!

Ele deitou-se morbidamente sobre um sofá de compêndios e dorme tranquilo, como um homem que joga o *carimbo* e não sai perdendo, como um eleitor do governo, como um in-

17 Bola: pancada de palmatória ou régua, palmatoada.
18 "Nhá", abreviação de Sinhá, é um antigo modo carinhoso de chamar as meninas, e ursa refere-se à tal da gatinha preta mencionada a seguir; juntas, as duas palavras traduzem onomatopaicamente o miado do bichano.
19 Acates, o fiel escudeiro de Eneias, cuja saga é narrada no poema épico de Virgílio, deu origem à expressão latina.

divíduo que não paga impostos, como um morto, cujo sono ninguém perturba.

Dorme, sibarita, dorme, filósofo, dorme, simulacro de um abade, dorme, felino amigo!

O charuto... esse rolou por baixo da mesa, como um inglês depois da refeição, e quando lhe vejo o carvão do ex-braseiro lembra-me da dor provocada por uma mulher, alegra, endoidece e depois tisna, nodoa mais do que o carvão que suja, do que o preto sobre o branco.

Fica por aí legado que doo ao lixo... eu vou dormir repleto de cinismo e embriagado pela nicotina.

O cinismo fez-me pensar a trancos e barrancos, a nicotina escrever à toa e eu obriguei-me a mim mesmo sujeitar a imaginação ao devaneio desigual, imperfeito, sem nexo, sem arte e de um sonambulismo boêmio.

A ti, cinismo, o meu ser, a minha filosofia original, o meu crânio melancólico, e minha alma. A ti, charuto, tudo isto e mais eu mesmo.

O meu humor vagabundo fez-me correr como um cometa sem órbita pela desvairada fantasia de um *spleen* sem ideal. A filosofia, a arte e a criação de Rabelais foram-me o tema, meu gato o compasso, porque ele gemia como uma mulher que ama, e o *cinismo*, essa fascinação da alma, o verbo alegre que abriu esta página doida.

Benditos todos, na nulidade da forma e da essência deixaram ao menos uma consolação, menos espasmo ao cinismo, mais sono aos olhos e mais narcótico ao leitor.

The Rock of Torghatten in Norway, gravura de Erik Pontoppidan
para a sua *História natural da Noruega* [*Natural History of Norway*].
Londres: A. Linde, 1755, p. 46

Página de bitume
(Inspiração à punhal)

I

Quando te vi pela primeira vez, senti calafrios, eras feia a fazer fugir um monge!

Chamavam-te Doroteia, irrisão!

Teu nome é uma mitologia do que há de mais formidável, devia ser o título de Satã, a voz dos ventos da Estige,[1] um apelo do inferno, um cognome diabólico.

Não te amei não... nunca... prefiro enforcar-me numa figueira como Escariotes,[2] atravessar uma bala no crânio, engolir uma espada como o Goodison,[3] a receber um teu carinho, um beijo da tua boca, um sopro dos teus suspiros.

Quando te vi pela primeira vez, senti calafrios, eras feia a fazer fugir um monge.

---

1   Rio infernal, filho do Oceano e de Tétis, Estige demarca a entrada do Hades e, na *Divina Comédia*, as águas turbulentas que abrigam as almas condenadas pela ira. Passam por ele Dante e Virgílio no *Inferno*, canto VIII.
2   Judas Escariotes, um dos doze apóstolos de Jesus.
3   Trata-se do ventriloquista e ilusionista inglês que se apresentou nos palcos fluminenses em 1870, como se lê no anúncio publicado no *Diário de Notícias* reproduzido a seguir.

II

Dizem que Deus criou o gênero humano à sua semelhança. É mentira isto, porque tu te criaste, és única no gênero, não és filha da inspiração e chamam-te Doroteia!

O amor tem a palheta do artista e o pincel do gênio para colorir-lhe os contornos, mas tu... nem a carvão serás pintada... só se algum padre vagabundo te evangelizar por cinismo e o diabo te puser lanternas, para a gente fugir de ti como o navio ao farol que indica o penedo.

Meu coração anda danado, só a palpitar por ti, porque tens alguma coisa de atraente, como as guelras da cobra quando petisca um sapo.

Fazem-te injustiça os que te acreditam um ser humano... protesto! És metade demônio, a outra metade pertence ao bicho e mais a uma coisa que não se descreve, porque é o ideal horripilante.

Flamívoma catadura, eu te adoro, como a vida ao cadáver.

Por isso és única no teu gênero, não és filha da inspiração e chamam-te Doroteia!

III

Dizem que: quando tu nasceste, as feras uivaram de cólera por terem uma rival e o mundo inteiro disparou um tiro discorde e estupendo, como o estouro de uma roqueira de festa.

**O CELEBRE
VENTRILOQUISTA E PRESTIDIGITADOR
GOODISON
JA' CHEGOU E APPARECERA' BREVEMENTE**

Os mochos, as aves da noite e os corvos voaram para irem estudar o seu canto de morte na tua energúmena figura. Nascias como um modelo do Inferno, como um tema indescritível.

O diabo deu três pinotes e dois saltos mortais sobre teus cabelos eriçados, como os de Megera e... desses trapézios do abismo ele esticou as canelas, tonto de tanta monstruosidade.

Os sapos da charneca tangeram os timbales em tua homenagem, ó horror feminino... os urubus correram sinistros, a cauã, essa ave dos infortúnios, foi cantar no telhado do vigário da tua freguesia, como toque de rebate na aldeia que arde em fogo.

Riste e roncou a trovoada, gritaste e o raio caiu.

Dizem que: quando tu nasceste, as feras uivaram de cólera por terem uma rival e o mundo inteiro disparou um giro discorde e estupendo, como o estouro de uma roqueira de festa.

IV

Não tens coração, esse termômetro da sensibilidade... não... como no Apocalipse trazes uma serpente ao nível da sexta costela e os flancos salientes, como um esqueleto de laboratório.

Pediram beleza a Belzebu, espírito ao idiotismo, carnes às múmias, risos à morte e virtudes ao condenado para te fabricarem.

Rompeste de uma oficina inconcebível, a feitiçaria deu-te o movimento e o bruxedo te ensinou a foliar.

Cresceste, filha de Vulcano. Caminhaste e tudo se esterilizou aos toques do teu passo símile do tropel do cavalo do chefe Huno...[4] dançaste, e a casa do baile caiu com um terremoto; os teus pares morreram de congestão: os músicos ficaram sem garganta e os convivas com reumatismo crônico.

Ah! tu não és mulher... és uma coisa...

---

4 Campos Carvalho refere-se a Átila, habilidoso guerreiro que ficou famoso pelos ataques a cavalo que comandou contra o exército romano no século V.

Já sei... ó inspirador *eureka*... o cólera, o *croup*,[5] o arsênico, a lava, tu... na tua própria figura... ó mulher, ó soberano contexto de coisas pavorosas!

Não tens coração, esse termômetro da sensibilidade... não... como no Apocalipse trazes uma serpente ao nível da sexta costela e os flancos salientes, como um esqueleto de laboratório.

V

Tu não dormes, vagueias; não sonhas, falas; não amas, desesperas e és o inverso das mulheres, as feituras primas do Onipotente.

À noite, quando todos dormem... pedes ânimo aos mendigos, forças ao ébrio e na noturna romaria, figura de fantasma, marchas para o cemitério.

Mulher vampiro, beijas a ossada dos mortos, mulher fenômeno, bebes lágrimas no crânio daqueles que te amaram e, como as comparsas das saturnais, ri-te ante as tumbas da virgindade e os catafalcos da inocência, que dorme no leito da eternidade.

Depois... seguras o fêmur do proletário que atiraram na vala comum, pedes forças à noite, bebes absinto no teu cantil e arrombas a laje que cobre o homem que te odiou, para lhe cuspires nas feições putrefatas... cospes no cadáver que os vermes disputam e passas cantando uma ode bacanal pelas alamedas dos ciprestes e dos sarcófagos, que te fazem coro com as ramas, e foges ao grito da coruja.

Os ventos, na impetuosa rajada, apagam a luz do portão e o esqueleto, que lhe serve de emblema funerário, parece bater palmas dando-te as — *boas-noites!*

Soltas uma gargalhada e foges e corres, como um sonho mal ante a surpresa da felicidade, a vida ante as lufadas da morte, a morte ante o acenar dos anjos de Deus.

5 Infecção respiratória viral, crupe.

Tu não dormes, vagueias; não sonhas, falas; não amas, desesperas e és o inverso das mulheres, as feituras primas do Onipotente.

VI

Ao madrugar quando as virgens cismam e as flores se abrem, tu mordes as pomas para esterilizar o suco materno, arrancas os cabelos, como a loucura rebelde e bebes álcool, como quem bebe o suicídio no veneno, como quem beija a vida e engole uma pílula.

Inclinas a fronte sobre os orifícios da caveira de um cônego, beijas a região frontal do falecido reverendo, derramas-lhes perfumes de enxofre nos ósseos tecidos e depois a apertas contra o descarnado seio, como um amigo que a saudade te deparou.

Em seguida vais à fonte mirar-te na lisura do tanque e os lambaris morrem ao teu aspecto, como se tomassem um laxante de *timbó*;[6] os bagres alapardam-se entre as cavernas do rochedo e os mandins, esses pífanos da orquestra piscina, fazem um berreiro como meninos de escola em dias de sueto.

As mariposas, volitando em torno a ti, torcem-se de dores e morrem, como no fétido da fogueira de jornais velhos em casa mal-assombrada , e os mosquitos se asfixiam, como se sentissem cheiro de chifre queimado no incômodo nariz.

Banhas a face mortífera, como uma metralhadora de carne, e a água referve, como na câmara balneária, e as pedras deslocam-se e uma vermelhidão terrível tinge as gotas do cristalino néctar, como um dartro tinge as ventas de qualquer sujeito e o carmim as bochechas das atrizes no teatro nacional.

Senta-te na coluna de pedra, que moldura a queda do arroio, e uma nuvem de morcegos dispara do bananal, gritando, sacudindo as asas e prodigalizando-te carinhos e beijos loucos.

Não amas a noite porque és a luz do Averno; não amas a alvorada porque és a treva das desilusões.

6   Cipó usado na pescaria para intoxicar os peixes.

Ao madrugar quando as virgens cismam e as flores se abrem, tu mordes as pomas para esterilizar o suco materno, arrancas os cabelos, como a loucura rebelde e bebes álcool como quem bebe o suicídio no veneno, como quem beija a vida e engole uma pílula.

VII

Os teus amores chamam-se fatalidade, o teu romance uma história assombrosa, teu ideal um absurdo, que unido ao teu nome facinoroso é uma pilhéria medonha, como um tremor de terra, e faz eriçar o pelo, como um naufrágio, como uma vaia em caloiros.

Eu bem sei que tu não gostas de mim, mas, em paga eu te adoro como o Capeta a cruz; Mafoma ao toucinho, a lavadeira aos três meses de férias e o vinagre às letras vencidas.

No dia em que penso no teu amor fico constipado, perco o apetite e só desejo falar com os meus amigos aos bofetões e quebrar o *occiput*[7] a sopapos, a martelo, porque tua paixão é mais fatal do que um *cadáver* (em grifo), mais encafifante do que uma sabatina de tabuada.

Teu romance, oh! monstro, foi escrito com o sangue de dois irmãos, três primos, quatro tios, dois alferes de permanentes e um tenente da guarda nacional; por isso ele é de tão temível estatística, como um processo em que entram duzentas testemunhas, das quais cento e sete escapuliram e vinte e três morreram afogadas na enchente da Várzea.

Um dia, quando a imortalidade chamar a gente, que dorme, pelos tubos de seu oficleide pavoroso, verás como foste má e os demônios vermelhos jogarão a cabra-cega contigo no vale de Josafá, como a rapaziada brinca nos dias de correio à noite.

Então... ah!... então hei de arrebentar o colete e as braguilhas das calças para me rir à vontade.

7   Parte inferoposterior do crânio.

Tenho certeza que serei dos eleitos por ter olhado, ter sofrido dos calos e te ter falado.

Minha pasmosa perdição, escuta este meu idílio inocente, tu que és uma Beatrice de vidraça, uma Julieta de cumbuca, uma Cleópatra de xale e de tamancos do Minho, uma Eloá de chinelos, uma Dulcineia de fogão e... tudo isto, todas estas e alguma coisa mais.

Adeus, meu anhelo de concepções formidáveis, ri, chora, batuca e pinta o padre, que eu farei o mesmo lembrando-me de ti.

Não quero mais graças contigo.

Quando me constar que tu gostas de mim... olha bem... perco a trasmontana e vou enforcar-me no lampião da esquina, porque és o demônio e o diabo tenta.

Os teus amores chamam-se fatalidade, o teu romance uma história assombrosa, teu ideal um absurdo, que unido ao teu nome fascinoroso é uma pilheria medonha, como um tremor de terra, e faz eriçar o pelo, como um naufrágio, como uma vaia em calouros.

Ode ao cigarro![1]

Oh! Cigarro!...

Trombeta da humanidade que passeia, compasso vaporoso, que medes a ária sobre o tema da vida alheia, refúgio dos desconsolados, companheiro do homem que sofre, infalibilidade do cinismo, eu te saúdo na mais agonizante hora da pasmaceira, entre o conhaque, as moscas que cantam um solo, nos meus ouvidos, a pancada do relógio que aborrece e tua fumaça que dá uns ares germânicos à minha alcova.

Oh! Cigarro!

É a ti cigarro de palha, a ti cigarro de papel pardo, também a ti de papel branco e a vós ó aromático invólucro de *papier maïs*, que eu canto.

Se vivo é porque vocês esfumam o meu semblante e me desafiam o pigarro.

Se escrevo é porque vocês são as andorinhas, que me anunciam um copo de cerveja.

Se durmo é porque vocês me dão sonhos de luz entre os circos flácidos da nítida fumaça.

Se amo é porque vocês me improvisam um pensamento de amor a cada mulher, que me vê fumar; a cada anjo que me vê pelo prisma de tua nuvem aromática; a cada demônio que

---

1 Este poema havia sido publicado primeiramente na coluna de "Variedades" da primeira página do *Correio Paulistano*, em 22 de abril de 1871.

abre as labaredas do coração aos teus penachos ondulantes, ó canudo maravilhoso.

Eu vos decanto, cigarros!

Deixa que te odeiem...

A mulher que idealizar um sonho do Oriente, cujos lábios tremerem ante as asas cândidas de um beijo e o fogo benigno de um suspiro, essa te há de gabar nos lábios rubros do amante.

A virgem que transformar o parapeito da janela em almofada de crochê e sorrir ao pintalegrete, que lhe acenar com o raminho de flores, que lançar almíscar no envelope rendado da afetuosa missiva, que amar por passatempo, essa te guarda entre o seio de porcelana e a grega do roupão aberto.

A matrona, que dança *waltz* ao virar de costas do marido, que prepara cuscuz para as visitas proibidas, que canta modinhas ao violão, esta te adora na ausência do dono da casa, e prepara-te a lisa túnica com essências e leito puro.

A menina, cuja alma palpita aos acordes sonoros da harpa dos quinze anos, cujo coração abre-se aos delírios alegres da jovem poesia, embalsamados pelos eflúvios angélicos da rubra mocidade, trementes como os flocos de seda do vestido arminhado, como os lábios travessos no modular da canção... oh!... esta te idolatra com o gênio, te acaricia entre os dedos de rosa e te aspira no vácuo perfumoso da boca sedutora.

Como és feliz, oh! Cigarro!

Como se morre de amor, se dorme cercado de risos, se ama com ardência, se brinca com a lágrima, se ri da dor, se canta o hino da vida e cospe-se nos andrajos das desgraças aspirando-te a fumegante ponta, evaporando-te a flutuante essência, mordendo-te a amargosa substância, enrolando-te na artística mantilha.

Bravo, cigarro, tu és o ideal!

O empregado público te aperta ao coração, unido à estúpida carteira das secretárias, ele te idealiza nas partículas do orçamento, como lembra-se de ti nos infaustos processos de um desconto mensal.

O estudante... oh!... o estudante... esse te classifica entre teorias e princípios, entre a ciência e a boêmia, entre Deus e Satã, entre Julieta e Romeu, uma noite perdida e trinta e nove pontos, um ano de pandegas e a glória do futuro, um livro de versos e o Digesto, as Ordenações e os romances de Feuillet, a fortuna de Rothschild e a miséria do Belisário,[2] as lágrimas do Werner e o gargalhar de Mefisto,[3] uma letra da família e uma carta do vinagre.

Para ele tu és a deusa Razão, ainda mais o amigo do peito.

Quando te chupo os lábios secos ao despedir-me dos sonhos da noite, recordo-me do verso de Banville: minha alma volteia sobre perfumes, como a alma dos outros homens se volteia na música.[4]

Ao madrugar tu és melhor do que uma gota do rocio sobre a fronte do vagabundo que passeia para esquecer a insônia.

Meu amigo, companheiro predileto, que és o ornamento silencioso de minhas noites sombrias, tu que me fazes acumular as léguas, que separas meus braços da imensidade azul e embalsamada, que me fazes a imaginação nadar em pleno céu, além das esferas estreladas, no éter luminoso, no ar puro, raro, salubre que ondeia nos suspiros dos anjos e magnetiza a alma com o êxtase da ventura.

É a ti meu canto, a ti, cigarro de palha lavada em leite e almíscar, embebida no ópio e aromática como a cabeleira de uma noiva nos saraus do himeneu!

Eu te decanto, oh! Cigarro!

---

2 Apesar de ter se saído vitorioso de batalhas memoráveis, o general bizantino teria caído na miséria ao fim de sua vida.

3 Personagens de *Os anos de aprendizagem de Wilhelm Meister* (1795-1796) e de *Fausto* (1808-1832), de Goethe.

4 Este é, na verdade, um trecho de "Um hemisfério numa cabeleira", de Baudelaire, que, aliás, o próprio Campos Carvalho havia traduzido de maneira ligeiramente diferente para o *Correio Paulistano*: "Minha alma viaja sobre o perfume, como as almas dos outros homens sobre a música". Ver p. 61.

Ao lado da beleza, adora-se, há o silêncio da concepção estética, a crença espalha-se como um jorro de luz que se rebenta; mas junto a ti, pensa-se no haxixe, nas *bayaderas*,[5] nos mandarins, no perfume de havana e do musgo, no champanhe, no ópio, e dorme-se na sonolência de um *spleen* nostálgico.

Sente-se a cabeça reclinada nos coxins de veludo e a alma em um mundo de ouro e pérolas, pensa-se ir às ribas do sol, onde se vê o leque das palmeiras no ar tíbio e azul, reflexo do infinito nas lagunas serenas e as mulheres, como opalas furta-cores que a ideia infinita embutia na natureza criada.

Que poemas tu sabes, que história de loucos amores, como o teu fumo cambiante não tem sufocado muitos beijos na volúpia de uma noite de luar, quando se fecham as rótulas da cidade, essas urnas arquitetônicas que ocultam luxúrias secretas?

Quantas vezes a tua névoa toda aromal não tem bafejado o último alento dos convivas de Vanozza,[6] nos banquetes do papa Alexandre VI?

As filhas alegres de Andaluzia crispam os lábios de nácar, como pétalas da rosa que a ventania açoita, quando te mordem o delicado lábio, entre um olhar de langor e um salero de paixões ardentes.

Tu lhes inspiras a canção fogosa nas serenatas do rio gentil, ao jáculo brilhante das luzes da encosta, ao trêmulo agitar das loucas pandeiretas, ao revolutear majestoso do pandeiro brincalhão. Depois acordas as canções que dormitam nos seios alvos de Pepita, os lírios brancos das tranças negras de Júlia, transfor-

---

5   Encarnação do fascínio europeu pela Índia, a *baydera* — neologismo criado a partir da palavra em português ("bailadeira" é empregada em uma crônica do comerciante Domingo Paes, em 1520) — é uma dançarina sagrada, cuja função essencial segundo relatos de viagem do século XVI, seria servir aos deuses como cortesã ou prostituta. A partir daí formou-se, não sem boas doses de exotismo, a imagem mítica da *bayadera* que atravessa a literatura romântica do XIX, de Goethe ("Der Gott und die Bajadere", 1797) a Baudelaire ("Danse macabre" [XCVII], *As flores do mal*).

6   Amante de Alexandre VI (Rodrigo Borgia, 1431-1503).

mas em firmamento o mantelete azulado de Carmen e acordas as doidas esperanças no crânio ébrio de D. Juan.

E as buliçosas moças das Espanhas cantam a canção do lar, bocejam a *sigadilla* de Granada, dançam nos meneios quebradiços do sedutor *habanero*, recitam os versos de Espronceda, as canções de Trueba, os poemas do Zorrilla e dormitam nas galantes ficções dos magnéticos romances de Caballero.

A postiça inglesa te absorve no gutural dialeto pelas ruas da Babilônia imensa, nos vapores do *kirsch*, no estouro da *pale ale* e nos espasmos selvagens do amor excêntrico.

A rúbida alemã lembra-se do Goethe e da originalidade de Tieck pelas alamedas dos jardins reais, mastigando-te a saborosa boca e ouvido as proezas de Bismarck, as façanhas do canhão Krupp e os cálculos de Moltke.

As mulheres da Itália acordam o gênio dos maestros, aspiram as rubras flores de Sorrento e suspiram as melancólicas barcarolas na gôndola ruidosa, que turba o sono ao lazarone, soltando da pálida boca tuas nevoentas baforadas, que violam por instantes a cor daquele céu que o Tasso tanto adorava.

Na América... no Brasil... tens o teu trono, trono de rei e de plebeu, alcáçar e tarimba, âmbar e cantaria, ouro e ferro. A criola dorme a quente sesta embalada na rede do norte cheirando o teu narcótico vapor; o tapuio dança na *taba* horrenda ao embriagante trescalar do teu olor; o tropeiro apita o lote na poeira da estrada entoando a trova sertaneja ao cadente barulho dos cincerros da guia; o soldado, a mulher, o moleque, o meirinho, o juiz, o hilota e até o próprio padre te abençoam neste canto ridente do mundo de Colombo!

Eu te saúdo, pois, cigarro nacional, cigarro estrangeiro, cigarro aristocrático e popular, cigarro universal da humanidade que fuma, da humanidade que passa o tempo.

Odeiam-te... sim... mas quem?

O velhote que traz o colete curto, o chapéu como o cano do *wagon*, óculos engarupados na pimentosa penca, uma fita preta no relógio, os joanetes acomodados em ogivas abertas a canivete e os colarinhos com lenço branco.

O ancião alquebrado pelo reumatismo, amante do café e das raparigas bonitas, que faz política por sistema e gosta do sol, como os répteis do quintal.

O taberneiro econômico, que alforriou dois escravos na guerra do Paraguai e o governo voltou-lhe o vértice da posição fazendo-o comendador.

O estúpido barão, que traz a alma a juros por esta lhe ser insuportável, que cospe a cada asneira e sorve a borra, repugnante do asqueroso simonte[7] na luxuosa boceta.

O cônego astuto, que atrapalha o compasso do cantochão e dorme sobre o dourado breviário como quem dorme em almofadas de palha.

O burguês imbecil, que mede a dignidade a metros, vai às paradas da guarda nacional, anda de chinelos nacionais, almoça carne-seca, janta pirão e não ceia por economia.

A velha de chinó, que sente calafrios ao ouvir a resenha de um namoro, que guarda a sexta-feira, entope as narinas de fumo moído e veste-se de preto.

A matrona de óculos, a tia, as madrinhas, as solteiras, as avós, as comadres, as beatas que gostam do líquido da cana, as freiras, as cozinheiras e... as mulheres que não amam, por não acharem idiotas.

Estás vingado, oh cigarro!

Também tens a tua epopeia, és histórico, literário, grande...

Napoleão III acariciava-te sob os felpudos bigodes quando arruinou a França em Sedan.

Lucrécia Bórgia, segundo Kock, fumava-te quando via o estrebuchar da vítima, que lhe bebia o mortífero falerno.[8]

Leão X, esse papa indecifrável gostava de ti quando estava em convívio com as cortesãs da cidade dos Césares.

Lambert-Thiboust só escreve suas admiráveis comédias depois de te beijar muito.

---

7   Outro nome para rapé.
8   Antigo vinho de Falerno, da região da Campânia, na Itália.

Baudelaire, o excêntrico poeta de *As flores do mal*, chamava-te a sua filosofia e ao gordo maltez — sua musa.[9]

Houssaye e Sardou preparam a verve divina rodeados dos teus miasmas agradáveis.

Alphonse Karr imortalizou-te nas memoráveis *Guêpes*.[10]

Sand, essa musa brilhante também te admira na boca imortal.

Portugal marcou uma época no seu progresso, quando executou a célebre lei da liberdade do tabaco. Tu glorificas a terra do Irajá, imortalizas a Havana e és a indústria dos lusitanos na Praia Grande.

Salve, cigarro, mil vezes salve!

Aqui no meu silêncio, entregue aos cuidados de uma sabatina, abandono as entranhas esburacadas dos poeirentos praxistas para te enviar o meu cântico de simpatias.

Recebe-o, devora-me o *spleen* melancólico de uma noite triste e saudades de tua companhia, que fugia-me nas horas negras de uma estúpida solidão.

Hoje te dou um lugar na pena humilde do boêmio, amanhã um hino e festas nos lábios alegres do *studiosus*, depois como os titãs escalarei os céus do cinismo para te imortalizar no Olimpo da rapaziada, serás a estrela Vésper para o errante peregrino.

Tens hoje a ode modesta do prosaico trovador, amanhã terás o teu poema como a *Raposa* já o teve a *Cozinha* e os *Insetos*!

Vejo-me rodeado dos retratos de mulheres célebres desde a soberana Staël até a legendária Châteauroux,[11] elas olham-me

---

9   Possivelmente o felino "forte, doce e cativante" de "O gato" [LI], *As flores do mal*, que, perambulando no cérebro do poeta, deleita-o com sua voz "tenra e discreta" como "um verso harmonioso", faz dormir "os mais cruéis dos males" e cantar em seu coração sua "mais vibrante corda".

10 *Les Guêpes* [*As vespas*], "Revista filosófica e literária dos eventos contemporâneos", foi um periódico satírico fundado por Alphonse Karr em 1839.

11 Marie-Anne de Mailly-Nesle, Duquesa de Châteauroux (1717-1747), foi amante de Luís xv. Dois volumes de cartas que lhe são atribuídos foram publicados em 1806 pela *femme de lettres* Marie Armande Jeanne Gacon-Dufour (1753-1835). Sua breve e movimentada vida seria romanceada ou transformada em peça dramática no século seguinte.

através do vidro da moldura; mas eu não creio nelas, são títeres, o diabo fá-las rir e os anjos inocentam-lhes os bocejos, trazem as vestes pudicas das vestais para iludirem a alma de bacante, mostram o coração incendiado, como uma lava do Etna; mas sentem-no mais frio do que um alcantil dos Urais.

Elas são as serpentes do paraíso, e tu, ó gracioso cigarrinho, és a ave risonha do *spleen*.

Não creio nas mulheres como não creio nos homens, não creio na glória como não creio na sabatina de tabuada, como não creio no vulto informe do bedel. Creio em ti, no cinismo, na preguiça que és tu, nos meus castelos de moço, que são a ondulação circular de tua alva fumaça.

Hoje o meu canto nobre te pertence. Dá-me inspiração, musa popular, amanhã pedirei à citara de Débora para te levar o meu idílio, ó majestático charuto, para te consagrar um ditirambo, ó monumental *chapéu*.

Praxistas, ouvi meu canto!
Colegas, eu lasco ponto!
Cigarros, eu vos saúdo!

A Senhora Lanceta

Ao poeta da — Tribuna Acadêmica — Oliveira Belo.[1]

É uma cena da meia-noite, que a imaginação confusa cristaliza tremulamente no papel, escutando o arrepio nervoso dos bicos da pena e a balada monótona das mariposas que batem nas vidraças, como mendigos de luz.

Foi há três noites... lá pras bandas do cemitério. O relógio marcava o numero *doze* do seu mostrador, as estrelas recolhiam-se nos cortinados enegrecidos do céu, e a lua, a susto, derramava um raio semimorto por entre os galhos dos ciprestes e sobre os lajedos alvacentos das catacumbas.

A noite era fresca, a garoa circulava no ar e o mocho gemia uma cavatina de aflição nos compassos selvagens, que a vozeria do vento despertava pelas moitas e valados.

Eu caminhava no meu cinismo de *touriste* para procurar no manto das trevas ao menos o fogo-fátuo de uma quimera desesperadora, que a fantasia excêntrica de Baudelaire me fizera prever.

Durante o dia o homem ri, a luz seca a lágrima e o seu reflexo sombreia e aclara os traços da desesperança; mas de noite... tudo convida a chorar, a escuridão é a urna eterna onde os des-

---

1   Bacharel em direito pela faculdade de São Paulo, Oliveira Belo foi membro da Sociedade do Partenon Literário, em Porto Alegre, e colaborou, como Alberto Coelho da Cunha, com a revista da agremiação.

venturados vão vazar as cataratas do pranto, que a sociedade não vê e não compreende.

A noite é o paraíso dos infelizes, a noite é o lago refrigerante que mata a sede aos israelitas, que as decepções da vida exilam do lar. É a festa eterna da embriaguez, da embriaguez do espírito e da alma, do sentimento e do delírio, da natureza e do espaço.

É pelo cenário trevoso que se dialoga com o espírito invisível, apalpa-se-lhe as legendárias cicatrizes e beija-se-lhe o cenho amaldiçoado, como a um consócio de infortúnios, respira-se-lhe os vertiginosos perfumes, paliativos sensíveis da morte e da vida, do riso e da dor.

A esta hora ele não salta aos olhos com os andrajos do precito, não... é o anjo ignoto das insônias estéticas, que voa do palco enorme das tradições más para humanizar-se nas formas angelicais da caridade bíblica. É o companheiro e o amigo, o guia e a tutela, é tão nosso como o bordão pertence ao peregrino, a ideia ao crânio, a verdade à consciência. Por isso o poeta deu-lhe a parábola mística da religião, como aquela que a igreja balbucia no hino contemplativo da mulher do Calvário.

"Ave Satã! Tem piedade de minha longa miséria!"

Eu caminhava, pois, nos delírios de um ceticismo em matéria de coração. Por mim passavam, como mentiras fantásticas, as teorias e os princípios dessa filosofia imprestável, que inutiliza a razão dourando-a com átomos de fé e desnorteando-a nos anelos de uma esperança cediça.

Adorava o ateísmo e o céu me argumentava com o escuro e com o relâmpago, divinizava o fatalismo e a humildade deteriorava-me a saúde, sonhava o individualismo em que questões de artes e de ideias e... o mocho além tartamudeava no som plangente de sua garganta augural, como que um réquiem pesaroso ao ideal originalíssimo, que minha cabeça meditava.

Ó trevas, noivas fugidas do himeneu misterioso, vós que revoluteais a sonhadora cabeça nas almofadas negras do infinito, como os esplendores da aurora boreal no seio frio da zona polar, cantai, dançai, folgai. No vórtice da loucura frenética Satã, como o Netuno das tempestades, virá enlaçar-vos a cintura preta, medirá o metro à tarantela infernal e eu, espectador entusiasta baterei palmas... como é de costume fazer-se ante as lágrimas das atrizes nos dramas sentimentais.

Afigurou-se-me ver, sentado em um banco de pedra, o filho maldito da legenda pagã carcomido de velhice e de desgraça, sacudindo pelo suor da fisionomia secular os fatos sangrentos da história e soltando pelo bafo anelante da suspirosa respiração os apodos dos miseráveis e o cântico dolorido de todos os infelizes.

Depois quase distingui por detrás aquela fronte condenada do verdugo eterno, tendo as serpentes de Estígia[2] enlaçadas aos anéis da cabeleira de fogo, sibilando, volvendo os olhos fosforescentes, como os lábios de Plutus, pedindo ao remorso a sua mais pungente bailada para entrecortar os ares com o seu concerto de dores e de amarguras.

Boa-noite, ó musas do mal... Boa-noite, gênios da desgraça, abracemos-nos neste sudário de trevas enquanto os homens bons sonham com a virtude e os reprobos com o vício, embriaguemos-nos com o orvalho do céu, que é a lágrima das constelações, essas múmias de brilho que se reclinam nos bastidores das nuvens, como as cortesãs das orgias no divã aveludado do alcouce.

As minhas ficções sumiram-se... um relâmpago desdobrou-se no espaço... o vento ululou nos penachos do taquaral e à luz do meu charuto opiado eu distingui dois grandes olhos, que me fitavam no êxtase da imaginação que busca uma saudade fugitiva.

Eram os olhos de uma mulher, que à meia-noite recostava-se no banco de pedra de uma rua deserta e idealizava...

Era uma figura alta e magra, toda de preto, com um rosário pendente da cintura, um chapéu de feltro estragado, com os lábios de um rubor e verniz admiráveis, as faces descarnadas, as mãos delgadíssimas, como as de um esqueleto, os olhos cheios de brilho e febricitantes, os cabelos grisalhos e acomodados

2   Ver nota 1, página 94 deste volume.

em uma trouxa de rendas pardacentas e os pés metidos em uns largos sapatos, como as bermas ferradas dos harpistas saboiardos, ela ria-se e às vezes chorava, como a *Mulher vampiro* dos *Contos Póstumos*.[3]

Pelo semblante fantástico e aterrado corria-lhe um tremor de excitação nervosa e a sombra de uma melancolia mortal; arregalava os olhos para o céu e de quando em quando limpava a pérola do pranto exterior com um lenço preto.

Esta mulher trouxe-me a ideia de um romance de bruxas, um episódio de Hoffmann e da Dona Bisturi do cantor das *Flores malignas*,[4] era uma perspectiva saudosa e simpática da tia Filomena do Júlio Diniz.[5] Nela estavam pintados os mistérios do sofrimento, as comoções da loucura e o sombrio das legendas fantasmagóricas; recordava a pintura espantadiça da fada mortuária, com a roca descansada nos quadris e desfiando a estriga da vida no seu fuso pavoroso, como redemoinho do inferno.

A princípio julguei-a mendiga sem enxerga e sem lume, depois uma louca fugida do hospital, a sonâmbula transviada, a barregã decrépita... mas ela deu-me as *boas-noites* e fez-me sentar ao seu lado.

Fiquei frenético, quando senti-lhe as mãos magras e secas chocarem as minhas, e o meu charuto parecia-me exalar não o balsâmico perfume do tabaco, mas a baforada de enxofre e alcatrão, como dizem ser o respirar de Satã e o bafejo das aragens do Lete.[6]

---

3 Campos Carvalho refere-se à Aurélia do conto "Mulher Vampiro" ou "Vampirismo", publicado em 1821 no volume de contos *Die Serapionsbrüder* (1821), de Hoffmann.

4 Naturalmente "Senhorita Bisturi" [XLVII], de *O spleen de Paris*.

5 Alusão ao conto "Os novelos de tia Filomena", do escritor português Júlio Diniz, pseudônimo de Joaquim Guilherme Gomes Coelho (1839-1871).

6 Filha da discórdia, Lete representa tanto o esquecimento quanto um dos cinco rios do Hades. Dante Alighieri o descreve no *Purgatório*.

— Então o que faz por aqui? O ar é frio, a noite úmida e o céu escuro.

— E o senhor o que faz?

— Eu... ando fantasiando... descri de Allan Kardec, adorei Cagliostro, zanguei-me com Van Helmont e quero ver se encontro o diabo por estas paragens, ou algum amigo já falecido, para poder acreditar na metempsicose.[7]

— Já sei, um *spleen* da moda...

— Não... dizem que o diabo dá uma entrevista ao lado daquele esqueleto do portão do cemitério, a estas horas; que os túmulos acendem ardentias fátuas, como nos palácios onde se dança, e que os mortos ficam em recreio; quero ver isto... porque preciso de comoções fortes e minha musa anda com pendores simpáticos para as coisas da morte.

— Engana-se... não vá perturbar os mortos, eles precisam de orações e a lâmpada da capela necessita de uma esmola para o seu óleo... não entre... ajoelhe cá fora, concentre o espírito na ampulheta que o esqueleto tem segura e depois... vá descansado porque festejou a Deus e à consciência.

— É justamente o que não quero... preciso ver o diabo, dá-me notícias dele? Quero dar-lhe um charuto e pedir-lhe a inspiração de um romance tenebroso; e garanto-lhe, à fé de escritor aspirante, que a senhora há de ser a musa do meu idílio,

---

7   Giuseppe Balsamo (1743-1795), mais conhecido como Conde de Cagliostro, impressionou a nobreza europeia por seus conhecimentos alquímicos, curas milagrosas e rituais maçônicos. No século XIX, inspirou novas obras, de um grande ciclo romanesco — *Memórias de um médico* (1846-1853), de Alexandre Dumas — a ensaios biográficos como *Les Illuminés* (1852), de Gérard de Nerval. Jean Baptista van Helmont (1579-1644) foi um químico, fisiólogo e médico flamengo. Famoso por ter criado laços entre a alquimia e a química, unindo misticismo e ciência, Helmont recusava, contudo, a transmutação de alguns metais, como a do ferro em cobre. A metempsicose, por sua vez, é a teoria da transmigração das almas, tema recorrente nas *Histórias extraordinárias* de E. A. Poe.

ou tragédia diabólica. Desculpe-me, preciso conhecer ao diabo, quero ver se S. João foi artista quando pintou-o no Apocalipse.

— Não me faça descrer de si, deixe esta aspiração postiça, que é uma injúria ao seu bom senso, escreva sobre os médicos, elogie aos médicos, peça proteção para os cirurgiões, divinize a terapêutica e a cirurgia, que a sociedade bendirá a sua memória.

— Os médicos... os homens da ciência, esses que trazem a caridade e o talento como apanágios do seu mister... ou os sandeus de Molière?[8]

— Uns e outros... depois que o Cristo morreu eles ficaram sendo seus apóstolos...

— Protesto... e rio-me... não me consta que os apóstolos deitassem cataplasmas, sangrassem a gente e pedissem dinheiro para salvar os pobres e os ricos... estes apóstolos pseudônimos estudam transações durante seis anos e aumentam o capital sobre as dores dos outros, sobre a vida de seu semelhante, são como os usurários, as moedas vêm-lhes envoltas nas lágrimas e no desespero dos infelizes.

— Por quem é, não fale assim... pergunte às almas quem matou-lhes as agonias, pergunte ao enfermo quem enxugou-lhe o pranto, pergunte ao sofrimento quem afugentou-lhe a morte, pergunte a tudo que sofre, a tudo que vive no mundo moral, pergunte-lhe pela salvação e tudo lhe apontará o médico com a lágrima agradecida, estancada na pálpebra cheia de vida, no coração reconhecido, o senhor blasfema...

— Não... desconheço este verbo, nós os boêmios rimo-nos, porque não somos ingênuos... se eu fizer esta pergunta que agora me pede, tudo me responderá: a fé! Desde o infante até o ancião hei de ouvir dizer que o médico é a tisana e o cutelo, e que a ciência deles é um misto de sangue e de miasmas, de

8   A medicina e os médicos são motivo de derrisão e assunto de muitas comédias de Molière, do *Médico voador* (1659) à obra-prima *O doente imaginário* (1673).

cinismo e de palpitações alegres diante dos gritos e das imprecações dos doentes.

— Basta, senhor... diz uma heresia... no bisturi, no gume de aço da lanceta caridosa está a salvação, no estojo está a vida, na receita o ideal da humanidade e no boticário... Oh!... o boticário é uma espécie de S. Pedro, que com as prateleiras de drogas abre as portas da vida aos eleitos da terapêutica.

— S. Pedro renegou três vezes ao mestre antes de cantar o galo, mas... o boticário renega a caridade, renega o emplastro e o laxante, renega essa salvação apócrifa na tabuleta do gamão, nos naipes da bisca sedutora, no variado tema da vida alheia; eis ali o boticário, é um cozinheiro de xaropes e nada mais.

— Fala assim, porque está influenciado por uma comédia chula, que há dias anda fazendo rir aos espíritos maus... eu também a vi, depois do riso parvo do público, que os cartazes dizem ilustrado, fui chorar, chorar muito; porque os três atos daquela apoteose ridícula era a suprema infâmia da caricatura imbecil sobre o amicto inefável dos filhos do sacrifício.[9]

— Bofé! Que agora esteve eloquente... mas lembro-lhe o vulto respeitabilíssimo do Dr. Sangrado, o porte *nec plus ultra*[10] do colossal Dr. dos Cães, aquele faceiro Dr. Oneida e essa fileira enorme de charlatões, que lembram-se da ciência mediante o suor do pobre e as dissipações do rico.[11] O médico de

9   Trata-se da comédia "Os médicos", uma "imitação da comédia francesa *Les Médecins*" representada no Teatro de São José, em São Paulo, em agosto de 1871, com atuação do ator cômico José Antonio do Vale (1845-1912).

10 Expressão latina que significa literalmente "nada mais além", e cuja origem está ligada à história de Hércules. Conta-se que o dito fora gravado nas colunas de Hércules, os montes Calpe e Abília que o herói grego separara a fim de transpor o estreito marítimo, tido até então como os limites do mundo, unindo assim o Atlântico ao Mediterrâneo. Aqui a expressão é empregada em sentido figurado, e quer dizer "o que há de melhor".

11 Dr. Sangrado é personagem de *Gil Blas* (1715-1735), romance picaresco de Alain-René Lesage (1668-1747).

hoje cota a vida e arvora-se banqueiro, Hipócrates, o pai deles, foi um simples proletário.

— Não maldiga assim... se crê em Deus, creia nas minhas palavras; sou uma mulher fanática e excêntrica; já fui Irmã de Caridade, hoje adoro aos médicos, como o senhor ao charuto e à mulher de seu coração, como Lucrécia Bórgia ao veneno, a andaluza ao punhal e Marion ao amor. Amo-os porque são um dualismo, representam a vida e a morte...

— Sobre meu coração, silêncio, está tão sereno como a noite hibernal... sobre meu charuto... amo-o tanto como a senhora aos médicos, e quanto ao mulherio: eu as odeio em geral, como os cirurgiões aos curandeiros e as bruxas aos padres foliões.

A minha interlocutora suspirou convulsivamente ante minha rajada desconsoladora sobre o mulherio. De sua caixa torácica saiu um grito agudo e sibilante no espirro constipado, a que ela acudia com as asas escuras do lenço preto impregnado de um perfume betuminoso, em seguida enxugou o suor da fronte, cruzou as pernas, pôs-se a olhar para o horizonte e a receber o friso gelado da garoa, como o corpo sequioso do ar que bebe-lhe os haustos.

Lembrei-me de um romance alemão, onde se narrava: que na Boêmia havia umas mulheres monstruosamente feias, espécie de noitibós, que dormiam de dia e procuravam a noite para entreter os vagabundos com advinhações e profecias. Olhei-a nesta suposição e pedi-lhe para advinhar-me o futuro.

Ela fitou-me sinistramente e arguiu-me em tom magoado:

— Não sou bruxa... não escarneça de uma pobre mulher que encontra a sós, a estas horas, tendo a sua dignidade e caráter como tutela, não me julgue louca, penso e penso muito bem, tenho só uma moléstia, é a medicomania.

Tive pena da velhusca, sentei-me ao seu lado e ofereci-lhe um charuto. Ela aceitou-o, e vasculhando uns alforges dependurados nas ilhargas, tirou um instrumento cirúrgico e picou miudamente o meu pobre *colorado*. Atento em todos os movimentos, vi-lhe sair dos seios uma caixinha de fósforos de enxofre, e após... um cachimbo da Alemanha. Os átomos do charuto foram cautelosamente arrumados no fogão respiratório, ela chupava o cano de argila escura e com o polegar da direita comprimia a massa do fumo, que se levantava com a agitação do sopro.

— Então fuma?

— Os médicos usam muito do tabaco por causa dos miasmas nas dissecações, a nicotina tem-me preservado de moléstias fatais, é higiênica e saborosa.

Ofereci-lhe os meus fósforos e ela não aceitou.

— Obrigada... aprecio os meus que são de enxofre... o senhor bem sabe que o enxofre é medicinal e um belo antídoto contra as erupções de pele e moléstias herpéticas.

Aceso o cachimbo vi cintilar pela luz uma cara toldada de fumaça e com um letreiro imperceptível na volta do gorro, nos miolos da fisionomia ela depositara o fumo, perguntei-lhe de quem era a careta do cachimbo?

— Esta cara é a de Hahnemann, o inventor da homeopatia; é um malvado, foi o maior atentado que os homens têm cometido contra a sabedoria dos alopatas.

— A senhora então calcina-o com fumo queimado, ó Pitonisa da medicina.

— Sim... se há inferno ele está lá, eu apenas borro-lhe o senhor com sarro e fumaça...

— E os charlatões aplicam as suas cômicas dinamizações com esperanças de cura.

Ela consubstanciou até a última fumaça e disse-me tristemente, com pesar.

— É tão tarde e ele ainda não passou.

— Ele?... Bravo, Julieta!... Algum cavalheiro de balada, que ama de noite e canta melopeias, e quiçá... algum padre esmoler que anda remindo as almas que dormem fora de casa? Continue que a comédia não vai mal.

— Como se engana... os meus cabelos brancos respondem a sua malícia, o amor agora anda segredando com a loucura nas travesseiras bordadas das imaginações felizes, enquanto que eu espero um homem e quero um favor.

— Já sei uma subscrição para a missa das almas... um sermão beatífico ou um recado de Dulcineia a D. Quixote sem venturas.

— Nada disto... o Dr. X*** tem de passar por aqui, vem de ver um doente e eu quero pedir-lhe o seu retrato no sistema *bombés*[12] e o seu nome no meu álbum.

— O retrato e o nome de um médico, quer os meus?

— Nunca, tenho o busto dos médicos célebres, pregados a ossada de dois esqueletos, e o seu nome no meu livro de notas...

Ao galgar o batente um perro malhado e um gato amarelo, sentimentalmente magros vieram fazer-me as honras da sala. O cão gania em um tom rouco e agoureiro, o gato miava em compasso, como dois artistas que modulam os sons e afinam.

Atirei um pontapé no fraldiqueiro e entrei na alcova, ou antes no labirinto.

Estava no templo de uma sacerdotisa misteriosa.

As paredes pintadas de cal escuro tinham como enfeites molduras de mogno e de frisos dourados, à porta do corredor viam-se dependurados dois quadros abertos em água-forte, grandes e expressivos, eram umas vísceras de criança com os tecidos bem esboçados e as partículas de uma saliência colossal, por baixo da gravura estavam uns letreiros em caracteres gregos, e a um canto escrito a lápis — *Museu de Cambridge*.

O outro era um coração com todas as artérias, enormemente horroroso, a pintura tinha um quadrado de luto e um véu de escumilha sobre o desenho: o seu letreiro era — *Maldição*.

Nos cantos da janela, perfilados sobre colunas de metal, horríveis e repugnantes permaneciam dois esqueletos dissecados, com os ossos de uma alvura celeste. Nas juntas do corpo estavam colados retratos fotográficos, litografados e abertos em chapa; entre as pernas junto ao rés do chão, estavam os leitos

12 Ver nota 12, páginas 88-89 deste volume.

do cão e do gato, nas cabeças tinham uma touca de mulher e na cintura enlaçados dois velhos *cache-nez*.

Uma cômoda de lavor antigo e aldrabas amarelas tinha sobre sua mesa duas caveiras e dois candeeiros. Por cima da porta por onde entramos existia uma pintura em ponto grande, era um Mercúrio mitológico com asas nos pés, nos braços, e uns felpudos bigodes. Em vez da legendária serpente, trazia na mão uma espátula: parecia um Mercúrio desenhado por algum discípulo de Hogarth,[13] o artista brincalhão.

No cimo da outra porta havia um conjunto farmacêutico de vidros, balança, tesouras, fios e pílulas.

A mobília era a cômoda, quatro cadeiras antigas com espaldares de couro e bordadas de tachas, um sofá do século passado e duas pesadas voltairianas,[14] de cujo veludo não pude perceber a cor e os arabescos.

Aquilo não era uma casa, era um templo misterioso.

Sentia ali o mesmo estremecimento que um drama sanguinário de Shakespeare me proporcionou em anos passados. Aquela casa me parecia um quarto de mistérios e sacrilégios, como os do palácio da facinorosa Lady Macbeth, havia naqueles paramentos excêntricos, naquela originalidade nunca vista uma descrição, uma cena esquisita do herói de Marlowe.

Tudo que a inteligência humana tem produzido de profundo e misterioso, de fantástico e incompreensível, foi por certo inspirado numa câmara pavorosa como aquela. Desde os desvarios metafísicos do crânio enlouquecido de Edgar Poe até o mito social das extravagâncias de Kerner e Erckmann,[15]

---

13 William Hogarth (1697-1764), pintor e gravurista inglês.

14 Cadeira acolchoada de estilo Luís Filipe.

15 Justinius Kerner (1786-1862) foi um poeta e médico alemão. Compôs poemas e estudou o magnetismo animal, redigindo diversos tratados nos quais explicava as razões fisiológicas e psíquicas de tais fenômenos. Mas o livro que o tornou muito célebre na época foi *A vidente de Prevorst*, de 1830, relato ficcional que escreveu sobre o sonambulismo e os sonhos pro-

dos segredos da imaginação oriental até as lendas sombrias da raça goda, tudo chamava o silêncio e a observação para aquele palco esquisito, para aquela mulher original e surpreendente.

Li algures, que os apaixonados pelos êxtases do ópio e do haxixe, sofrendo no idealismo uma reação profunda, consequência irremediável de distúrbios imaginários exercidos pelos narcóticos, tinham a ideia efervescente na concepção de seus ideais.

A Senhora Lanceta parecia estar nesse caso.

Magra, coberta de rugas, com a epiderme de um verniz fora do natural, olhos rasgados e muito nervosa, semelhava-me um temperamento fraco e dominado pelos excessos da fatal paixão, que imolou a Baudelaire e Quincey,[16] no gozo futilíssimo das voluptuosidades artificiais, dos espasmos e sensações fatalíssimas à idade e ao cérebro.

Com certeza, a pobre vivente diluía o ópio na água ou no café e a nevralgia perturbava-a na excitação dos sentidos e do ideal; demais, como Irmã de Caridade talvez o jejum, o cilício, as vigílias, os êxtases contemplativos do coro, das vésperas e as macerações do corpo alienassem-lhe a perfeição intelectual e a congregação religiosa trocasse pelo absurdo da beatificação ilusória a loucura ou o idiotismo.

Em qualquer das hipóteses se perdia o meu espírito e comecei a condoer-me da impertinente e maníaca mulher. Lanceta já não era um divertimento que encontrei na rua, era um tema de compaixão e objeto de estudo. Se tivesse um princípio rudimental sobre a influência dos fenômenos frenológicos e alguma

---

féticos de sua paciente Friederike Hauffe. Émile Erckmann (1822-1899) tornou-se relativamente célebre pelos contos fantásticos que escreveu em colaboração com seu amigo Alexandre Chatrian (1826-1890).

16 Na segunda parte do ensaio "Os paraísos artificiais" (1860), Baudelaire traduz trechos e faz um comentário filosófico-literário das *Confissões de um comedor de ópio* (1821), obra autobiográfica em que Quincey (1785-1859) discorre sobre sua dependência do ópio e do ládano.

teoria dos sistemas de Gall e Lavater,[17] com certeza, hoje a teria classificado, por enquanto ela só pode definir-se pela dúvida.

— Então, vive aqui sozinha, neste anfiteatro de anatomia, acalenta a velhice entre crânios, ossos e esqueletos, e onde está a religião de que há pouco me falou?

— Eu lhe mostro.

Puxou uma cortina azulada que tapava a porta central e pude ver na cabeceira de um leito, velho e poeirento, o Cristo, os santos e diferentes imagens. Sobre um cabide assomava a touca alvíssima das filhas de Vicente de Paula sobreposta ao clássico e infalível vestido azul. Uns breviários e livros de orações, rosários e cruzes de madeira estavam convenientemente colocados sobre uma pequena mesa de pinho, ao lado do leito.

Como combinar-se estes aparatos da religião externa com os acessórios materiais da ciência médica?

Correu a cortina e deu-me uma cadeira. Tinha baixado o pano ao entreato, que minha avidez desejava compreender até a última cena.

— Agora vamos ver os meus médicos...

— Ainda não... desejo alguns esclarecimentos sobre a senhora, se pode dá-los é favor.

— Chamo-me Maria Lanceta, fui órfã em uma pensão das Irmãs; fascinei-me pela austeridade da vida e professei aos dezenove anos. Servi sempre no Hospital de Doidos rodeada do respeito dos facultativos, e ali fui divinizando-os, pelos prodígios e milagres daqueles santos varões.

— Engana-se, os milagres não se operam com banhos na nuca e camisolas de lona...

---

17 Franz Joseph Gall (1758-1828), médico e anatomista alemão, é considerado o fundador da teoria da frenologia, segundo a qual seria possível descobrir a personalidade de um indivíduo a partir do formato do crânio. Johan Kasper Lavater (1741-1801), por sua vez, desenvolveu a fisiognomonia, teoria que explica a personalidade através dos traços fisionômicos.

— Perdoe... não fale assim... depois de acerbas torturas, je-
juns forçados e penitências inauditas, vendo minha mocidade
sucumbir nos preceitos inumanos das regras claustrais, órfã,
sem patrimônio e herança para legar à ordem fui coagida a
despir o hábito. No dia do meu afastamento a fisionomia daquelas mulheres do Evangelho perturbou-se contra mim, e as
virtuosas matronas, sem piedade alguma, mostraram-me a rota
de Agar... parti, nem me quiseram dizer adeus às...

— Irmãs de Caridade...

— Fui amparada por um médico, tratada por outro, um
deu-me posição, casou-se comigo, outro acompanhou meu
marido ao último jazigo, outro garantiu minha velhice, e o
último, que é o Dr. X*** que eu esperava, dá-me esmolas de
quando em quando.

— Ah! Já vejo... é uma mendigante, que encobre, nessa originalidade hipócrita, alguma coisa de merecimento policial.

— Nunca mendiguei... prefiro morrer por aí, numa enxerga,
faminta, sem um lençol, do que estender minha mão à caridade
de alguns e à perversidade de todos. O martírio fortalece a crença,
antes mártir obscura do que ter o título das mulheres de touca,
para quem o diabo reuniu em sinônimos a caridade e o egoísmo.

— Satisfez-me, continue...

— Vim da corte para aqui... instalei-me nesta casa há doze
anos... os vizinhos não me conhecem e pouco se importam de
minha pessoa...

— A propósito, não há por aqui alguma república de estudante?... Uns boêmios... Espécies do Cuvier,[18] que sabem qua-
lificar os tipos?

— Há, no cimo da rua... quando passo, eles me chamam
Balaã feminina,[19] e quando adoeço é a bolsa caridosa desses
rapazes que me levanta do leito.

18 Georges Cuvier (1769-1832), anatomista francês que desenvolveu a pa-
leontologia e a anatomia comparada.
19 De Balaão, Livro dos Números, 31,8 e Apocalipse, 2,14.

— Bravo! Sou todo ouvidos.

— Estes esqueletos foram legado de meu marido, eram a sua paixão, como agora constituem a minha. Conservava-os para meu filho, que estudava medicina quando soube que ele morrera assassinado no Paraguai. Vivo assim... conto os anos pelos dissabores, e minha alma chama-se sofrimento. Vivo pobre e esquecida, como a vala comum do cemitério, bebo as lágrimas dos tormentos, e sinto nesta solidão, que os ventos da desgraça modulam a nênia funeral na harpa sombria de meus cabelos brancos.

Ela aqui chorou, havia uma divina compunção na palavra e nos gestos de Lanceta.

Na verdade, é humilhante a tristeza da velhice sem a dourada tradição dos tempos idos. Viver-se ausente das belas ilusões da mocidade que sonha, que brinca, canta e dança a imaginação ridente nos prismas iriantes das primaveras da alma, é doloroso, é a morte contínua e imutável, a transparecer nas sombras puras do ideal folgazão.

Aquele perfil acabrunhado, que tem as fases do martírio e da mortificação na sua calenda eterna, cujos seios nunca sentiram o calor amigo, cujo coração nunca respirou o aroma santificado das celestes alvoradas e cujos pés sempre calçaram as sandálias insípidas do claustro, cujos cabelos não esvoaçaram no galope dos dançados a trocarem perfumes com as ondulações do salão, ali estava nervoso e contristado, como o adeus perdido do preceito que morre, sem o funeral de uma só lágrima por si.

A infância, passou-lhe como a noite de inverno, monótona e acabrunhadora, sem o riso, sem as doidas alegrias da inocência brincalhona... A mocidade nevoou-lhe as esperanças gentis diante do avental de servente, no refeitório de uma corporação religiosa... em vez do *bouquet* e da capela nupcial entregou-lhe o rosário... em vez da volata e do dueto, da canção e do alegro ensinou-lhe os sons mortuários do cantochão... em vez do amor e das aspirações ofegantes do coração deram-lhe a gritaria da loucura e o turbilhão clamoroso das imprecações dos desgraçados.

Pobre mulher, nunca a nuvem cor-de-rosa das belas esperanças derramou-lhe um raio simpático no corpo sofredor e na alma congelada de sua infortunada mocidade. Eu te saúdo, espírito incubado nos êxtases dormentes do teu respeitável infortúnio; nunca teus lábios tocaram as bordas da ânfora cristalina do prazer inocente, da loucura perversa. Por isso, lembrando-me de ti eu asilo os meus pensamentos que gravam-se na dor, sob as rugas venerandas do teu semblante inundado de caos, repleto de decepções, ó peregrina vidente, cuja alma é o tormento, cuja aspiração é a morte!

Havia pesar em mim, tudo que era triste passava por meu imaginar como onda tempestuosa. Lembranças de dores, devaneios da embriaguez esplenética, saudades voadas do ninho embalsamado de um coração amigo e suplantadas no túmulo esquálido de um impossível terminante. O riso infantil de uma moça alegre e leviana, sua prodigalidade afetuosa e o gargalhar cético de um infame Lovelace,[20] abutre humano que cevou a miserável inspiração na inconsciente moralidade dos poucos anos da vítima.

A associação de ideias, esse fenômeno da psicologia, trazia-me toda uma história, escrita na câmara lúgubre dos sem-ventura, acompanhada do concerto pungente das cantilenas de infelizes, do dueto selvagem das dores energúmenas e das blasfêmias do ébrio.

O tipo de Lanceta era uma fatal associação de ideias más!

— Não chore tanto... olhe a resignação; dia virá em que pode sair desta obscuridade e então o momento feliz far-lhe-á esquecer os dissabores do passado.

— Momento feliz!... Nunca o tive... o anjo do mal não roça as asas pelo coração dos ditosos... espalha o flagelo e colhe víti-

---

20 O infame sedutor do romance de Samuel Richardson, *Clarissa* (1747-1748). Ele aparece encanecido em um verso da "Dança macabra", de *As flores do mal*.

mas, impele e serve de paraquedas, beija a infância e contempla a velhice anegrada.

— Isto é fatalismo... e onde está o preceito da filosofia sagrada, cuja premissa é o martírio e cuja conclusão é a bem-aventurança?

— Assim dizem os idealistas da Igreja; eu sou positiva, prefiro o realismo em toda a sua manifestação, a titubear na louca aspiração do incógnito. Essa felicidade futura, iriada pelos prismas de promessas excitantes é uma utopia que os homens do burel prepararam para o recreio dos ignorantes, é um princípio fraco para garantir um servilismo pesado.

— Onde aprendeu teorias tão aberradas?

— No claustro, no meio dos representantes do Cristo. Ele proclamou a igualdade dos seres e seus filhos mais diletos criam a aristocracia, ele manda a pobreza e as ordens são proprietários abastados, ele morreu pela humanidade e os padres matam em seu nome, foi enterrado em um sepulcro obscuro e seus agentes descansam em suntuosos mausoléus, ele nada tinha de seu e os conventos armam a justiça civil para arrancar o último quinhão das viúvas...

— Basta... isto que a senhora diz: pensa-se e arquiva-se na consciência, nunca se fala... um ponto final nesta questão?

— Para que me provocou a isto?

— Basta... tenho o espírito surpreso desde que a encontrei, preciso conhecê-la, vejo que não é uma mulher vulgar... continuemos no amável colóquio...

— Continuemos...

— A propósito ainda não se deu ao estudo do espiritismo... não segreda com os espíritos, não lhes fala!

— Conheço-os todos. Somente os incrédulos lembraram-se de escarnecer do mais eminente sacerdote do culto invisível. É tão verdade a ciência de Kardec, como verdadeira a existência do mundo. A matéria finalizando-se de seu filtro rebenta a essência etérea, esta é a verdade primária do grande dogma espiritual... concebida assim, o meio de comunicação com o mundo invisível é evidente e preciso.

— Logo, eu posso falar com um amigo, que há anos teve o desplante de matar-se por uma mulher do meu conhecimento, e que anda atualmente soletrando a buena-dicha aos caipiras?

— É lógico... e possível.

— Bem, faça-me o favor de invocar o meu caro Galhardo, o meu amigo chamava-se Galhardo. Quero dar-lhe notícias deste vale de lágrimas, apertá-lo num abraço de arrombar-lhe as costelas... diga-me... o espírito do Galhardo virá com costelas?

— O senhor está doido? Seu amigo é um condenado: pena, sofre, pelo distúrbio da sua razão; não o procure senão na sua memória.

— Mas de que serve essa ciência, cuja infalibilidade me garantia?

— De muito... só os espíritos bons aparecem, ele usurpou um direito sobrenatural, delinquiu...

— Isto é justamente o que não acredito... o Galhardo era um rapaz de bem, um cavalheiro incapaz de delinquir... só teve um desvario: foi dar crédito às oscilações falazes dessa partícula insensata, a qual a história natural batizou com o nome de coração.

— Diga-me, ele era médico... esmoler... ouvia missa?

— Sua profissão era vestir-se bem, e fumava como um turco, tinha uns bigodes mais negros do que a barra de seu vestido... quanto ao ser esmoler, ignoro; parece-me que esmolava aos amigos para acudir a uma grande necessidade, que era o alfaiate; a respeito de missa, o Galhardo ouvia tantas, quantas fossem ouvidas pelas mulheres bonitas.

— Ele seria um homem da época?... Um desses apologistas do mal, incendiários para serem admirados, homens da ordem para dar uma variante ao caráter dúbio?

— Lá isso era... traçava a apologia do mal e a santa inspiração das revoluções de todo gênero, com uma eloquência vertiginosa e barulhenta, como uma catadupa... mas nem sempre... só o fazia quando a flama alcoólica e os delírios dos banquetes perturbavam-lhe a serenidade da razão, era um homem sério quando pedia um favor e um demônio quando se rojava na folia das mulheres. Biografei o meu Galhardo, mostre-mo agora... já.

— Vai ouvir a sua voz...

— Nada... a respeito de defuntos, sou desconfiado como S. Tomé, quero ver para crer, tenho saudades do nariz dele, dos bigodes, de um riso à Voltaire, que sabia apresentar às mulheres para quem o marido é um luxo, de sua gravata azul, de seus cabelos ondeados, camisa inglesa, luvas verde-escuro e anel de opala dos Alpes... vamos, onde está?

— Mas... não sei... se o espírito me atenderá ele era um homem perdido...

— Alto!... Um achado... era parceiro de adoração nos clubes, no teatro, nos bailes... ouça... diga ao cabecilha dos espíritos que lhe peça uma pilhéria e... eu garanto que o Galhardo arranjará uma crônica impagável... um misto do ridículo de Molière com as chalaças de Faublas.[21]

Lanceta concentrou-se, vazou de um vidro escuro um líquido pardacento, bebeu e pôs-se estática.

Com os olhos fitos nos esqueletos, ela deu um sinal aos seus companheiros. O gato trepou para a cômoda e deitou-se sobre um dos crânios, o cão fez o mesmo. Ela tirou uma cruz de prata dos seios, beijou-a e com a mesma amparada nas mãos movia os lábios em nervoso agitar... isto durou pouco. Em seguida acendeu uma caçoila de incenso e após tomou a primitiva posição.

Parece-me que invocava o espírito magno.

Pouco a pouco foi sentindo-se abalada, as pernas tremiam-lhe e os dentes rangiam incomodamente passados alguns minutos, volveu-me os olhos em espanto, e disse:

— Ouça... ouça... é ele!

---

21 *Les amours du Chevalier de Faublas* [*Os amores do cavaleiro de Faublas*] é um romance libertino de Jean-Baptiste Louvet (1760-1797) publicado entre 1787 e 1790.

Só ouvi o baque de seu corpo desmaiado e convulsivo, como dizem os viajantes do Oriente que sói acontecer na embriaguez dos narcóticos.

A pobre mulher era presa de uma vertigem.

Amparei-a em uma cadeira e tomando o vidro li no rótulo em mortífera caligrafia as seguintes misturas: *Opium, Laudanun* e *Haschisch*!!!

O charlatanismo de Allan Kardec desta vez obteve completo fiasco, o *médium* operava maravilhas pela ação escandescente das dormideiras de botica.

Findo o delíquio, Lanceta ergueu-se extraordinária, e os animais, o gato e o perro volveram ao antigo pouso, na base dos esqueletos.

— Então o que foi isso?

— Fraqueza, o espírito disse-me que um profano permanecia aqui, censurou-me e o delíquo foi minha penitência.

*

Ouvi lá fora com o acompanhamento dos ventos um descompassado *De profundis*, solfejado por vozes variadas.

Eram duas horas da madrugada, e retirei-me depois de um apertado *shake-hands* à Lanceta. Ela benzeu-se e fechou a porta com precipitação; ao bater da porta uma furiosa vaia correu até meus ouvidos, aos gritos entusiastas de:

— Viva a Boêmia! Campára e Fradiavolo!!![22]

---

22 Fra Diavolo, pseudônimo de Michelle Arcangelo Pezza (1771-1806), foi um célebre salteador italiano que ficou conhecido por ter lutado contra a ocupação francesa de Nápoles no final do século XVIII. Dadas as circuntâncias, é mais provável que a estudantada dissesse "Campará, o Fradiavolo", evocando o personagem histórico da Itália menos por seu antirrepublicanismo (o Exército dos Sanfedisti queria restaurar o reino Bourbon de Nápoles) do que por um sentimento patriótico que também animara os protestos contra o assassinato de Líbero Badaró, a Noite das Garrafadas.

Uns estudantes tinham roubado um cabrito,[23] embriagado a patrulha e reduzido os candeeiros municipais em archotes para sua romaria. Os cabos da guarda faziam guarda de honra ao cadáver do bode na frente de duas ordens de passeantes.

Soube por um deles que Lanceta era uma doida, mas uma mulher de espírito, que era uma pobre do Senhor de quem a canalha dizia que o diabo tinha tomado conta. Fora criada em algumas repúblicas e ultimamente estava aposentada pela velhice.

Lanceta fora cozinheira de Álvares de Azevedo e assistira ao assassinato do Badaró![24]

23 A tradição dos pequenos furtos de animais para as patuscadas estudantis do tempo de Álvares de Azevedo continua nas décadas seguintes, pois, como conta um companheiro da turma de Campos Carvalho, embora este tivesse "inteligência superior", era "um perfeito boêmio, mais dado às letras, à pandega e aos furtos de cabritos e galináceos que a manusear Savigny ou Melo Freire". José Luís de Almeida Nogueira, *A Academia de São Paulo: Tradições e Reminiscências. Estudantes, estudantões, estudantadas*. São Paulo: Tipografia Vanorden & Co., 1907, vol. I, p. 321.

24 A anedota envolvendo Álvares de Azevedo devia circular entre veteranos e calouros naquele ambiente boêmio "da Academia de São Paulo" que tanto modificou a vida cultural da cidade, ainda mais por estar misturada a um evento que provocou grande revolta na época da inauguração dos cursos jurídicos de São Paulo e que contribuiria para a abdicação de D. Pedro I, em 1831. Giovanni Battista Líbero Badaró, italiano, médico e jornalista embarcara para o Brasil em 1826. Em São Paulo abre seu consultório médico e no tempo livre leciona matemática. Mais tarde assume uma cátedra nos cursos jurídicos da Academia, onde passa a lecionar geometria, mas são sobretudo suas ideias liberais que atraem um grande número de alunos. Em 1829, Badaró funda o jornal *O Observador constitucional* (segundo jornal impresso da cidade), em cujas páginas redige artigos que lhe valeriam a vida: em 1830 foi assassinado na porta de sua casa. Mas ao lermos relatos como este de José Joaquim Peçanha Póvoa, temos a sensação de que o limite entre o dado real e o dado ficcional se esfumaça, abrindo uma inesperada "continuidade de cemitérios e repúblicas", de modo que essa Senhora Lanceta poderia também ser outra lenda: "Na tradicional chácara dos ingleses, no bairro da Glória, bem no meio da planura alegre e *defrontando o antigo cemitério* [o cemitério dos

Retirei-me como um sonâmbulo, quieto e taciturno procurando pelo meio da garoa a frente da minha casa.

Deitei-me triste, rodeado de minhas quimeras e de vez em quando o ribombo do trovão despertava-me o sono e a chuva caía como as lágrimas de um mistério!

Aflitos], nessa histórica e célebre casa onde Álvares de Azevedo ensaiou os primeiros capítulos do seu poema *A noite da Taverna*, aí dominava a República de campistas, tendo por principais Thomaz Coelho, Passos, Gesteira, Bento Batista — cursistas, e os bichos Cabral, Soriano, Faria, Nunes e autor desses traços biográficos". José Joaquim Peçanha Póvoa, *Anos acadêmicos, S. Paulo, 1860-1864*. Rio de Janeiro: Tipografia Perseverança, 1870, p. 216.

Autor desconhecido (1872)

Uma vítima do himeneu, poema em prosa em três cantos[1]

Prólogo

> *"Sempre fui de opinião que o homem de bem que se casava e educava uma grande família prestava mais serviços do que aquele que permanecia solteiro."*
>
> GOLDSMITH, *THE VICAR OF WAKEFIELD*.

Foi possuído deste pensamento do espirituoso novelista inglês que acabamos de citar que um dos meus amigos, chamado Bonifácio Bem-te-vi, deu por pães e por pedras e forneceu o assunto do que adiante se vai ler.

Antes de começar hão de os leitores consentir que a carapuça, que talvez fique talhada nestas linhas, possa servir em mais de uma cabeça e prevenir os amantéticos do sétimo mandamento, que, seja dito de passagem, tem que se lhe diga, não foi à toa colocado pela Igreja em último lugar na lista dos seus sacramentos.

Entremos em matéria.

---

1 Os três cantos deste poema em prosa foram publicados em 14 de julho de 1872 no jornal republicano *O Centro Acadêmico do Rio de Janeiro*, editado pelos estudantes da Faculdade de Medicina e por alunos da Escola Central de Engenharia do Exército.

1. *Mulher e casa*

Em uma noite em que o céu de Guanabara fazia contar aos observadores do Castelo o número de milímetros da água destilada das regiões etéreas, encontravam-se talvez mais violentamente do que o desejavam em uma das enlameadas calçadas da rua do Ouvidor, o Sr. Bonifácio Bem-te-vi e o seu amigo Nicolau Carrapato.

— Por aqui, Bonifácio!... Ai meu calo!

— Olha, és tu Nicolau! Quase que me quebraste as ventas...

— Como vais com este tempo?

— Menos mal, e a tua família?

— Minha senhora esteve de parto, e eu com uma erisipela não há quinze dias.

— Como és feliz! Bem quisera ter uma... Feliz maganão!

— O que dizes? Querias ter uma erisipela?

— Não te falo nisso. Falo de tua mulher.

— Querias ter um parto?

— Não, homem, queria uma mulher, uma donzela que fizesse a felicidade de meus dias e me desse um filho todos os anos.

— Sempre és bem asno.

— Que dizes?

— Nada... É um leicenço que tenho na nuca.

— Cospe-lhe em cima, sara. É macho ou fêmea?

— O que, o leicenço? A falar a verdade não lhe sei o sexo.

— Pergunto se tiveste uma menina ou um rapaz.

— Ah!... Minha mulher é que teve um rapaz.

— Oh! Se fosse eu que o tivesse tido, antes quisera que ele fosse fêmea!

— Oh! Diabo... Então seria hermafrodita...

— Maganão! Está que não cabe na pele... Escuta, Nicolau, quero pedir-te um favor.

— Podes dispor de minha carteira. Somente te previno que está vazia.

— Não, não é dinheiro; quero apenas valer de teu préstimo, de teu tato, de tuas informações... que sei eu?... Do teu prestígio, de tua importância.

— Queres ser vereador? Bater chapa?

— Não, meu amigo, felizmente nem sou caldeireiro, nem cabalista. Só desejo duas coisas, e essas tu hás de arranjar-me: primo, queria casar-me e preciso, portanto, de mulher... Arranjas?

— Não digo que não.

— Segundo, preciso de casa para alojar minha futura e pretendo ir mobiliando desde já. Arranjas?

— Não digo também que não.

— Então se souberes de uma menina ou de um prédio que me convenha, mandas avisar-me?

— A casa deve ser térrea ou alta, a moça morena ou loira?

— O que achares, querido Nico, é o que achares.

— Está bem, só o que te previno é que com os tempos que correm será mais fácil achar uma boa casa do que uma boa mulher.

— Adeus, cuida do umbigo de tua senhora e dá parabéns ao teu filhinho... isto é, o contrário, cuida do filhinho de tua senhora e dá parabéns ao teu umbigo... Ainda não é isto... adeus, adeus, desculpa-me. Não te esqueças: mulher e casa.

Vinte e quatro horas depois deste colóquio o meu amigo Bonifácio Bem-te-vi recebia um bilhetinho, rescendia a rapé a meia légua de distância. Ao rasgar o frágil envelope, o coração batia-lhe apressado: vinha de Nicolau Carrapato. A epístola era breve e a escrita em português cujas incorreções poupamos o leitor.

"Caro Bonifácio, achei o que querias e sinto não satisfazer-te totalmente.

É o que há de melhor no seu gênero; creio que há de te servir.

É bastante alta e tem bons fundos... finalmente é uma pechincha. Já falei ao Sr. Fernandes e pedes ir concluir o negócio quando quiseres.

Teu do peito,

N. Carrapato."

Bem-te-vi pulou de contente.

— Sou feliz! Estou casado!, bradou entusiasmado. Uma mulher alta... pechincha... o que há de melhor no seu gênero. É o que me convém. Toca a vestir... vamos à casa do Sr. Fernandes.

Aqui ocorreu de súbito uma ideia: onde residia o pai da miraculosa menina? Bonifácio à cata de uma solução a esse problema tanto revolveu o bilhete, que avistou um *post-scriptum*.

"N.B. Deves dirigir-te ao Sr. Pancrácio Tiririca Fernandes, na sua chácara do Rio Comprido, n^o..."

Era este o raio de luz que faltava para iluminar os projetos de Bem-te-vi: engravatado, enluvado, dirigiu-se, com um calor de 28 centígrados, à casa do Sr. Tiririca.

— O Sr. Tiririca?

— Um seu criado.

— Meu amigo, traz-me aqui um negócio, um arranjo que gostaria de fazer com a V. S. Sei que V. S. tem...

— Sei ao que vem, mas olhe se aceito suas propostas é em atenção ao Sr. Carrapato. Condescendo com o seu pedido, mas fique sabendo que fiquei lesado deixando de atender a ofertas mais vantajosas.

— Creio e agradeço, estimável Tiririca.

— Mas ao menos espero que não me faça arrepender maltratando minha querida propriedade.

— Oh! Senhor! Eu bem sei, ela é digna das maiores atenções.

— Não pode ser melhor: a perspectiva é magnífica; os fundos são soberbos e até tinha gás.

— Ah! Senhor... isso perde-se com os anos.

— Mas o senhor nenhuma dúvida terá em pôr tudo no antigo estado.

— Descanse, meu rico amigo, hei de inspirar-lhe um gás que V. S. há de ver.

O dueto foi interrompido pela aparição de uma moça com seu balão e seu respectivo coque. Era a filha do Sr. Fernandes.

A Sra. Tiririca e os seus dois apêndices foram recebidos com um sorriso admirativo d'amantético. De súbito enérgica resolução debuxou-se-lhe no rosto; dir-se-ia César prestes a transpor o Rubicão.

Não foi, porém, o Rubicão, foram as pernas da Sra. Tiririca que Bonifácio galgou de um salto, indo logo depois ajoelhar-se aos pés da moça.

Tiririca fez três movimentos.

O primeiro foi levantar-se.

O segundo foi erguer-se o pé.

O terceiro foi impeli-lo vigorosamente na direção dos rins do pobre Bem-te-vi.

O infeliz mancebo julgou-se vítima de um pesadelo. A mão poderosa de seu pretendido sogro, que o empurrava aos cachações e o segurou pela gola, mal pôde fazê-lo despertar. Somente quando a porta da rua fechou-se sobre ele, julgou desditoso entrever o segredo do enigma.

— Pise-me fora daqui! Grandíssimo maroto! Quando vier alugar casas não se faça de tolo!

— Ai! Era de casas e não de mulher que falava Carrapato em sua carta! O triste Bem-te-vi como o corvo de La Fontaine.

Jurou, mas tarde, não cair mais noutra.

(Continua)

II. *Uma noiva em embrião*

Dois meses depois desta aventura Bem-te-vi estava louco de amores. Fora causa desta deplorável disposição de espírito uma aparição sob a forma de uma botina microscópica, revelada pelo maneio bastante rápido de um faceiro balão, receoso de enlamear-se. Era o caso que sobre a botina havia um tornozelo; sobre este, com imaginação menos escaldada do que de um Bem-te-vi, podia lobrigar-se uma perna irrepreensivelmente torneada, e como a imaginação tende sempre a subir, fácil é conjecturar a que perigosas hipóteses foi arrastado o estimável Bonifácio.

Quer isso dizer que do êxtase não tardou ele a passar à prática e só deixou a janela quando adquiriu a agradável convicção de que o adorável pezinho pertencia a uma de suas vizinhas, justamente a que morava defronte.

Como o general hábil que espreita os movimentos da praça assediada antes de dar o assalto definitivo, assim estudava ele cuidadosamente a casa fronteira e muito mais particularmente a formosa passeante.

Bem-te-vi em caso de necessidade era homem de recursos.

Se tivesse sentado praça, talvez que tivesse tomado Humaitá.

Aqui o Humaitá era o coração de uma mulher, mas apesar de não ter correntes nem torpedos, nem por isso era mais expugnável. Olhadelas, suspiros, requebros, sinais misteriosos, toda essa caterva de pantomimas, a que de ordinário recorrem os mais apalermados amantes, nada disso produzia o desejado efeito.

Abyssus, abyssum invocai; isto, traduzido literalmente significa que uma asneira acarreta outra. Bem-te-vi depois de muito ter excogitado achou um expediente: escrever à dama de seus pensamentos. Novo Arquimedes exclamou — *eureka!* — e para melhor semelhança entre nosso herói e o geômetra siracusano até essa ideia lhe sobreveio quando se banhava.

Entusiasmado correu mesmo em calcinhas de banho à sua escrivaninha e traçou estas linhas:

Minha querida, perfunctoriamente arrebatado pelo aspecto numismático de tua extremidade inferior, apaixonei-me horripilantemente e sinto tormentos inefáveis que me cortam a fibra volátil do coração. Se não temesse a tua tétrica repulsa, já me teria anatematizado a teus pés. Não o farei antes da vossa resposta, que será o círio espasmódico de minhas esperanças.

Todo teu
BONIFÁCIO B.

Entregue a missiva pela oficiosa mucama da casa a resposta não se fez esperar.

Senhor!

Se V. S. não fosse um pedaço d'asno, eu lhe aconselharia que continuasse em seus projetos.

Tenho pena, porém, e só dir-lhe-ei que não é por esse meio reprovado que alcançará o que deseja. A bom entendedor meia palavra basta.

ESTEFÂNIA

Bem-te-vi leu e releu a carta. Analisemo-la: disse. Ela diz que se eu não fosse asno dar-me-ia de conselho que não continuasse; ora, eu não sou asno, isto é claro; logo ela quer que eu continue. Depois fala em meios reprovados... já entendi! Quer significar-me que para possuí-la cumpre pedi-la em casamento... é uma autorização!

Oh! Eu bem dizia que a sujeita é honesta!

Intimamente possuído desta ideia, Bonifácio pulava de contente. Lançou mão da pena e escreveu:

Adorado anjo

Compreendo a delicadeza de teus sentimentos... Corro hoje mesmo a resgatar o meu erro ante os olhos de tua virtude. Amanhã, ou mais tardar no dia de meu casamento, serás minha em corpo, alma e no mais.

P. S. Impossibilitado de escrever-te envio-te o incluso nabo, que como sabes significa — amor eterno.

B. BEM-TE-VI

Nessa mesma tarde Bonifácio foi à casa fronteira. Introduzido na sala de recepção, avistou um velho zanago e reumático, que apesar de seus formidáveis bigodes brancos tinha todas as aparências de um pé de boi.

Cumprimentos de parte a parte.

O bom do velho levantou os óculos, com que lia as correspondências contra o bispo, e perguntou secamente:

— Deseja alguma coisa?

Bonifácio inclinou-se profundamente.

— Tenho a honra, disse; de pedir a V. S. a mão de sua neta em casamento.

— Eu não tenho neta, senhor; sem dúvida errou a casa.

— A mão de sua sobrinha

— Não tenho sobrinha.

— De sua pupila.

— Tenho uma e é de olho direito; a outra foi-se.

— Oh! Senhor, não é ao seu olho que me refiro, é ao da Sra. sua filha, que produziu em mim tal impressão que... Entende?

— Cada vez menos... O senhor conhece minha filha?

— Conheço-a e amo-a!

— É um absurdo! Com aquela idade!

— Senhor, o amor não calcula o tempo.

O velho olhou atentamente para o seu interlocutor; supunha haver-se com um louco.

— Está bem, disse sorrindo, nenhuma objeção oponho, quero só que o senhor lhe faça pessoalmente sua declaração e ouça a resposta.

Bem-te-vi julgou-se transportado ao último céu.

O velho bateu palmas.

Apareceu um moleque.

— Dize a Mariana que venha com sinhazinha à sala; este senhor quer vê-la.

O moleque saiu e voltou logo depois.

— Senhor, Mariana diz que sinhazinha está se lavando.

O ancião sorriu-se e designou uma cadeira a Bem-te-vi. Depois, com fleuma britânica tornou a pegar no jornal. Dez minutos depois ouviram passos femininos na sala vizinha. Bem-te-vi suava como um candidato no ato da apuração das cédulas.

A porta abriu-se. Uma parda com uma criança nos braços encaminhou-se para o velho.

Bem-te-vi estava boquiaberto e ainda mais atônito ficou quando o dono da casa, designando-o à ama exclamou:

— Leva minha filha àquele senhor... Meu amigo, pode fazer a sua declaração!

Como para mais complicar-se o negócio, abriu-se a porta e Estefânia mostrou-se pálida e trêmula de cólera com uma carta na mão.

— Joãozinho, disse ela ao velho, toma e lê; vê as anseiras que me escreve ali o senhor.

Bem-te-vi estava em brasas.

O velho olhava para ele e para o papel.

Estefânia sorria-se desdenhosamente.

A ama ria-se às escondidas.

Quanto à criança, resolvermos omitir a incongruência que praticava nessa ocasião. Coitadinha, tinha só três meses!

— Senhor, exclamou por fim o velho, não me cabe aquilatar seu procedimento, porque já vejo que é um refinado palerma, mas acho perigoso que...

Não teve tempo de acabar.

Bem-te-vi empertigava-se colérico, furioso, fora de si...

— O que acho perigoso, disse por fim vermelho como um camarão, é que o senhor tenha... setenta anos e uma filha de três meses...

O velho pegou na muleta que pusera ao canto.

Bem-te-vi compreendeu o gesto e pôs-se na rua em três pulos.

(Continua)

III. *O passarinho da sinhá*

— Como estás, Bonifácio?

— Oh! És tu, Félix...Por onde tens andado?

— Por aí mesmo...e tu...já te casaste?

— Não, mas estou para isso. Adivinha com quem?

— Ora, com a filha daquele sujeito.

— Conheces o pai? Como sabes?

— Eu não sei de nada.

— Então como é que falaste do Panfílio e de D. Clementina?

— É porque ouvi dizer.

— Pois não te enganaram, meu amigo agora o caso é sério...

— Então já conheces a noiva? Será uma verdadeira mulher?

— Isso te garanto eu: é o que há de mais fêmeo no mundo.

— É bonita?

— Encantadora, com o que eu mais simpatizo é com o *invisível* dela.

— Como! Já lhe bispaste o *invisível*?

— Quero dizer o cabelo, o penteado... enfim, tu hás de vê-la. A tal menina pôs-me a cabeça em mísero estado.

— Com os diabos! O que não será depois do casamento!

— Dizes bem: ora é uma coisa, ora outra, são encomendas, compras, enfeites... ando tonto!

— É bom que te acostumes a cabresto...

— É exato... Agora mesmo queria levar-lhe uma encomenda, é uma coisa que ela pediu muito, uma surpresa que lhe faço... Sabes onde se vende alpiste?

— É para a tua noiva?

— Não, é para o passarinho dela. Já corri toda a rua do Ouvidor e não achei, acreditas?

— Pois não, é porque não pediste em francês, mas em qualquer loja de ferragens achas.

— Ora, vejam só, que esquisitice! Alpiste em loja de ferragens... e eu que entrei em mais de sete casas de roupa feita! A propósito, hoje janto contigo, vou à tua casa arranjar as minhas cargas.

— Então a menina mora fora da cidade?

— Qual! É ali mesmo no Engenho Novo... vai-se pela estrada de ferro; é um momento.

— Não receias que a locomotiva arrebente?

— Qual o quê! Com o Barão de Angra! Além disso há sempre outra de sobressalente na Estação.

— Tens razão; vamos jantar.

São duas horas da tarde.

Bonifácio e Félix têm acabado de jantar e saboreiam dois havanas pagos pelo primeiro.

— Com o quê, querido Bonifácio, daqui a um mês estás pai de família?

— É certo. E tu não estás disposto a casar-te?

— Homem, eu mesmo não sei, mas parece-me que sou como Maomé.

— Santo Deus! Então queres abrir um serralho?

— Não falo nesse sentido, digo apenas que antes de ir ter com a montanha espero que ela venha a mim.

— Não, entendo... queres que eu te arranje um casório?

— Não, meu amigo. Casa primeiro para que eu veja como procuras. Com a minha índole parece-me que só me casaria por uma extravagância, algum incidente pouco usual que despertasse o romanesco.

— Homem, a respeito de romances temos conversado... já me meti em dois e custaram-me caro. Agora quero coisa positiva... pão, pão; queijo, queijo.

— Forte burro!

— Que dizes?

— Nada, falo com o meu charuto.

— A modo que ouvi falar em burro... pensei que era comigo, desculpa. Entre parênteses, deixa-me arrumar a *matalotagem*.

— Com mil bombas! Isto enche um vagão!

— São as encomendas, meu caro... olha, este bastidor é para minha sogra; estes inhames para meu sogro; levo-lhe mais estes óculos e este embrulho de jornais, este salame, aquelas empadas e esta fivela são para a comadre Pitorra, que criou a menina. Ainda há mais uma enxada, este embrulhinho de bisnagas para a tia Gertrudes e duas dúzias de ovos.

— Oh! Ladrão... Tu levas ovos; para a roça?

— Ah! Eu bem sei que meu sogro tem-nos excelentes, mas não fiz mal... É para comparar os ovos da cidade com os ovos dos roceiros.

— Os óvos dos roceiros? Hão de ser frescos, guarda-os para ti.

— Os ovos dos roceiros, era o que eu queria dizer... Sempre estás a reparar nessas pequenas coisinhas!

O diálogo foi aqui interrompido bruscamente. Crédulo e ingênuo como sempre, o Sr. Bem-te-vi depusera a gaiola que encerrava o passarinho de sua noiva sobre a janela que dava para os telhados, sem reparar nos meneios de um formoso gato que, postado a poucos passos do prisioneiro, fitava nele dois olhos mais verdes de que os eternizados pelo nosso imortal poeta, o saudoso Gonçalves Dias.

O bichano seguia atento os pulos do passarinho, batia com a cauda e aproximava-se cada vez mais. Um salto, um chilro doloroso e um rosnado de glutão satisfeito puseram termo a esta cena digna da pena de um poeta trágico.

A catástrofe despertou a atenção dos dois amigos. Félix correu sobre o gato, agarrou-o pelo pescoço e sacudiu vigorosamente... Era tarde! A infeliz avezinha acabava de penetrar no esôfago do papa-raios, que prevendo as possibilidades de uma intervenção, acabava, como hábil diplomata que era, de fazer passar o seu desaforo à categoria de fato consumado. O magão precipitara a deglutição.

Bem-te-vi arrancava os cabelos com desepero cômico.

— Uma patatiba!, disse, um passarinho que não há à venda na cidade e custou-me dez mil-réis.

E puxando da bengala correu para o gato, que se asilara em baixo da mesa.

Félix interveio.

— Amigo, disse, estou pronto a indenizar-te, mas não mate o meu Rocambole. Estamos em época de regeneração e ele jura não derramar mais sangue. Foram os conselhos do Sir Williams que o perderam!

Bem-te-vi tinha uma alma generosa como a do defunto Capotinho Azul,* estendeu a mão, primeiro a Rocambole, que estava com o rabo mais grosso que um cabo, e, depois, a Félix que sorria afavelmente.

— Félix, exclamou com voz chorosa, desculpa o meu arrebatamento, mas oh! se tu soubesses dos apertos em que vou me ver! Que direi à Sinhá, quando voltar, ela que há oito dias não me fala senão na patativa!

— Conta-lhe o ocorrido.

— Não acredita, oh! Se ao menos pudesse levar-lhe o cadáver! Mas qual, nem isso, nem uma pena sequer.

Félix condoeu-se do coitado.

— Meu amigo, exclamou, sinto não poder reparar teus incômodos, mas não está em mim. O mais que posso fazer é purgar o Rocambole, mas assim mesmo bem frágil fora o recurso... a patativa não seria reconhecível.

Bem-te-vi estava pensativo, de súbito fez um gesto.

— Félix, queres valer-me nesta ocasião?

— De certo.

— Empenhas tua palavra?

— Empenho.

— Pois vem comigo ao Engenho Novo...

Félix olhou espantado para o seu amigo.

— Para confirmar o que eu disser e jurar o que viste: só assim dar-me-ão crédito.

*

No trem das três horas viam-se em um vagão da 1ª classe dois mancebos decentemente trajados.

Um deles levava embaixo do braço um pesado saco de viagem que melhor converia ao carro das cargas; o outro alisava o pelo de um formoso gato branco como a neve.

* Mr. Champollion, célebre filantropo francês. [N.A.]

Eram Bonifácio, Félix e Rocambole. Bonifácio pensava em Sinhá, Félix estudava as linhas graciosas de um rosto de 16 anos que ia para Cascadura, o Rocambole, com os olhos voluptuosamente semicerrados digeria os restos mortais da infeliz patativa. A hora da regeneração não soara ainda para aquele coração de bronze...

*

— Tenho a honra de apresentar-lhe o senhor Félix Castanholas, doutor em leis e advogado na corte!

Esta frase foi repetida quatro vezes por Bonifácio Bem-te-vi, que fazia piruetas com o seu amigo em frente de cada um dos membros de sua futura família, cujos nomes ia explicando como o faz um cicerone a um amador de quadros.

— Este é o senhor Panfídio Calixto Carrapato, esta é a Exma. Verônica Capistrana Carrapeta; esta outra a Exma. Agapita Leôncia Pitorra; e esta adorável menina é sua sobrinha Clementina Camachirra Carrapeta.

Esta última era uma espirituosa e galante moreninha de 16 anos, que mal viu o pobre Bem-te-vi e exclamou em tom de exprobração:

— E a minha patativa, senhor?

Bem-te-vi empurrou o seu oficioso amigo para a frente.

— Aqui está!, disse, quem responde por mim! Fala, Félix! Bem sabes que só te trouxe para isso...

Clementina olhou para Bem-te-vi com ar de mofa.

— Mas eu, exclamou com um muxoxo, eu pedi ao senhor e não ao seu amigo!

— Sossegue, sinhá, interrompeu Bonifácio, não lhe trago a patativa, mas arranjei-lhe um vira-bosta!

— Santo breve! Que nome de pássaro tão feio...Vira o quê, senhor Bonifácio?

— Bosta, minha senhora.

— Não, não quero. Guarde lá seu bicho não lhe peço mais nada.

— Menina, interrompeu gravemente a tia Agapita Pitorra, isso não são modos.

— Minha senhora, disse então Félix, rogo a V. Exa., queira desculpar o meu amigo. Fui testemunha dos esforços que ele fez para obter a desejada avezinha, e o único culpado em todo esse negócio foi este gato, que me pertence e aproveitou-se de um momento de descuido para comer o passarinho de V. Exa. Aqui o trago e tomo a liberdade de oferecê-lo a V. Exa. como uma vítima que expie ao mesmo tempo seu próprio delito, o descuido do meu amigo e o crime que eu cometi desagradando, sem saber, V. Exa.

Clementina olhava confusa para Rocambole e para Félix.

Quando este acabou de falar já ela adquirira a convicção de que Rocambole tinha uns formosos bigodes e Félix uns olhos expressivos.

Rocambole estava salvo!

Bem-te-vi estava perdido!

*

Quinze dias depois deste acontecimento assisti eu, na igreja matriz do Ss. Sacramento desta cidade, ao casamento de dois rapazes de meu conhecimento: Félix, que recebia por sua mulher, com o favor de Deus, a D. Clementina Carrapeta e Bonifácio Bem-te-vi, que instigado pelo espírito maligno, enlaçava os seus destinos ao da respeitável Agapita Leôncia Pitorra.

Não cito os nomes dos padrinhos porque não vale a inventá-los.

Toda a história deve ter uma ou mais de uma moralidade. A desta pode formular-se assim: não procurem casa e mulher ao mesmo tempo, saibam primeiro se a noiva já está desmamada, quem tem pássaros fuja dos gatos, quem tem noiva cuidado com os amigos e finalmente — mais vale quem Deus ajuda que quem mui cedo madruga!

Luís Guimarães Júnior
(1871-1872)

Literatura angélica,
poemas em prosa[1]

... en me tordant les reins...

T. GAUTIER[2]

I

Eu adoro os teus formidáveis e monstruosos olhos, anjo da hediondez sublime! É nos teus olhos que minh'alma irada se despe das mais cândidas ilusões da mocidade.

Olha-me, olha-me sempre, Medusa! Sinto em mim desejos desesperados de arrebentar-te a cabeça contra a parede, e suicidar-me depois varando os meus olhos com pregos em brasa.

---

1 "Literatura angélica, poemas em prosa" saiu em 7 de janeiro de 1871 em *O Mundo da lua: folha ilustrada, lunática, hiperbólica e satírica*, periódico editado por Luís Guimarães Júnior e seu primo, o caricaturista João Pinheiro Guimarães. No ano seguinte este e outros escritos do autor foram reunidos em *Curvas e zig-zags, caprichos humorísticos*. Rio de Janeiro: B. L. Garnier / Tipografia Franco Americana, 1872.

2 Trata-se de uma paráfrase de um dos versos do poema "Inès de las Sierras (à la Petra Camarra)" (1852), de Théophile Gautier: *"Avec une volupté morte,/ Cambrant les reins, panchant le cou/ Elle s'arrête sur la porte"*.

II

Lembra-te ainda, monstro encantador, daqueles momentos de supremo gozo infernal?

A noite estava negra como o fundo de um tonel; as estrelas, lágrimas de sangue, derramavam-se pelas faces carcomidas do firmamento.

Demo-nos o braço e vagávamos trêmulos de ventura por caminhos, eriçados de silvas, urzes e ruínas fumegantes.

Ouvi então pela primeira vez a tua voz imensa como deve ser o pistão do Juízo Final.

Ainda conservo, oh minha adorada pantera! O sinal dos teus dentes no meu ombro esquerdo derreado.

III

Tentei fazer o teu retrato e para isso acondicionei uma prodigiosa coleção de coisas pavorosas: o sangue de um touro, um vaso cheio a transbordar de abrasado bitume; labaredas, lavas pulverizadas e carvão incendiado.

O demônio assistia ao meu curso de pintura ideal.

Copiei-te o busto com aquelas tintas... Maldição! Estava angélico demais para ti!

IV

Eu não te amo como geralmente amam-se os pombos, as garças, os colibris e as rosas metidas entre as espessas sombras dos calmos arvoredos.

Amo-te, Medusa de minhas inspirações enormes, amo-te como algoz a cabeça lívida do condenado, que lhe oscila na mão negra e infante.

V

Quando tu morreres há de se ouvir um estampido formidável, como se o Atlas e o Corcovado rolassem de seus eixos.

Eu te sepultarei, meu anjo, no lago Asfaltite ou no mar Morto, envolta em cinco milhões de correntes atroadoras.

VI

Tua alma não entrará no céu nem no inferno.

Como as minhas quimeras malditas, ela percorrerá, perseguida por um bando esfaimado de abutres, os espaços intermediários.

Se tentar descansar um minuto sequer, o trovão reboará no infinito e um raio virá lacerá-la de meio a meio.

VII

E eu receberei as cinzas calcinadas que caírem das nuvens tempestuosas para conservar de ti a última lembrança.

VIII

Estas páginas, meu Serafim monstruoso, foram traçadas a sabre, e o tipógrafo que as compôs morreu louco, vagando pelas ruas.

IX

Morde o lugar em que escrevo o teu nome, porque caiu, ali, a minha mais amedrontadora e pesada lágrima.

X

Vou dormir e sonhar contigo. Contigo, fera de minh'alma!
Queira o diabo que eu desperte vivo.

Introdução de *Arabescos*[1]

Antes de falar do livro, permita-me que vos diga qualquer coisa a respeito do autor do livro. É da minha parte prova de delicadeza para com o público, e para com o poeta destes *Arabescos*, que vem, em boa hora, pairar no turbilhão vertiginoso das letras fluminenses.

J. R. de Campos Carvalho pertence à classe dos rapazes de espírito, amigos da franca jovialidade e das formosas quimeras, prontos sempre a montar o fogoso corcel das aventuras cavalheirescas, à semelhança dos beduínos heroicos, carregando às costas a alvejante tenda que se arma por debaixo de todos os céus e à margem de todas as fontes imprevistas.

Ele escreve para distrair-se, escreve para passar o tempo; escreve para estar a gosto. Não conta com editores — que vantagem? — e é de uma extraordinária crença nestes dédalos literários, onde, mais dia, menos dia, perdemos a cabeça à procura do fio salvador.

Os *Arabescos* vieram ao mundo sem esforço, sem tropeços e sem que o escritor se lembrasse de, por intermédio da publicação do seu livro, aspirar a um cantinho no Instituto Histórico e Geográfico Brasileiro!

Se declararmos já que Campos Carvalho é estudante da Faculdade Jurídica de S. Paulo, fica nitidamente explicado o

---

1 Introdução de Luís Guimarães Júnior para o livro de Campos Carvalho, *Arabescos. Fantasias*. Rio de Janeiro: Tipografia Perseverança, 1871.

entusiasmo com que foram corretas as provas dos *Arabescos* e o bom humor que preside a esta introdução traçada entre duas fumaças magníficas e duas magníficas xícaras de café.

Os *Arabescos* são folhas soltas, escritas debaixo de inúmeros sentimentos diversos, cuja harmonia vive de acordo com o espírito turbulento e cintilante da mocidade, que sabe rir entre lágrimas e sabe chorar sorrindo. Feliz quadra da vida em que desprendemos de nossa alma as sensações, as dores fugazes e as magas alegrias, como da coroa das rosas desprendem-se as pétalas e do bico tentador dos pássaros saem em cardume as notas cristalinas!

Um dia em São Paulo lembrou-se Campos de fazer coleção de alguns folhetins publicados e inéditos, juntar todos esses devaneios num volume e entregá-lo ao minotauro da imprensa, insaciável e devorador.

Dito e feito.

Dois dias depois de chegar ao Rio, o poeta meteu nas mãos dos tipógrafos o rolo dos seus queridos originais.

Não tinha ainda título o livro. E como achar qualificativo capaz de definir esses caprichos do pensamento, alados e indescritíveis como o voo das peregrinas cismas?

Num diálogo que encetamos sobre Gottschalk,[2] ventarolas chinesas e a última composição do padre Liszt,[3] saltou no

---

2   Louis Moreau Gottschalk (1829-1869), compositor e pianista norte-americano, viajou o mundo compondo e realizando concertos. Filho de um anglo-americano e de uma haitiana, Gottschalk foi um dos primeiros de seu país a tirar proveito dos ritmos e motivos das músicas populares afro e latino-americanas. Além da *Grande fantasia triunfal sobre o hino brasileiro*, obra pela qual é muitas vezes lembrado no Brasil, Gottschalk compôs valsas, polcas e, naturalmente, caprichos e fantasias. Morreu no Rio de Janeiro durante sua temporada no Lírico Fluminense.

3   Franz Liszt (1811-1886), grande compositor e pianista húngaro, converteu-se no fim da vida ao sacerdócio. A partir de 1865, ano em que o Vaticano lhe confere a prima tonsura, passa a ser chamado pelo título honorífico de *Abbé* Liszt, padre Liszt.

período a palavra *Arabesco*, e o meu amigo agarrou-a com um grito entusiástico, que me encheu de delicioso assombro.

— Há de chamar-se *Arabescos*! Exclamou ele.

Vou já à tipografia tratar do batismo!

E assim terminou o solene episódio, que provocou o título deste gentil volume.

Se o leitor é homem descansado, pacato, muito constitucional e amigo de soletrar com pausas prolongadas, aceite o meu conselho: não leia este livro! Este livro é rápido, é veloz, é fugitivo, é revolucionário, é perjuro como tudo quanto dá intrigas e abala a sisudez proverbial de certa parte anafada e nédia do gênero humano.

Campos Carvalho deu aos *Arabescos* a feição característica da literatura da época.

Hoje tudo se faz às pressas, tudo se faz a correr: dura tudo cinco minutos: a riqueza, o amor, a glória e a imortalidade. O telégrafo matou a carta como o folhetim matou o livro. Não há tempo de se pensar, de se refletir e de pesar as coisas seriamente na balança do raciocínio comum.

Tantas máquinas inventou o homem, que por fim de contas tornou-se ele próprio uma máquina prodigiosa.

Já não chegam as vinte e quatro horas do dia para a realização das empresas, ideias, pensamentos, aspirações e desejos dos habitantes do globo. É uma fermentação! Um *imbroglio!* Um entusiasmo! Uma velocidade como nos trens expressos da Alemanha: quarenta léguas por hora.

Como deixar de acompanhar esse frenesi, esse progresso, e esses gigantescos delírios? A tentação apodera-se-nos da alma e ali vamos nós, frágeis plantas e flores despencadas, arrebatadas na corrente impetuosa do século.

A literatura ligeira é a face predominante deste tempo, heroico e leviano, fútil e empreendedor como as mulheres do grande tom.

O livro profundo e estudado é substituído pelo folheto, que dura um minuto apenas, mas que consegue atrair a atenção erradia do público aventureiro. O estudo sobre o *Ecletismo* de V. Cousin não conseguiu ainda apresentar-se em décima edição, e eu possuo um exemplar de *Monsieur, Madame et Bebé*, de Gustave Droz, na 47ª.[4]

Sejamos, pois, da nossa época e curvemo-nos à enérgica vontade do povo, esse tão magnânimo quão despótico senhor.

O estilo de Campos Carvalho nos *Arabescos* é vivo, animado e às vezes de uma flexibilidade extrema. Nas páginas essencialmente poéticas há certos períodos de uma adorável e esplêndida harmonia.

A pena do escritor nesses momentos abandona-se meigamente aos doces embalos do espírito e a frase de uma apaixonada eloquência desliza com a terna melodia da mais delicada estrofe.

O espírito criador de Campos Carvalho oscila febrilmente entre as extravagâncias de Baudelaire e o vibrante realismo de Musset. Ele não possui um cunho próprio, um caráter especial e único pelo qual se distinga à plena luz o perfil da musa que preside aos seus devaneios. Ora é humorista e ri analisando as pantagruélicas visagens do mundo, que o acotovela; ora volve os olhos à penumbra do passado e derrama a generosa lágrima da saudade; ora empunhando a harpa guerreira das veementes esperanças saúda os clarões do sol da primavera e desfolha festivas grinaldas no robusto colo da mocidade, coroada de pâmpanos e magnólias!

A sua pena ainda incorreta e móvel estua às vezes ou antes galga o espaço, ferindo-se nas urzes do caminho. Certas figuras esparsas nas suas paisagens são de sabor meramente estrangeiro, e as amiudadas comparações tornam o período pesado e menos airoso.

Por exemplo no *Noturno*, que abre o livro: "Tu me pareces uma dessas ficções ridentes, que se miram no flux do Danúbio,

4 O número de edição do livro de Droz (1832-1895) em 1871 já diz muito sobre a amplitude do sucesso deste romance de 1866.

entoam os hinos da natureza, surgem como valquírias do meio dos gelos e se mostram sílfides nos cânticos dos *Minnesängers*".[5]

A natureza americana e europeia confundem-se por vezes nos seus escritos repetidamente.

Em compensação, porém, como é brilhante a página que vou transcrever agora! O poeta conta os últimos momentos da mulher amada; segue-a de suspiro em suspiro, como se escuta os sons de uma cantiga suave, que se perde pouco a pouco... ao longe!

A íntima corda do sentimento no coração do autor dos *Arabescos* é de uma notável transparência. Ele apraz-se em evocar das ruínas do passado as sombras piedosas do seu amor, contando-as através de um nevoeiro de lágrimas. Lê-se no "*Sursum corda*":

Ela sentara-se no estrado do leito, seu tálamo de amarguras. O roupão branco amarrotado deixava entrever a alvura dos seios, que jaculavam o último suspiro da vida; faltava-lhe a palma dos mártires para ser uma filha da lenda, como as virgens da religião, e o seu perfil magoado divinizava os crentes como o busto da Madona.

Parecia querer beber vida como as flores o sereno que a noite destila.

Segurou-me a mão, beijou-a, e um tremor geral enervou-lhe a figura. As lágrimas desprenderam-se-lhe dos olhos e as narinas ofegavam como as asas do passarinho, que agoniza entre as garras do falcão, e a vibração da tecla, que pronuncia um trinado. O gênio do mal media-lhe o compasso díspar entre a lentidão da vida e a velocidade do último instante.

---

5   *Minnesängers* são os poetas que praticam o *Minnesang*, composição lírica trovadoresca alemã.

A "Ode ao cigarro!" é original e chistosa. Nos "Flautistas" o folhetinista revela uma grande aptidão para o gênero faceto e gracioso.

Em algumas páginas dos *Arabescos* o escritor é, à força de limar a frase e o pensamento, de difícil compreensão. No "Cinismo e charuto" há este período:

> Sou grego, procuro a perfeição plástica do ideal helênico nas formas geométricas de uma mulher; quero o consórcio do *eu* da filosofia racionalista com a última expressão da beleza estética; uma sentença de Platão no pescoço airoso de uma figura de Fídias, que seja a personificação de talento humano, no fórum da arte.

Na "Página de bitume" o poeta é cruel em seus gracejos e a traz em sua fantasia. Esta página de bitume não poderá nunca despertar um sorriso, embora a intenção do escritor fosse toda maliciosa e motejadora.

Na "Página sem nome" o estilo é plangente, de encantadora estrutura e musical, como uma serenata paulistana.

Esta frase:

> As toadas da guitarra que ouves parecem os versos de uma ode, que morre nos lábios do trovador; as canções que se perdem nas ondulações do ar são os idílios que os amantes esqueceram e que correm buscando asilo em seios palpitantes!

Não é tão formoso isso? E a crença, que à semelhança de um místico perfume foge dessa página, não se revelia bastantemente a idade e os puros sentimentos do poeta?

Campos Carvalho lê muito, e, como todos nós quando pela primeira vez confiamos ao papel os nossos entusiasmos literários, ele deixa-se arrastar pelas reminiscências da leitura e parece abdicar a própria individualidade assumindo o tipo do país e dos escritores que o inspiraram.

No "Cinismo e charuto" descobrem-se traços magníficos de cinzel que nos recordam os voos selvagens e audaciosos das musas antigas à cata do divino ideal.

Ei-la, a beleza modelo, a última expressão da forma, a ideia, o gênio, as idades reverenciando um nome, as letras marcando dísticos em uma concepção admirável.

Aparece no símbolo de uma mulher, formas esculturais e esplêndidas, cadinho onde vazou-se o talento de um homem para a perfeição de um monumento estético.

A cabeça quieta como guarida sagrada de um pensamento divino e imutável. Os olhos firmes e eloquentes como as estrelas do serão na torrente do Eurotas, à hora em que as hamadríades bailavam e o rebanho balia nos apriscos de Pireu. O pescoço apresenta as suaves contorções do cisne que boia no cansaço de um cântico crepuscular e a que o estatuário profano roubou símiles para os deuses. Sua boca muda, como a imortalidade respira o sopro olente do infinito. Seu corpo é a retidão das linhas puras, a perfectibilidade de um pensamento enorme, único, imutável, onde o amor antigo podia se aquiescer, como nas douradas colunas do altar sagrado, onde ardiam na odorífera caçoila os incensos dos sacerdotes e a luz dos candelabros de pérolas.

Apesar da ligeira nuvem de gongorismo[6] que a envolve tem essa página vivíssimas irradiações.

"Os Noivos" não deveriam ocupar espaço no volume dos *Arabescos*. É um escrito embebido em infantil liberdade, que lembra algumas indiscrições de Boccaccio e as cruas façanhas do Marquês de Sade.

---

6   De Luis de Góngora (1561-1627), autor barroco cujo estilo é marcado pela abundância de metáforas, latinismos e construções sintáticas rebuscadas.

Na "Página sem nome" o poeta abre os íntimos acessos do seu coração saudando pela última vez a mulher perdida para suas aspirações, para os seus sonhos e para a sua louca mocidade.

Este adeus resgata todas as faltas que haja por ventura cometido a pena volúvel e caprichosa, audaz e indomável deste novo Roger de Beauvoir.

Sonhava rematar a nossa novela ao teu lado, entre as roseiras do nosso pátrio rio, mas morreu a inspiração, e o enredo fechou-se em meio de nossas lágrimas. Vês? Tudo chora em torno a nós; semelhamos aos amantes de um poema doloroso.

As neblinas caem em mole arqueação e se colorem aos raios que o sol lhes derrama no seu áureo transluzir. As névoas entumecem as polpas dos lírios, as geadas enlaçam os montes e Deus vai abrir o cortinado brumoso das esferas.

Adeus! Só me restam lágrimas para orvalhar o jazigo das minhas mortas esperanças e o laurel do infortúnio para depor junto ao crucifixo que adorna o teu tálamo feliz.

É a oblação da amizade à memória de um anjo!

Sê feliz e não releias esta página, que escrevemos juntos e que chamava-se outrora "Recordação"; hoje o sentimento chama-a "Página sem nome", folha solta no ar, som que se perde em um conjunto de harmonias!

Não se perdera, não, poeta! É essa uma das mais vibrantes notas da tua lira, e a mais formosa lágrima de tua alma.

O que dizer mais dos *Arabescos*? Campos Carvalho corrigirá o seu estilo, sufocará com o tempo o ímpeto de sua rica imaginação, e com os *Arabescos* seguir-se-hão outras obras seladas pelo estudo e pela autoridade dos anos.

Hoje este distinto moço, este ilustre espírito, ainda percorre as verdes e esmeraldinas florestas da mocidade entusiasta, sorvendo o orvalho de todos os cálices e dormindo à sombra de todos os amores.

O seu livro é um mimo de festas que ele oferece ao bom público fluminense. Deixa-o entre os torvelinhos das nossas ambições e egoísmos com a mesma placidez e elegância com que numa visita de cerimônia faz-se antecipar por um cartão nítido e perfumado.

Que os meus votos sejam cumpridos, querido amigo e companheiro, e o destino dará larga cópia de venturas às aspirações do teu esperançoso talento.

Quanto a mim, despedindo-me dos *Arabescos*, fico aqui na margem a contemplar-lhes o rumo, a vê-los palpitar repletos de quimeras e sonhos, sobre um mar bonançoso e por baixo do pavilhão azul do firmamento.

Boa viagem!

Luís Guimarães Júnior.
Rio, 24 de dezembro de 1871

Arabescos[1]

O livro do Sr. J. R. de Campos Carvalho, de que já tivemos ensejo de falar em umas páginas que abrem o volume, é propriamente um livro de ocasião, uma coleção fugitiva de folhetins, escritos ligeiros onde se encontram os defeitos próprios de escritor novel, com os ímpetos entusiásticos da mocidade, que lança ao papel todas as impressões e imagens, que, em variadas circunstâncias e peripécias, espelham-se-lhe na alma independente.

O gênero a que se filiam os *Arabescos* é dos mais elegantes e apaixonados da literatura moderna. Em França, Mme de Gasparin, Latouche e a própria George Sand, o mais perfeito estilista das letras francesas contemporâneas, têm feito correr em inúmeras edições desses devaneios, desses contos, desses poemetos em prosa, que Baudelaire denomina "o *dolce far niente* da poesia", e que rivalizam com o verso em doçura, sobrepujando-o quase em pensamento.

Campos Carvalho é em alguns capítulos dos *Arabescos* de uma ternura e de um lirismo dignos de nota. Em outros, o escritor, dando espaço às emaranhadas recordações de poetas e livros estrangeiros, comparações, símiles, símbolos completamente alheios à feição característica do assunto, desfaz o encanto natural de que poderia tirar tão valioso partido, tornando-se às vezes de dificílima, senão de impossível, compreensão.

---

1 Esta resenha saiu no *Diário do Rio de Janeiro* em 2 de fevereiro de 1872.

"Tu me pareces uma dessas ficções ridentes, que se miram no flux do Danúbio, entoam os hinos da natureza, surgem como valquírias do meio dos gelos e se mostram sílfides nos cantos dos *Minnesänger*."[2]

Outro exemplo, no capítulo terceiro da fantasia "De noite!":

> ... Morrer como Tasso, dando por teu amor; roubar a cítara das sacerdotisas, musas do templo de Irminsul, para ver em ti a harmonia esplêndida de Norma, o arroubo inspirado do seu peito sobre o dólmen de minha dedicação no cenário voluptuoso de nossas fantasias etc.

Em alguns tópicos o escritor, que se ia embalando docemente nas irradiações vagas, nos incomparáveis perfumes, nas divinas paisagens da natureza americana, tão opulenta e tão rica, faz um desvio sensível trazendo-nos à ideia pensamentos que destoam prejudicialmente, na harmonia geral do quadro:

> Nas cumiadas das serras de nossa aldeia cantavam os pássaros, o orvalho caía nas pétalas dos lírios, tu dormias no madrugar dos devaneios, sonhando comigo, e eu chorava nos momentos de partida.
>
> A estrada onde juntos corríamos atrás das borboletas jazia envolvida em um lençol de nervos como um burgo alemão e eu esperava que o sol iluminasse a cachoeira etc.

Em um livro como os *Arabescos*, um livro sério, transparente, livro que vai de estilo mais que de lição, cuja principal virtude é a harmonia da palavra e a delicadeza do pensamento, esses defeitos são de alguma gravidade, e pesar-nos-ia na consciência o pecado; se sendo amigo e apreciador do talento do poeta, guardássemos no recato de criminosa amabilidade essas rápidas observações.

2 Ver nota 5 da página 159 deste volume.

Em algumas páginas de *Arabescos* (dissemos nós na "Introdução") o escritor é, à força de limar a frase e o pensamento, de difícil compreensão. "No cinismo e charuto" há este período:

> Sou grego, procuro a perfeição plástica do ideal helênico nas formas geométricas de uma mulher; quero o consórcio do *eu* da filosofia racionalista com a última expressão da beleza estética; uma sentença de Platão no pescoço airoso de uma figura de Fídias, que seja a personificação de talento humano, no fórum da arte.

Há, no entanto, dentro desse volume dos *Arabescos* que anunciam a presença de mais uma conviva no banquete dos poetas novos, muita vida, certa originalidade frisante e por vezes estilo de apurado gosto e linguagem correta.

Persente-se, lendo as duzentas folhas do volume, o arrojo da alma do jovem escritor que se apresenta à comunhão gloriosa e pesada das letras, em que é hóstia divina o trabalho enfadonho, a luta, o esforço, o combate de todos os dias e de todas as horas.

"*Sursum corda*" possui trechos de boa poesia e de uma grande eloquência de coração apaixonado.

A "Página sem nome", que é a melhor do volume, deixa-nos ouvir em mago recolhimento, estas formosas frases:

> Sonhava rematar a nossa novela ao teu lado, entre as roseiras do nosso pátrio rio, mas morreu a inspiração, e o enredo fechou-se em meio de nossas lágrimas. Vês? Tudo chora em torno de nós; semelhamos aos amantes de um poema doloroso.
>
> As neblinas caem em mole arqueação e se colorem aos raios que o sol lhes derrama no seu áureo transluzir. As névoas intumescem as polpas dos lírios, as geadas enlaçam os montes e Deus vai abrir o cortinado brumoso das esferas.
>
> Adeus! Só me restam lágrimas para orvalhar o jazigo das minhas mortas esperanças e o laurel de infortúnio para depor junto ao crucifixo que adorne o teu tálamo feliz.

É a oblação da amizade à memória de um anjo!

Sê feliz e não releias esta página, que escrevemos juntos e que chamava-se outrora "Recordação"; hoje o sentimento chama-a "Página sem nome", folha solta no ar, som que se perde em um conjunto de harmonias!

O Sr. Campos Carvalho frequenta as aulas da academia, está ainda nesta venturosa quadra da vida em que tudo é ilusão e tudo alegria, a sua pena, irmã gêmea do inquieto espírito, corre borboleteando sem deter-se em um ponto nem estacionar no caminho. É esse o brilhante e pernicioso privilégio da mocidade, que só a madureza dos anos e as lições do tempo conseguem sofrer.

O autor dos *Arabescos* dar-nos-á no futuro novas produções, e temos fé que os seus escritos venham salvos dessas irregularidades, tão frequentes nos primeiros anos e nas primeiras manifestações do espírito literário.

Luís Guimarães Júnior

LUIZ GUIMARÃES JUNIOR

NOCTURNOS

COM UMA INTRODUCÇÃO

DO

CONSELEIRO JOSÉ DE ALENCAR

RIO DE JANEIRO

. DE A. LEMOS — EDITOR-PROPRIETARIO

118 — Rua de S. José — 118.

1872.

Frontispício da primeira edição de *Noturnos*, de Luís Guimarães Júnior.

Seráfica[1]

Nós nos reuníamos em um grupo compacto eu e minhas irmãs, na sala de jantar, para ouvirmos as histórias que ela nos contava todas as noites.

Pobre Seráfica! Pobres restos escondidos, há tantos anos, no sombrio depósito da sepultura!

Possa a minha lembrança mitigar-te o peso do sono eterno e dar um pouco de alívio à tua boa, santa e ignorante alma, escrava de meus pais!

Essas frescas memórias da infância...

Quem as esquece? Quem de vez em quando, no recolhimento saudoso, que nos deixam as tempestades da vida, recorda-se do seu passado infantil com os olhos enxutos e o coração monótono como uma pêndula de bronze?

Tudo passa ante os olhos ávidos da alma qual se o tempo não houvera corrido uma cortina de pó e de extermínio sobre os panoramas risonhos da existência primitiva!

E nós, os estudiosos, os sábios, os ricos, os homens sociais, os famintos de glória e de renome inútil, apalpamos chorando as folhas secas da árvore da inocência, de cujo orvalho alimentamo-nos sorrindo, e a cuja sombra dormimos outrora, como os anjos debaixo da benção misericordiosa de Deus!

---

1 Todos os poemas a seguir foram publicados no livro de Luís Caetano Guimarães Júnior, *Noturnos*. Rio de Janeiro: A. de A. Lemos, 1872.

Eu tinha dez anos quando Seráfica morreu. Lembro-me ainda como se fosse ontem!

De manhã perguntei por ela e ninguém me respondeu.

Consolavam-me com desculpas pueris, mas o meu coração batia subjugado por um pressentimento fúnebre, e as escravas da casa estavam com os olhos úmidos, fazendo o serviço do dia de um modo brusco e febril.

Na hora do enterro, minha mãe convidou-me a ir dar um passeio. Das outras vezes, que felicidade para mim era um convite desses!

Naquele dia, não; recusei-me obstinadamente. Levaram-me para o segundo andar da casa; e lá ouvi uns soluços abafados, e um rumor desconhecido nas escadas, que conduziam à porta da rua.

Era o corpo da minha velha amiga, cujos restos o cemitério reclamava.

A tarde estava triste e uma chuvinha fria obscurecia a atmosfera.

Pobre Seráfica!

Nunca mais, nunca mais ouvimos aquelas histórias de reis encantados e casas mal-assombradas que tanto nos divertiam e excitavam-nos a dormir mais cedo de terror pelas almas do outro mundo!

O lugar em que ela se sentava tornou-se solitário e mudo como a terra de uma cova cheia, o corredor deixou por muito tempo de ouvir as nossas risadas cristalinas e correrias tumultuosas.

Ao cair da noite, debalde procurávamos o vulto consolador da velha escrava, em cujo colo adormecíamos embalados pelas lendas da infância e pelos santos romances que a Virgem abençoa!

Hoje, quando me sento à mesa do trabalho e esforço-me por descobrir a felicidade nos negros livros do estudo e da ciência, parece-me ver no escuro do corredor, meio aclarado pela luz de minha mesa, a figura dela, sorrindo-me como antes, e como que protegendo as imaculadas portas do templo da minha infância!

Pobre Seráfica! Pobres restos escondidos há tantos anos, no sombrio depósito da sepultura!

Possa a minha lembrança mitigar-te o peso do sono eterno e dar um pouco de alívio à tua boa, santa e ignorante alma, escrava de meus pais!

O lobisomem[1]

O cantar à meia-noite.
É um cantar excelente.
Acorda quem está dormindo.
Alegra quem está doente.

TROVA POPULAR

1 O assunto deste "noturno" de Luís Guimarães Júnior não é acidental. A licantropia, como mostrou Aurélia Cervoni, é um dos "elementos constitutivos de *O spleen de Paris*". *Pequenos poemas licantrópicos* é o título com que foram publicados dois poemas em prosa de Baudelaire na *Revue du Dix-Neuvième Siècle*, em 1866: "A moeda falsa" e "O jogador generoso". Como sugere Cervoni, o título era uma homenagem ao poeta romântico Pétrus Borel, conhecido como "o licantropo". A partir desse paralelo, a autora mostra como a licantropia em Baudelaire encarna toda a "monstruosidade" e o mau humor face à mediocridade moral da sociedade moderna, tema dos dois poemas de 1866, mas explora também como o motivo da licantropia remete à herança byroniana e satírica, e ainda à dívida de Baudelaire com o romantismo negro, do qual o universo gótico de *Gaspard de la nuit*, de Aloysius Bertrand também faz parte. Aurélia Cervoni, "Baudelaire lycanthrope". *Cahiers de Littérature Française: Adjectif Baudelaire*, n. 16, 2017, pp. 25-37. Sobre o romantismo negro ver Mario Praz, *La carne, la morte e il diavolo nella letteratura romantica*. Florença: Sansoni, 1999.

— Conte-nos uma história, tiazinha.

A noite está fria deveras!

O vento geme como uma alma desesperada nos vãos do telhado e entre as árvores esgalhadas pela beira do caminho.

Os pequenos não têm sono, e eu ando triste hoje como se tivesse perdido o coração inteiro.

Uma rajada abalou as portas desconjuntadas da janela, e o velho cão, deitado na cinza, uivou surdamente.

— Conte! Conte! Conte, tiazinha! Conte uma história. A gente não está com sono hoje, tia! Olhe, fale daquele do turbante de ouro e da rainha de cabelos azuis, que morreu debaixo d'água!

A velha tossiu, recolhendo-se um momento nas suas lembranças fugitivas, e:

— Cheguem todos para o pé de mim, vamos. Botem aquele lampião mais para cá que a chuva não tarda e é capaz de apagá-lo.

"Querem vocês uma história, não é verdade?

"Uma história de almas de outro mundo."

Nova rajada de vento norte abalou as vacilantes janelas, e o velho cão, deitado na cinza, ergueu a cabeça uivando surdamente.

— Daqui a pouco, Manuel, daqui a pouco o lobisomem da várzea sai da toca e vai correr o fado por estas estradas além...

Os meninos assustados achegaram-se à velha e a moça dos cabelos castanhos ficou levemente pálida.

A chuva caía em grossas e vagarosas gotas sobre a choupana.

O vento soprava furioso como um bando de abutres esfaimados pelas estradas negras, entre os arvoredos estorcidos partindo-se de encontro às janelas que pareciam voar em pedaços.

O velho cão erguera meio corpo e uivava lugubremente.

A velha disse:

— Eu conheci um moço, meus filhos, um moço de vinte e cinco anos, airoso e forte, branco como uma cera e que parecia santo. Era um padre...

— Estão batendo na porta, tia.

— Oh! Tia, estão batendo na porta!

A chuva despenhava-se em torrentes.

A moça dos cabelos castanhos afagou a cabeça dos meninos, acrescentando:

— Continue, tiazinha, quem bate na porta é a chuva e o vento. Cala-te, Manuel!

E a velha disse:

— Era um padre moço airoso e forte: o padre Serapião do Arraial.

"Dizia missa na igreja de nossa freguesia, e um sermão que ele pregou na festa de Nossa Senhora das Dores, fez-me chorar três dias com três noites.

"Havia naquele tempo uma rapariga, Maria da Anunciação, que o espírito maligno perdeu para sempre."

A voz da velha tremia murmurando essas palavras.

O vento enfraqueceu de fúria, a chuva continuava, pausadamente, e o velho rafeiro, baixando a cabeça, adormeceu nas cinzas.

Os meninos atentos escutavam.

A moça dos cabelos castanhos acariciava a face das criancinhas, tranquilas e boquiabertas.

— Maria da Anunciação era bonita (Deus me perdoe!) como a imagem da Senhora do Amparo que está no segundo altar do lado esquerdo da capela. Tinha uns olhos azulados à feição do céu quando não há trovoada, e um modo de sorrir e chorar que fazia doer a alma dos outros. O padre Serapião...

A voz da velha foi interrompida pelo vento tempestuoso que zunia com mais fúria acompanhado de sete relâmpagos.

As crianças apinhavam-se tiritando, e a moça dos cabelos castanhos escondeu os olhos balbuciando:

— Virgem Santíssima, protegei-nos!

O velho cão, envolto nas cinzas, dormia profundamente.

— O padre Serapião era um moço bonito e bom, Satanás quis perdê-lo e... um dia Maria da Anunciação deixou a mãe dormindo, doente, na cama, o irmãozinho a morrer, para ir ser das desgraçadas mulheres deste mundo de Deus!

A moça dos cabelos castanhos pendeu a fronte como a flor de jabuticaba quando o sol está ardente e a chuva escasseia do céu.

Os meninos não compreendiam, escutavam a velha com um grande sorriso na boca inocente.

O vento ora gemia, ora suspirava sumindo-se pelos côncavos do morro e nas sinuosidades dos caminhos obscuros.

A coruja amedrontada gritou sete vezes entre os galhos do espinheiro isolado.

O velho rafeiro ofegava dormindo profundamente.

Ao ruído monótono da chuva, prosseguiu a velha, tossindo, de espaço a espaço:

— Maria da Anunciação ficou sendo uma mulher como muitas que andam por aí a gemer na miséria e longe do amor de Jesus...

— Por quê, tiazinha, por quê?... Perguntaram os meninos, agarrando-se à saia da velha narradora.

A moça dos cabelos castanhos não perguntou nada, limpou tristemente uma lágrima silenciosa.

— Pobre Maria da Anunciação!...

"Quando a desgraçada da Angela acordou de manhã e chamou pela filha...

"Deus do céu!"

— Então, tiazinha?!

— Ela já não vivia em casa, meus filhos. O demo tinha-a carregado!

A moça dos cabelos castanhos rezava a oração de todas as noites, fria dos pés até a cabeça.

As crianças agrupavam-se receosas acotovelando-se umas às outras.

A velha cruzou as magras mãos sobre o peito e recolheu-se um momento.

A tempestade continuava mais irascível e tenebrosa. A chuva impelida pelo vento atravessava as frestas e borrifava a poeira do pavimento da cabana.

O velho cão eriçou o pelo sinistramente e desprendeu um latido fúnebre.

Os tições no brasido apagaram-se de todo.

— O padre Serapião pregou só uma vez mais na vida.

"Foi o dia da festa da Senhora do Amparo. A capela da freguesia estava cheinha de povo. O padre subiu à tribuna, magro e triste como um defunto.

"O povo começou a resmungar quando Serapião fez o sinal da cruz, com os olhos pregados no santo lenho do Senhor.

"'Aquela alma danada!'

"'Credo ainda tem coragem de falar na casa de Deus! Já viram coisa assim!'

"A voz do padre era mais fraca do que sempre, parecia o gemido de quem está se despedindo desta para melhor vida.

"O povo resmungava, resmungava, resmungava.

"O pai de Maria da Anunciação estava na igreja também; chorava olhando para o padre, que o tinha feito mal aventurado todo o resto de seus dias."

Os relâmpagos cruzaram-se sete vezes no ar com incrível rapidez. A trovoada roncava ao longe. Ouvia-se o sussurro das árvores desgrenhadas pelo vento e o barulho da água pelos caminhos lamacentos.

O velho cão dormia grunhindo, na cinza.

— Quando a gente mal esperava entrou na igreja Maria da Anunciação.

"A rapariga viu o pai e, branca como uma morta, quis ir ter com ele.

"Pediu licença para passar. As mulheres olharam para ela e não se mexeram.

"O padre Serapião nesse momento virava os olhos para a entrada da capela, viu Maria e a palavra suspendeu-se-lhe na boca meio aberta.

"Quando a pobre da rapariga conheceu que todos estavam de olhos presos nela, gritou: 'Santo nome de Jesus! Protegei--me!'. E caiu sem sentidos para trás!"

Os meninos de olhos úmidos e seio ofegante seguiam a lúgubre narração.

A moça dos cabelos castanhos debruçou a cabeça com o maior desespero deste mundo.

Pareceu-lhe ver na penumbra o vulto silencioso de Maria da Anunciação, coberta de luto e de lágrimas eternas.

A tempestade aproximava-se novamente, ecoando de morro em morro, e reboando sinistra como uma ameaça divina.

As aves da noite gemiam, metidas entre os ramos inundados de água.

— Nunca mais se ouviu falar nem de Maria da Anunciação nem do padre.

"Também ninguém passava mais pela casinha de José Caboclo, perdida na encruzilhada do Mato Grande.

"Ali moraram debaixo da maldição de Deus e do povo, Maria e Serapião.

"Morreu a família inteira: pai, mãe e manos de Maria, e por todo o espaço de seis anos, perdeu ela seis filhos machos, que Deus rejeitava por serem filho do pecado negro.

"O sétimo é que nasceu, viveu e cresceu para ser a figura da desgraça e do crime, Jesus!"[2]

Os meninos começaram a chorar de medo, a moça dos cabelos castanhos olhava desconfiada para a porta.

O velho cão levantou o corpo de cinza morna e prestou ouvido a misteriosos rumores. Um ou outro som longíquo cortava o espaço tempestuoso, eram as primeiras badaladas da meia-noite na alva torre da freguesia afastada.

As torrentes mugiam e o vento passava como um turbilhão irresistível.

— Continue, tiazinha, disse a moça com a voz trêmula e suave.

---

2 Segundo Câmara Cascudo, muitas das versões brasileiras da lenda pautam-se na explicação portuguesa da metamorfose do homem em lobo: como castigo divino, torna-se lobisomem o sétimo filho de uma união incestuosa ou proibida. Cf. Luís da Câmara Cascudo, *Geografia dos mitos brasileiros*. São Paulo: Global Editora, 2002.

— O sétimo filho de Maria da Anunciação é hoje o lobisomem da várzea.

— Meu Deus!

— Porque o espírito maligno esconde-se no corpo do sétimo
filho dos padres pecadores, para fazer um só purgar os crimes
da família toda.

"Serapião e Maria morreram não se sabe como e seus corpos
não tiveram sepultura, nem rezas, nem lágrimas de ninguém.

"A casinha da encruzilhada caiu em terra e o lobisomem
corre o fado, há três anos, todas as noites, depois da..."

As últimas badaladas da meia-noite gemeram piedosamente
no espaço sombrio.

O vento zunia mais desenfreado e o velho cão lançou-se à
porta, latindo com o pelo hirsuto e as pernas bambas.

As crianças, gritando, esconderam o rosto no seio da tia.
A moça, pálida e amedrontada, abraçou-se à velha narradora,
enquanto uma nuvem de cabelos castanhos derramava-se-lhe
ao longo das costas virginais.

O sino da freguesia lançara à eternidade o último som da
meia-noite.

Esmola

Eram dois: um menino e uma menina, de dez a doze anos.

Magros, cadavéricos, quase nus, e ornados dessa fúnebre lividez com que a miséria gratifica todos os seus escolhidos.

Chovia quando os encontrei. Eles agachavam-se tiritando no vão duma porta meio aberta, por cujo corredor um velho e quebrado lampião dardejava raios da cor do sangue.

A menina mais fraca chorava unindo ao seio as duas mãos pequenas e raquíticas.

O menino prestava ouvidos a certos rumores penetrantes, que vinham do andar superior.

Era uma casa de jogo aquela. O ouro e os bilhetes rolavam sobre a toalha verde, cercados tumultuosamente por meia dúzia de criaturas que esbanjavam cantando, entre dois naipes, a fortuna de seis famílias inteiras.

Enquanto tanta riqueza aglomerava-se e perdia-se em moedas copiosas, os dois meninos pobres recebiam a chuva nos cabelos e o frio da morte no coração petrificado pela dor.

O lampião estava quase a apagar-se: os últimos reflexos sanguinolentos coroavam as cabeças dos dois desvalidos dos homens e da providência divina.

Abri a mão gelada da menina e deixei-lhe na palma uma obscura esmola.

Eles olharam-me com o espanto do condenado, que vê o algoz compadecer-se junto ao cepo fatal, e uma voz incompreensível murmurou a meu ouvido:

— Obrigado por eles!

Quando voltei o rosto, no canto da rua, o corredor estava às escuras, e eu mal pude divisar os vultos das duas crianças, abraçadas uma à outra, como quem dorme ou como quem... morre.

Canto de amor

Como sobem ao monte as andorinhas,
Meus pensamentos voam para ti.

FALENAS[1]

Quando eu estou ao pé de ti, minha doce amante, minha pálida e fulgurante madona, parece-me que o mundo inteiro desfaz-se para sempre de meus olhos e de minha lembrança, como a flutuante neblina das serras, quando o sol descobre-se no oriente.

Teus cabelos negros e cheios de perfume abrem-se como um manto maternal, onde se vai aquecer minha fronte sombria, e conduzem-me, à semelhança das capas encantadas das *Mil e uma noites*, a países longínquos, inundados de luz e de vivos aromas, onde meu coração bebe a longos tragos o néctar da vida com uma sofreguidão divina! Oh, minha doce amante! Oh! Pálida! Pálida e voluptuosa madona de minha alma!

Deixa que eu te conte o que meus olhos veem, meus ouvidos escutam e meus lábios gozam, nesses países longínquos, nesses remotos oásis, embalado pelo bonançoso arquejar de teu seio e nas ondas mornas de teus esplêndidos cabelos...

Os bandolins choram cantigas provocadoras. Umas meninas ideais de trança loira e sorriso angélico tangem os bandolins melancólicos, à sombra de laranjeiras desgrenhadas, de onde

---

1   São os últimos versos de "Pássaros", de *Falenas* (1870), segundo volume de poesias do amigo Machado de Assis.

caem as pérolas de orvalho, como as lágrimas dos olhos piedosos de uma irmã querida!

O vento dá nas folhas úmidas das cheirosas árvores. O aroma inebria-me e afoga minha alma em desejos ignotos!

Não é o vento não, amada minha!

Não é a laranjeira inundada de perfumes e orvalho que surpreendem-me nesse instante vertiginoso... São os teus longos e negros cabelos, quando tua cabeça elegante e triste move-se, afastando uma lutuosa nuvem do passado...

O que estais aí cantando, meninas loiras, cobertas de palidez e de saudade?

As notas de vossos instrumentos plangentes partem-se-me dentro do coração, e eu sinto-me perdido entre as erradias visões do meu tempo de ventura...

Não são elas não, minha amante! É a tua voz, a tua santa e harmoniosa voz murmurando nos meus ouvidos uma epopeia de amor, que os suspiros batizam e é santificada pelas lágrimas!

Fala-me, fala-me ainda!... Enquanto eu ouço os bandolins chorosos e a laranjeira em flor perfuma-me a alma, sou tão feliz como as estrelas que vivem eternamente iluminando o santuário do Paraíso!

As nuvens

Les nuages, les merveilleux nuages!

C. BAUDELAIRE[1]

I

Olha, minha vida, as nuvens são como os meus pensamentos. Quando a natureza está calma, os ventos tranquilos, e a face do oceano sonolenta como uma boa alma que dorme, o grupo das nuvens brancas passa no éter luminoso, espalhando a serenidade, a ternura, o êxtase celestial por todo o universo. As flores embalsamam o campo; os passarinhos cantam joviais à beira dos ninhos cheios; as árvores cobrem de sombra o meigo fruto que amadurece; a fonte deixa ver a transparência dourada de suas áreas; as cigarras saúdam a primavera, e o Amor, o rosado e travesso Amor, salta de alma em alma, como a mariposa de lírio em lírio.

As nuvens, minha vida, são como os meus pensamentos. Se eu sinto-me alegre, feliz e tranquilo, no fundo luminoso de minha existência, os pensamentos voam serenos, iluminados

---

1 Citação livre da última frase do primeiro poema em prosa de *O spleen de Paris*, "O estrangeiro": "*J'aime les nuages... les nuages qui passent... là-bas... là-bas... les merveilleux nuages!*".

apenas por teu olhar compassivo. Tudo dentro de mim palpita e brinca, à semelhança das aves, das cigarras, das plantas, e dos ninhos, que cortejam a primavera.

II

Descamba o dia. A natureza cansada e ardente entrega-se com a languidez de uma noiva aos refrigerantes afagos da tarde benfazeja.

O sol coroa o cimo das serranias; a cigarra emudece colada ao olho do coqueiro; as fontes murmuram apenas entre as ervas curvas; Vésper é acesa no horizonte pela mão da saudade; e a voz queixosa dos arvoredos desce do morro na asa condutora dos ventos crepusculares.

Nesse instante, repara, minha vida, nesse instante as nuvens enleadas pelo último olhar do sol vão decaindo para o lado do mar, franjadas de púrpura, e de uns melancólicos toques cinzentos que entristecem o firmamento.

Os meus pensamentos também, quando cai a tarde, iriam-se de todas as cores da felicidade e das lembranças fugidias, indo em grupos extáticos, como as nuvens que descem para o lado do mar, aninharem-se silenciosos em teu regaço.

III

Que ventos frios e ásperos desenrolam as tranças das árvores e perturbam a lisa tranquilidade das ondas!

O mar incha e as vagas abalroam-se nas pedras como a cabeça de um criminoso nas grades de uma prisão; a espuma rutila febril sobre o dorso das águas marulhosas; as estrelas ocultam-se no mais recôndito do firmamento; a terra está deserta, a natureza estremece; e dos confins do horizonte correm nuvens negras que se desfazem em tempestuosas gotas de chuva.

Que semelhança, minha amiga, que semelhança entre as nuvens negras e os meus negros pensamentos!

Quando meu coração sente-se deserto e meu peito estremece, os pensamentos sinistros voam-me tumultuosos dentro da alma, e... Dos meus olhos martirizados jorram também torrentes, e torrentes de lágrimas!

José de Alencar (1872)

Introdução de *Noturnos*[1]

Meu caro poeta

Conhece uma florinha azul, melindrosa efêmera, que abre com a fresca da manhã para murchar ao calor do sol, e costuma estrelar as alfombras de relva, à beira dos córregos?

Era escusada a pergunta.

As flores são da família dos poetas, como as estrelas, e todas as gemas vivas e inanimadas da terra ou do céu. O suave cantor dos *Corimbos*,[2] e a linda florinha, meiga filha da sombra, já se encontraram aí, em algum serro da Tijuca, ou em alguma várzea de lagoa.

Outrora, há bem anos, quando ia à Petrópolis, gostava eu de seguir a margem dos canais para colher, mas sobretudo admirar, aqueles mimos de azul gaio, que cintilavam, como os olhares celestes de um anjinho a brincar na verde pelúcia.

Não sabia então o nome abstruso da flor. Chama-se *Trapoeraba*; é uma planta medicinal, própria para não sei que achaques; e tem uma etimologia complicada que eu poderia destrinçar aqui, se não receiasse aborrecê-lo com raízes túpicas.

Aposto que já a florinha perdeu todo o encanto para sua bela imaginação? Em verdade como imprimir o delicado matiz da

---

1   Introdução de José de Alencar para o livro de Luís Caetano Guimarães Júnior, *Noturnos*. Rio de Janeiro: A. de A. Lemos, 1872.

2   Primeiro volume de poesia de Guimarães Júnior, publicado em 1866 e elogiado por Machado de Assis.

poesia em uma flor, seja ela mimosa, desde que traz um nome de toeza e certo ressaibo de droga?

Lembre-se, porém, meu caro poeta, que a miosótis, a suave miosótis, que é o símbolo da Constância, apesar de seu nome grego, não quer dizer nem mais nem menos de que *orelha de rato*; e, todavia, não inspirou ela a mais encantadora elegia da musa germânica, o "Vergiss mein nicht"?[3]

Este é o condão da poesia; que ela, como o raio do sol, fecunda o gérmen da flor, até mesmo nas fendas do bronco rochedo, e cristaliza o diamante no seio da turfa e do lodo.

Quando eu colhia a florinha azul, como lhe ignorasse o nome, chamava-a por este dístico: *Lembra-te de mim*. Era uma doce reminiscência da musa alemã.

Não foi pura lembrança minha semelhante nome. Prendia-se ele a um conto que ouvira engrolar à certa velha ali mesmo por aquelas cercanias.

Mas a que propósito vêm agora estas recordações!

Eu lhe explico.

Quis hoje escrever ao correr da pena, como lhe prometi, o que saísse a cerca da nacionalidade de nossa literatura.

Custava-me porém entrar no assunto, convencido como estou hoje de que neste país o pior defeito de qualquer homem, seja político ou literário, é a mania da nacionalidade.

Ter um eu próprio, ser uma individualidade bem caracterizada, foi sempre o padrão para os homens superiores, como para os povos de eleição.

Hoje em dia quer-se homem e povo reduzido à uma espécie de tábua rasa, matéria bruta de onde se pode amassar o cidadão cosmopolita. *Ubi bene, ibi patria.* Cada um larga-se por este mundo grande à cata de um bom conchego; e mune-se de uma nova nacionalidade, como de um chapéu de sol.

Nenhum povo carece mais de criar seus publicistas, seus escritores, nem poetas e artistas imbuídos das ideias e tradições

3   O "conselheiro Alencar" faz alusão ao poema de Novalis (1772-1801).

de seus maiores. Basta que o ministério disponha de dinheiro e das boas graças, para nos prover de todo esse necessário, como faziam outrora os reis, quando careciam de soldados.

Imagine o que podia eu, sob o domínio destas ideias, escrever a respeito da nacionalidade de nossa literatura. Desisti do intento, e fui passear.

Em boa hora o fiz, pois colhi para mandar-lhe uma lenda, coisa melhor de certo do que poderia alinhavar, apesar da muita e boa vontade de uma pena, que já insta pelo repouso, e com razão.

Seguia pelo trilho que serpeja através de um dos vales da Tijuca. Tinha chovido; límpidos aljôfares tremiam nas folhas das árvores; um pálido raio do sol apenas dourava a garoa, que desatava-se do tope da colina, como a loira trança de uma náiade.

Com a chuva tinham-se fechado as flores silvestres; e apenas se expandia risonha e viçosa a florinha azul, irmã da miosótis.

Poucos momentos antes, encontrara em caminho um amigo, que teria entre nossos mais elegantes escritores lugar de honra, se não escondesse como um avaro os tesouros de sua rica imaginação e os finos lavores de seu engenho.

— Como é linda esta florinha?

— Muito!

— Sabe como se chama!

— Trapoeraba.

— Este é o nome que dão geralmente à planta. Mas a flor?

— Não sei.

— "*Lembra-te de mim*."

— Ah!...

Despertara-me esse nome uma vaga recordação da história da velha de Petrópolis.

— Ouvi chamá-la assim, e me explicaram a razão, disse-me o amigo.

— Qual é?

— Eu lhe conto.

Eis a história. É um *noturno*, melancólico e terno, mas não mavioso e gentil, como os seus.

Machado de Assis (1872)

Dois livros[1]

Com brevíssimo intervalo publicou o Sr. Dr. Luís Guimarães dois livros.

Noturnos é o título do primeiro em data e valor. Chama-se o segundo *Curvas e zig-zags*, e compõe-se de pequenos artigos publicados em jornais, contos e fantasias humorísticas, que se leem entre dois charutos, depois do café, ou à noite à hora do chá. Tem seu merecimento esse livro, se o tomarmos como o autor no-lo dá, e também se atendermos ao gênero, que não é vulgar entre nós, e que o autor domina com muita habilidade e aticismo.

Não é vulgar igualmente o gênero dos *Noturnos*, e com razão disse a imprensa que é esse o primeiro livro do Sr. Guimarães Júnior. Creio até que não temos obra perfeitamente semelhante a ele, e se alguma existe não terá o mesmo mérito.

Na literatura estrangeira sabemos que muitos escritores têm tratado com grande êxito esse gênero literário. O Sr. Guimarães Júnior estudou-os com afinco e desvelo; determinou-se a fazer alguma coisa em português, e saiu-se com uma composição que o honra.

Tudo nesta casta de obras é difícil. De longe nada mais fácil que escrever páginas soltas, e coligi-las num volume. Quem

---

1 Machado de Assis, "Dois livros" [*Semana Ilustrada*, 14 abr. 1872], in *Obras completas em quatro volumes*. São Paulo: Nova Aguilar, 2015, vol. III, pp. 1169-70.

folheia porém *Noturnos*, e lê esses pequenos poemas em prosa, cada um deles tão completo em si mesmo, reconhece logo que a empresa não é tão fácil como lhe parece.

Além disso, não é bastante exigir arte de escritor, é necessário também que ele tenha a feição rara e especial desta ordem de composições. Não conheço entre nós quem a possua como o Sr. Luís Guimarães Júnior, cujas poesias em geral são *noturnos* metrificados.

Estas linhas são apenas uma notícia da obra do talentoso poeta. Não entramos em maiores análises. Os leitores fluminenses conhecem já o livro, de que lhes falamos. Terão apreciado as páginas elegantes e sentidas dele, terão admirado "Seráfica", "A alcova", "Na chácara", "A jangada", e tantas outras que serão sempre lidas com encanto.

O estilo é cheio de galas, e como obra humana que é, tem seus senões, mas oxalá tivéramos sempre livros desses, ainda com tais senões, aliás leves e de correção fácil.

Abre este livro por uma carta do Sr. Conselheiro J. de Alencar, que honrou as páginas do Sr. Guimarães Junior, escrevendo-lhe também um *noturno*. Dizer o que ele vale é inútil para quem conhece a opulenta imaginação do autor do *Guarani*.

M.

Alberto Coelho da Cunha (1873)

Fantasias: Vozes à toa[1]

Sabes o que é a dor de um penar atroz? O martírio de um coração que se desfaz em mágoas? Que derrama lágrimas em fio, enquanto outros estremecem de alegria e de prazer no peito?

O martírio de um coração opresso sob o peso da dor, de um coração que chora, enquanto o mundo ri e folga?

Para quem a música, o folguedo, o prazer, só lhe arrancam gemidos como um sarcasmo, uma ironia do destino?

Oh! Só não sabes, por minha desgraça o sei. Tenho sentido, tenho experimentado esse suplício.

Quantas vezes, neste ansiar que me abate, não sinto as suas agonias que me sufocam, ferem e estonteiam!

Quantas vezes com as mãos não aperto o peito em que ele soluça, que parece querer estalar de dor!

Quantas vezes, santo Deus, não soa o teu nome infinito, entre imprecações e blasfêmias?

É então que para mitigar o sofrimento e dar-me alento no martírio, quero que entre na noite de minha alma a luz da tua imagem.

É então, minha adorada Mimi, que quero ver-te, avistar-te longe que sejas, perdida mesmo na turba, porque enquanto meus olhos fitam teu vulto quase indistinto, esvaecido pela distância, acalma-se-me o mar dos sofrimentos, e aliviam-se-me as agonias da saudade.

1 Alberto Coelho da Cunha, "Fantasias". *Revista mensal da Sociedade Partenon Literário*, série 2, ano 2, n. 1, 1873.

Oh! Não é preciso ver-te de perto! Basta que minha alma te adivinhe no vulto que além diviso, para meu ser banhar-se nas ondas inefáveis da consolação.

Se me vês muitas vezes nos divertimentos populares, no meio do povo sequioso de emoções, é porque desaparecido no seio da multidão, sem ser notado, posso adorar-te à vontade.

Além de ti, musa de minha alma, o que é no mundo que me inebria o espírito?

Compreendes a doçura inexprimível que sobre meu ser derrama um olhar teu?

O orvalho, muitas vezes, refrigera na flor do sentimento a ardência da dor; réstia de luz peneirada nas névoas de meu espírito, alumia o entendimento ensombrado; perfume do amor, adeja no tabernáculo de meu peito, onde teu altar se ergueu!

Ai! Eu sofro muito no entanto!

Ainda para cúmulo de dores um pungir acerbo me espezinha e crucia o coração. O espinho impiedoso enterra-se, lasca o peito e derrama o sangue de minha alma, a que se juntam as lágrimas de meu amor.

Já sentiste a agrura desse espírito? Conheces o seu doer?

Oh! Não! Não conheces ainda!

Esse espinho é um verme que fura, corrói, devora: esse espinho envenenado — é o ciúme!

E a desventura engrinaldada dos ciúmes me leva, me conduz ao horto das agonias.

Tenho ciúme de todos. Daqueles que te cercam, que te falam Mimi, que te olham, que te contemplam, que aspiram o mesmo ar que respiras, que são mais felizes do que eu.

Tenho ciúme da brisa travessa que se enleia em teus cabelos negros, que brinca ao redor de ti; da gentil florinha que desabrocha aos teus afagos, do raio do sol que te doura a tez, da estrela que te espia do infinito, da nuvenzinha que nos céus se espreguiça defronte da tua janela a namorar-te; até das ideias que te possam roçar na alma.

Tenho ciúme de tudo e de todos!

Ai! Coração, por que soluças, por que gemes assim dentro do meu seio? Chora, chora essas lágrimas abençoadas! E tu, minha alma, revoa; revoa a extenuar-te ao redor da luz que te fascina.

Agita essas asas, ateia o fogo para que não se extinga, e saciada de ardores, chamusca-te, queima-te, abrasa-te, calcina-te; enquanto tu, meu coração, carbonizas-te para sempre na pira fatal.

Jatyr.

Charles Baudelaire almoçava

Mais uma peça para o anedotário do poeta, publicada no *Diário de São Paulo*, a 7 de novembro de 1875.

Charles Baudelaire almanın

Charles Baudelaire almoçava um dia no campo, em casa de um pescador de Argenteuil, com Henri Murger, conta a *Discussão*.

Em um dos caixilhos da vidraça, ao pé da mesa, estava uma grande teia de aranha, onde acabava de pousar uma pequena mosca de um verde-esmeralda deslumbrante.

A aranha, negra e asquerosa, aproximara-se para se apoderar dela.

Murger, o autor da *Vie de Bohème*,[1] estendeu a mão para salvar a pobre mosca. Baudelaire, o cantor das *Flores do mal*, agarrou-lhe o braço:

— Perdão, disse-lhe ele severamente, com que direito queres privar essa aranha do sustento que ganhou com o seu trabalho?[2]

---

1   *Scènes de la Vie de Bohème*, de 1851, é uma série de histórias, em parte autobiográficas, publicadas inicialmente na revista literária *Le Corsaire*.

2   Colocando a moral do trabalho de fora, a anedota recorda vagamente o pequeno anão diabólico Scarbo, de *Gaspard de la nuit*. No segundo poema da terceira parte do livro, "La Nuit et ses prestiges", o anãozinho diz ao narrador: "Quer tu morras absolvido, quer tu morras condenado, resmungava Scarbo esta noite em meu ouvido, terás por mortalha uma teia de aranha, e eu sepultarei a aranha contigo!". Tradução da autora.

Charles Baudelaire almoça-

va um dia no campo, em casa de um pescador do Argenteuil, com Henry Murger, conta a *Discussão*.

Em um dos caixilhos da vidraça, ao pé da mesa, estava uma grande teia de aranha, onde acabava de poisar uma pequena mosca de um verde-esmeralda deslumbrante.

A aranha, negra e asquerosa, aproximava-se para se apoderar della.

Murger, o autor da *Vie de Bohème*, estendeu a mão para salvar a pobre mosca. Baudelaire, o cantor das *Flóres do Mal*, agarrou-lhe no braço :

— Perdão, disse-lhe elle severamente, com que direito queres privar essa aranha do sustento que ganhou com o seu trabalho ?

"Charles Baudelaire almoçava". *Diário de São Paulo*, 7 de novembro de 1875.

Machado de Assis (1878)

O bote de rapé:
comédia em sete colunas[1]

Personagens

Tomé
Elisa, sua mulher
O nariz de Tomé[2]
Um relógio na parede
Um caixeiro

---

1   Machado de Assis, "O bote de rapé: comédia em sete colunas" [*O Cruzeiro*, 19 mar. 1878], in *Obra completa em quatro volumes*. São Paulo: Nova Aguilar, 2015, vol. III, pp. 1192-97.

2   Assim como em "Perda de auréola", de *O spleen de Paris*, em que a introdução repentina do objeto incongruente do título na conversa de bulevar esfumaça os ares da "mera crônica" — derivando, segundo Marie-Ève Thérenty, justamente no poema em prosa — a aparição de um elemento fantástico em "O bote de rapé", "o nariz de Tomé" destoa comicamente do diálogo inicial, um inventário bem realista de mercadorias da rua do Ouvidor. Voltairiano e parente das longas digressões sobre narizes de *Tristam Shandy*, o capítulo XLIX das *Memórias póstumas de Brás Cubas*, "A ponta do nariz", não deixa de ser também um achado dos ensaios no rodapé do *Cruzeiro*.

CENA I: *Tomé, Elisa (entra vestida)*

Tomé   Vou mandar à cidade o Chico ou o José.

Elisa   Para...?

Tomé   Para comprar um bote de rapé.

Elisa   Vou eu.

Tomé   Tu?

Elisa   Sim. Preciso escolher a cambraia,
A renda, o gorgorão e os galões para a saia,
Cinco rosas da China em casa da Natté,[3]
Um par de luvas, um *peignoir* e um *plissé*,
Ver o vestido azul, e um véu... Que mais? Mais nada.

Tomé   (rindo)
Dize logo que vás buscar de uma assentada
Tudo quanto possui a rua do Ouvidor.
Pois aceito, meu anjo, esse imenso favor.

Elisa   Nada mais? Um chapéu? Uma bengala? Um fraque?
Que te leve um recado ao Dr. Burlamaque?
Charutos? Algum livro? Aproveita, Tomé!

Tomé   Nada mais; só preciso o bote de rapé...

---

3   Segundo a edição de 1877 do *Almanaque Laemmert*, "Mlles M & E. Natté"
administravam na rua do Ouvidor, 44, uma loja de objetos de história
natural onde se vendiam, dentre outras coisas, flores de pano.

Elisa   Um bote de rapé! Tu bem sabes que a tua Elisa...

Tomé   Estou doente e não posso ir à rua.
Esta asma infernal que me persegue... Vês?
Melhor fora matá-la e morrer de uma vez,
Do que viver assim com tanta cataplasma.
E inda há pior do que isso! Inda pior que a asma:
Tenho a caixa vazia.

Elisa   (rindo)
Oh! Se pudesse estar
Vazia para sempre, e acabar, acabar
Esse vício tão feio! Antes fumasse, antes.
Há vícios jarretões e vícios elegantes.
O charuto é bom tom, aromatiza, influi
Na digestão, e até dizem que restitui
A paz ao coração e dá risonho aspecto.

Tomé   O vício do rapé é vício circunspecto.
Indica desde logo um homem de razão;
Tem entrada no paço, e reina no salão,
Governa a sacristia e penetra na igreja.
Uma boa pitada, as ideias areja;
Dissipa o mau humor. Quantas vezes estou
Capaz de pôr abaixo a casa toda! Vou
Ao meu santo rapé; abro a boceta, e tiro
Uma grossa pitada e sem demora a aspiro;
Com o lenço sacudo algum resto de pó
E ganho só com isso a mansidão de Jó.

Elisa   Não duvido.

Tomé   Inda mais: até o amor aumenta
Com a porção de pó que recebe uma venta.

Elisa	Talvez tenhas razão; acho-te mais amor Agora; mais ternura; acho-te...
Tomé	Minha flor, Se queres ver-me terno e amoroso contigo, Se queres reviver aquele amor antigo, Vai depressa.
Elisa	Onde é?
Tomé	Em casa do Real; Dize-lhe que me mande a marca habitual.
Elisa	Paulo Cordeiro,[4] não?
Tomé	Paulo Cordeiro.
Elisa	Queres, Para acalmar a tosse uma ou duas colheres Do xarope?
Tomé	Verei.
Elisa	Até logo, Tomé.
Tomé	Não te esqueças.
Elisa	Já sei: um bote de rapé. (sai)

---

4   O rapé da Imperial Fábrica de Paulo Cordeiro era vendido na rua da
Candelaria, 9, segundo o *Almanaque Laemmert* de 1876.

CENA II: *Tomé, depois o seu Nariz*

Tomé Que zelo! Que lidar! Que correr! Que ir e vir!
Quase, quase lhe falta tempo de dormir.
Verdade é que o sarau com que o Dr. Coutinho
Quer festejar domingo os anos do padrinho,
É de *primo-cartello*, é um sarau de truz.
Vai o Guedes, o Paca, o Rubião, o Cruz,
A viúva do Silva, a família do Mata,
Um banqueiro, um barão, creio que um diplomata.
Dizem que há de gastar quatro contos de réis.
Não duvido; uma ceia, os bolos, os pastéis,
Gelados, chá... A coisa há de custar-lhe caro.
O mal é que eu também desde já me preparo
A despender com isto algum cobrinho...O quê?
Quem me fala?

O Nariz Sou eu; peço a vossa mercê
Me console, insirindo um pouco de tabaco.
Há três horas jejuo, e já me sinto fraco,
Nervoso, impertinente, estúpido, nariz,
Em suma.

Tomé Um infeliz consola outro infeliz;
Também eu tenho a bola um pouco transtornada,
E gemo, como tu, à espera da pitada.

O Nariz O nariz sem rapé é alma sem amor.

Tomé Olha podes cheirar esta pequena flor.

O Nariz Flores; nunca! jamais! Dizem que há pelo mundo
Quem goste de cheirar esse produto imundo.
Um nariz que se preza odeia aromas tais.
Outros os gozos são das cavernas nasais.

Quem primeiro aspirou aquele pó divino
Deixa as rosas e o mais às ventas do menino.

Tomé   (consigo)
Acho neste nariz bastante elevação,
Dignidade, critério, empenho e reflexão.
Respeita-se; não desce a farejar essências,
Águas de toucador e outras minudências.

O Nariz Vamos, uma pitada!

Tomé   Um instante, infeliz!
(à parte)
Vou dormir para ver se aquieto o nariz.
(Dorme algum tempo e acorda)
Safa! Que sonho; ah! Que horas são!

Relógio (batendo)
Uma, duas.

Tomé   Duas! E a minha Elisa a andar por essas ruas.
Coitada! E este calor que talvez nos dará
Uma amostra do que é o pobre Ceará.
Esqueceu-me dizer tomasse uma caleça.
Que diacho! Também saiu com tanta pressa!
Pareceu-me, não sei; é ela, é ela, sim...
Este passo apressado... És tu, Elisa?

CENA III: *Tomé, Elisa, um caixeiro (com uma caixa)*

Elisa Enfim!
Entre cá; ponha aqui toda essa trapalhada.
Pode ir.
(Sai o caixeiro)
Como passaste?

Tomé Assim; a asma danada
Um pouco sossegou depois que dormitei.

Elisa Vamos agora ver tudo quanto comprei.

Tomé Mas primeiro descansa. Olha o vento nas costas.
Vamos para acolá.

Elisa Cuidei voltar em postas.
Ou torrada.

Tomé Hoje o sol parece estar cruel.
Vejamos o que vem aqui neste papel.

Elisa Cuidado! É o chapéu. Achas bom?

Tomé Excelente.
Põe lá.

Elisa (põe o chapéu)
Deve cair um pouco para a frente.
Fica bem?

Tomé Nunca vi um chapéu mais taful.

Elisa Acho muito engraçada esta florzinha azul.
Vê agora a cambraia, é de linho; fazenda

Superior. Comprei oito metros de renda,
Da melhor que se pode, em qualquer parte, achar.
Em casa da Creten[5] comprei um *peignoir*.

Tomé   (impaciente)
Em casa da Natté...

Elisa   Cinco rosas da China.
Uma, três, cinco. São bonitas?

Tomé   Papa-fina.

Elisa   Comprei luvas *couleur tilleul, crème, marron*;
Dez botões para cima; é o número do tom
Olhe este gorgorão; que fio! que tecido!
Não sei se me dará a saia do vestido.

Tomé   Dá.

Elisa   Comprei os galões, um *fichu*, e este véu.
Comprei mais o *plissé* e mais este chapéu.

Tomé   Já mostraste o chapéu.

Elisa   Fui também ao Godinho,[6]
Ver as meias de seda e um vestido de linho.
Um não, dois, foram dois.

---

5   A loja de Mme C. Créten, localizada na rua do Ouvidor, 70, "esquina da
rua de Gonçalves Dias", era especializada em roupas brancas segundo o
Almanaque Laemmert de 1878.

6   Segundo o *Almanaque Laemmert* de 1878, José Joaquim Godinho, comerciante português, possuía na rua do Ouvidor, 62, uma loja de objetos
de armarinho.

Tomé	Mais dois vestidos?
Elisa	Dois...
	Comprei lá este leque e estes grampos. Depois,
	Para não demorar, corri do mesmo lance,
	A provar o vestido em casa da Clemence.[7]
	Ah! se pudesses ver como me fica bem!
	O corpo é uma luva. Imagina que tem...
Tomé	Imagino, imagino. Olha, tu pões-me tonto
	Só com a descrição; prefiro vê-lo pronto.
	Esbelta, como és, hei de achá-lo melhor
	No teu corpo.
Elisa	Verás, verás que é um primor.
	Oh! A Clemence! Aquilo é a primeira artista!
Tomé	Não passaste também por casa do dentista?
Elisa	Passei; vi lá a Amália, a Clotilde, o Rangel,
	A Marocas, que vai casar com o bacharel
	Albernaz...
Tomé	Albernaz?
Elisa	Aquele que trabalha
	Com o Gomes. Trazia um vestido de palha...
Tomé	De palha?
Elisa	Cor de palha, e um *fichu* de filó,
	Luvas cor de pinhão, e a cauda atada a um nó

---

7 Segundo o *Almanaque Laemmert* de 1876, Clemence Comaitá & Co. mantinham uma loja de moda e fazendas francesas na rua do Ouvidor, 28.

De cordão; o chapéu tinha uma flor cinzenta,
E tudo não custou mais de cento e cinquenta,
Conversamos do baile; a Amália diz que o pai
Brigou com o Dr. Coutinho e lá não vai.
A Clotilde já tem a *toilette* acabada.
Oitocentos mil-réis.

O Nariz (baixo a Tomé)
Senhor, uma pitada!

Tomé (com intenção, olhando para a caixa)
Mas ainda tens aí uns pacotes...

Elisa Sabão;
Estes dois são de alface e estes de alcatrão.
Agora vou mostrar-te um lindo chapelinho
De sol; era o melhor da casa do Godinho.

Tomé (depois de examinar)
Bem.

Elisa Senti, já no bonde, um incômodo atroz.

Tomé (aterrado)
Que foi?

Elisa Tinha esquecido as botas no Queirós.[8]
Desci; fui logo à pressa e trouxe estes dois pares;
São iguais aos que usa a Chica Valadares.

Tomé (recapitulando)
Flores, um *peignoir*, botinas, renda e véu.
Luvas e gorgorão, *fichu*, *plissé*, chapéu,

---

8 J. M. de Queiroz & C. tinha uma loja de calçados na rua da Quitanda, 91.

Dois vestidos de linho, os galões para a saia,
Chapelinho de sol, dois metros de cambraia...
(Levando os dedos ao nariz)
Vamos agora ver a compra do Tomé.

Elisa   (com um grito)
Ai Jesus! Esqueceu-me o bote de rapé!

Eleazar

Um cão de lata ao rabo[1]

Era uma vez um mestre-escola, residente em Chapéu d'Uvas, que se lembrou de abrir entre os alunos um torneio de composição e de estilo; ideia útil, que não somente afiou e desafiou as mais diversas ambições literárias, como produziu páginas de verdadeiro e raro merecimento.

— Meus rapazes, disse ele. Chegou a ocasião de brilhar e mostrar que podem fazer alguma coisa. Abro o concurso, e dou quinze dias aos concorrentes. No fim dos quinze dias, quero ter em minha mão os trabalhos de todos; escolherei um júri para os examinar, comparar e premiar.

— Mas o assunto? Perguntaram os rapazes batendo palmas de alegria.

— Podia dar-lhes um assunto histórico; mas seria fácil, e eu quero experimentar a aptidão de cada um. Dou-lhes um assunto simples, aparentemente vulgar, mas profundamente filosófico.

— Diga, diga.

— O assunto é este: — UM CÃO DE LATA AO RABO. Quero vê-los brilhar com opulências de linguagem e atrevimentos de ideia. Rapazes, à obra! Claro é que cada um pode apreciá-lo conforme o entender.

---

1 Machado de Assis, "Um cão de lata ao rabo" [*O Cruzeiro*, 2 abr. 1878], in *Obra completa em quatro volumes*. São Paulo: Nova Aguilar, 2015, vol. III, pp. 1201-05.

O mestre-escola nomeou um júri, de que eu fiz parte. Sete escritos foram submetidos ao nosso exame. Eram geralmente bons; mas três, sobretudo, mereceram a palma e encheram de pasmo o júri e o mestre, tais eram — neste o arrojo do pensamento e a novidade do estilo — naquele a pureza da linguagem e a solenidade acadêmica — naquele outro a erudição rebuscada e técnica — tudo novidade, ao menos em Chapéu d'Uvas. Nós os classificamos pela ordem do mérito e do estilo. Assim, temos:

1º Estilo antitético e asmático.
2º Estilo *ab ovo*.
3º Estilo largo e clássico.

Para que o leitor fluminense julgue por si mesmo de tais méritos, vou dar adiante os referidos trabalhos, até agora inéditos, mas já agora sujeitos ao apreço público.

i. *Estilo antitético e asmático*

O cão atirou-se com ímpeto. Fisicamente, o cão tem pés, quatro; moralmente, tem asas, duas. Pés: ligeireza na linha reta. Asas: ligeireza na linha ascensional. Duas forças, duas funções. Espádua de anjo no dorso de uma locomotiva.

Um menino atara a lata ao rabo do cão. Que é rabo? Um prolongamento e um deslumbramento. Esse apêndice, que é carne, é também um clarão. Di-lo a filosofia? Não; di-lo a etimologia. Rabo, rabino: duas ideias e uma só raiz.

A etimologia é a chave do passado, como a filosofia é a chave do futuro.

O cão ia pela rua fora, a dar com a lata nas pedras. A pedra faiscava, a lata retinia, o cão voava. Ia como o raio, como o vento, como a ideia. Era a revolução, que transtorna, o temporal que derruba, o incêndio que devora. O cão devorava. Que devorava o cão?

O espaço. O espaço é comida. O céu pôs esse transparente manjar ao alcance dos impetuosos. Quando uns jantam e outros jejuam; quando, em oposição às toalhas da casa nobre, há os andrajos da casa do pobre; quando em cima as garrafas choram *lacrima christi*, e embaixo os olhos choram lágrimas de sangue, Deus inventou um banquete para a alma. Chamou-lhe espaço. Esse imenso azul, que está entre a criatura e o criador, é o caldeirão dos grandes famintos. Caldeirão azul: antinomia, unidade.

O cão ia. A lata saltava como os guizos do arlequim. De caminho envolveu-se nas pernas de um homem. O homem parou; o cão parou: pararam diante um do outro. Contemplação única! *Homo, canis*. Um parecia dizer: — Liberta-me! O outro parecia dizer: — Afasta-te! Após alguns instantes, recuaram ambos; o quadrúpede deslaçou-se do bípede. *Canis* levou a sua lata; *homo* levou a sua vergonha. Divisão equitativa. A vergonha é a lata ao rabo do caráter.

Então, ao longe, muito longe, troou alguma coisa funesta e misteriosa. Era o vento, era o furacão que sacudia as algemas do infinito e rugia como uma imensa pantera. Após o rugido, o movimento, o ímpeto, a vertigem. O furacão vibrou, uivou, grunhiu. O mar calou o seu tumulto, a terra calou a sua orquestra. O furacão vinha retorcendo as árvores, essas torres da natureza, vinha abatendo as torres, essas árvores da arte; e rolava tudo, e aturdia tudo, e ensurdecia tudo. A natureza parecia atônita de si mesma. O condor, que é o colibri dos Andes, tremia de terror, como o colibri, que é o condor das rosas. O furacão igualava o pincaro e a base. Diante dele o máximo e o mínimo eram uma só coisa: nada. Alçou o dedo e apagou o sol. A poeira cercava-o todo; trazia poeira adiante, atrás, à esquerda, à direita; poeira em cima, poeira embaixo. Era o redemoinho, a convulsão, o arrasamento.

O cão, ao sentir o furacão, estacou. O pequeno parecia desafiar o grande. O finito encarava o infinito, não com pasmo, não com medo; — com desdém. Essa espera do cão tinha alguma coisa de sublime. Há no cão que espera uma expressão semelhante à tranquilidade do leão ou à fixidez do deserto. Parando o cão, parou a lata. O furacão viu de longe esse inimigo quieto; achou-o sublime e desprezível. Quem era ele para o afrontar? A um quilômetro de distância, o cão investiu para o adversário. Um e outro entraram a devorar o espaço, o tempo, a luz. O cão levava a lata, o furacão trazia a poeira. Entre eles, e em redor deles, a natureza ficaria extática, absorta, atônita.

Súbito grudaram-se. A poeira redemoinhou, a lata retiniu com o fragor das armas de Aquiles. Cão e furacão envolveram-se um no outro; era a raiva, a ambição, a loucura, o desvario; eram todas as forças, todas as doenças; era o azul, que dizia ao pó: és baixo; era o pó, que dizia ao azul: és orgulhoso. Ouvia-se o rugir, o latir, o retinir; e por cima de tudo isso, uma testemunha impassível, o Destino; e por baixo de tudo, uma testemunha risível, o Homem.

As horas voavam como folhas num temporal. O duelo prosseguia sem misericórdia nem interrupção. Tinha a continuidade das grandes cóleras. Tinha a persistência das pequenas vaidades. Quando o furacão abria as largas asas, o cão arreganhava os dentes agudos. Arma por arma; afronta por afronta; morte por morte. Um dente vale uma asa. A asa buscava o pulmão para sufocá-lo; o dente buscava a asa para destruí-la. Cada uma dessas duas espadas implacáveis trazia a morte na ponta.

De repente, ouviu-se um estouro, um gemido, um grito de triunfo. A poeira subiu, o ar clareou, e o terreno do duelo apareceu aos olhos do homem estupefato. O cão devorara o furacão. O pó vencera o azul. O mínimo derrubara o máximo. Na fronte do vencedor havia uma aurora; na do vencido negrejava uma sombra. Entre ambas jazia, inútil, uma coisa: a lata.

ii. Estilo ab ovo

Um cão saiu de lata ao rabo. Vejamos primeiramente o que é o cão, o barbante e a lata; e vejamos se é possível saber a origem do uso de pôr uma lata ao rabo do cão.

O cão nasceu no sexto dia. Com efeito, achamos no *Gênesis*, cap. I, vv. 24 e 25, que, tendo criado na véspera os peixes e as aves, Deus criou naqueles dias as bestas da terra e os animais domésticos, entre os quais figura o de que ora trato.

Não se pode dizer com acerto a data do barbante e da lata. Sobre o primeiro, encontramos no *Êxodo*, cap. XXVII, v. 1, estas palavras de Jeová: "Farás dez cortinas de linho retorcido", donde se pode inferir que já se torcia o linho, e por conseguinte se usava o cordel. Da lata as induções são mais vagas. No mesmo livro do *Êxodo*, cap. XXVII, v. 3, fala o profeta em *caldeiras*; mas logo adiante recomenda que sejam de cobre. O que não é o nosso caso.

Seja como for, temos a existência do cão, provada pelo *Gênesis*, e a do barbante citada com verossimilhança no *Êxodo*. Não havendo prova cabal da lata, podemos crer, sem absurdo, que existe, visto o uso que dela fazemos.

Agora: — donde vem o uso de atar uma lata ao rabo do cão? Sobre este ponto a história dos povos semíticos é tão obscura como a dos povos arianos. O que se pode afiançar é que os Hebreus não o tiveram. Quando Davi (*Reis*, cap. V, v. 16) entrou na cidade a bailar defronte da arca, Micol, a filha de Saul, que o viu, ficou fazendo má ideia dele, por motivo dessa expansão coreográfica. Concluo que era um povo triste. Dos Babilônios suponho a mesma coisa, e a mesma dos Cananeus, dos Jabuseus, dos Amorreus, dos Filisteus, dos Fariseus, dos Heteus e dos Heveus.

Nem admira que esses povos desconhecessem o uso de que se trata. As guerras que traziam não davam lugar à criação do município, que é de data relativamente moderna; e o uso de atar a lata ao cão, há fundamento para crer que é contemporâneo do município, porquanto nada menos é que a primeira das liberdades municipais.

O município é o verdadeiro alicerce da sociedade, do mesmo modo que a família o é do município. Sobre este ponto estão de acordo os mestres da ciência. Daí vem que as sociedades remotíssimas, se bem tivessem o elemento da família e o uso do cão, não tinham nem podiam ter o de atar a lata ao rabo desse digno companheiro do homem, por isso que lhe faltava o município e as liberdades correlatas.

Na *Ilíada* não há episódio algum que mostre o uso da lata atada ao cão. O mesmo direi dos *Vedas*, do *Popol Vuh* e dos livros de Confúcio. Num hino à Varuna (*Rig-Veda*, cap. I, v. 2), fala-se em um "cordel atado embaixo". Mas não sendo as palavras postas na boca do cão, e sim na do homem, é absolutamente impossível ligar esse texto ao uso moderno.

Que os meninos antigos brincavam, e de modo vário, é ponto incontroverso, em presença dos autores. Varrão, Cícero, Aquiles, Aulo Gélio, Suetônio, Higino, Propércio, Marcila falam de diferentes objetos com que as crianças se entretinham, ou fossem bonecos, ou espadas de pau, ou bolas, ou análogos artifícios. Nenhum deles, entretanto, diz uma só palavra do cão de lata ao rabo. Será crível que, se tal gênero de divertimento houvera entre romanos e gregos, nenhum autor nos desse dele alguma notícia, quando o fator de haver Alcibíades cortado a cauda de um cão seu é citado solenemente no livro de Plutarco?

Assim explorada a origem do uso, entrarei no exame do assunto que... (Não houvera tempo para concluir).

III. *Estilo largo e clássico*

Larga messe de louros se oferece às inteligências altíloquas, que, no prélio agora encetado, têm de terçar armas temperadas e finais, ante o ilustre mestre e guia de nossos trabalhos; e porquanto os apoucamentos do meu espírito me não permitem

justar com glória, e quiçá me condenam a pronto desbarata-
mento, contento-me em seguir de longe a trilha dos vencedores,
dando-lhes as palmas da admiração.

Manha foi sempre puerícia atar uma lata ao apêndice pos-
terior do cão: e essa manha, não por certo louvável, é quase
certo que a tiveram os párvulos de Atenas, não obstante ser
a abelha-mestra da Antiguidade, cujo mel ainda hoje gosta o
paladar dos sabedores.

Tinham alguns infantes, por brinco e gala, atado uma lata a
um cão, dando assim folga a aborrecimentos e enfados de suas
tarefas escolares. Sentindo a mortificação do barbante, que lhe
prendia a lata, e assustado com o soar da lata nos seixos do caminho, o cão ia tão cego e desvairado, que a nenhuma coisa ou
pessoa parecia atender.

Movidos da curiosidade, acudiam os vizinhos às portas de
suas vivendas, e, longe de sentirem a compaixão natural do
homem quando vê padecer outra criatura, dobravam os agasta-
mentos do cão com surriadas e vaias. O cão perlustrou as ruas,
saiu aos campos, aos andurriais, até entestar com uma montanha, em cujos alcantilados píncaros desmaiava o sol, e ao pé
de cuja base um mancebo apascoava o seu gado.

Quis o Supremo Opífice que este mancebo fosse mais compassivo que os da cidade, e fizesse acabar o suplício do cão.
Gentil era ele, de olhos brandos e não somenos em graça aos
da mais formosa donzela. Com o cajado ao ombro, e sentado
num pedaço de rochedo, manuseava um tomo de Virgílio, seguindo com o pensamento a trilha daquele caudal engenho.
Apropinquando-se o cão do mancebo, este lhe lançou as mãos e
o deteve. O mancebo varreu logo da memória o poeta e o gado,
tratou de desvincular a lata do cão e o fez em poucos minutos,
com mor destreza e paciência.

O cão, aliás vultoso, parecia haver desmedrado fortemente,
depois que a malícia dos meninos o pusera em tão apertadas an-
danças. Livre da lata, lambeu as mãos do mancebo, que o tomou
para si, dizendo: — De ora avante, me acompanharás ao pasto.

Folgareis certamente com o caso que deixo narrado, embora não possa o apoucado e rude estilo do vosso condiscípulo dar ao quadro os adequados toques. Feracíssimo é o campo para engenhos de mais alto quilate; e, embora abastado de urzes, e porventura coberto de trevas, a imaginação dará o fio de Ariadne com que sói vencer os mais complicados labirintos.

Entranhado anelo me enche de antecipado gosto, por ler os produtos de vossas inteligências, que serão em tudo dignos do nosso digno mestre, e que desafiarão a foice da morte colhendo vasta seara de louros imarcescíveis com que engrinaldareis as fontes imortais.

Tais são os três escritos; dando-os ao prelo, fico tranquilo com a minha consciência; revelei três escritores.

Eleazar

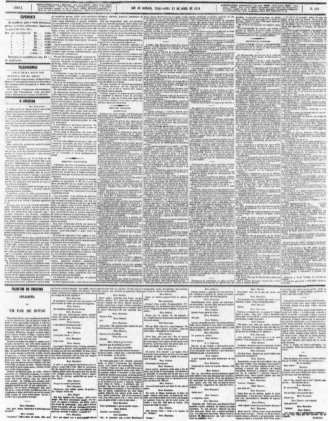

"Filosofia de um par de botas", de Machado de Assis, aparece no rodapé de *O Cruzeiro*, em 23 de abril de 1878.

Filosofia de um par de botas[1]

Uma destas tardes, como eu acabasse de jantar, e muito, lembrou-me dar um passeio à Praia de Santa Luzia, cuja solidão é propícia a todo homem que ama digerir em paz. Ali fui, e com tal fortuna que achei uma pedra lisa para me sentar, e nenhum fôlego vivo nem morto. — Nem morto, felizmente. Sentei-me, alonguei os olhos, espreguicei a alma, respirei à larga, e disse ao estômago: — Digere a teu gosto, meu velho companheiro. *Deus nobis haec otia fecit.*[2]

Digeria o estômago, enquanto o cérebro ia remoendo, tão certo é, que tudo neste mundo se resolve na mastigação. E digerindo, e remoendo, não reparei logo que havia, a poucos passos de mim, um par de coturnos velhos e imprestáveis. Um e outro tinham a sola rota, o tacão comido do longo uso, e tortos, porque é de notar que a generalidade dos homens camba, ou para um ou para outro lado. Um dos coturnos (digamos botas, que não lembra tanto a tragédia), uma das botas tinha um rasgão de calo. Ambas estavam maculadas de lama velha e seca; tinham o couro ruço, puído, encarquilhado.

---

1   Machado de Assis, "Filosofia de um par de botas" [*O Cruzeiro*, 23 abr. 1878], in *Obra completa em quatro volumes*. São Paulo: Nova Aguilar, 2015, vol. III, pp. 1215-19.
2   Locução latina empregada por Virgílio nas *Éclogas* (I, 6-36) que significa literalmente "deus nos deu esse ócio".

Olhando casualmente para as botas, entrei a considerar as vicissitudes humanas, e a conjeturar qual teria sido a vida daquele produto social. Eis senão quando ouço um rumor de vozes surdas; em seguida, ouvi sílabas, palavras, frases, períodos; e não havendo ninguém, imaginei que era eu, que eu era ventríloquo; e já podem ver se fiquei consternado. Mas não, não era eu; eram as botas que falavam entre si, suspiravam e riam, mostrando em vez de dentes, umas pontas de tachas enferrujadas. Prestei o ouvido; eis o que diziam as botas:

BOTA ESQUERDA — Ora, pois, mana, respiremos e filosofemos um pouco.

BOTA DIREITA — Um pouco? Todo o resto da nossa vida, que não há de ser muito grande; mas enfim, algum descanso nos trouxe a velhice. Que destino! Uma praia! Lembras-te do tempo em que brilhávamos na vidraça da rua do Ouvidor?

BOTA ESQUERDA — Se me lembro! Quero até crer que éramos as mais bonitas de todas. Ao menos na elegância...

BOTA DIREITA — Na elegância, ninguém nos vencia.

BOTA ESQUERDA — Pois olha que havia muitas outras, e presumidas, sem contar aquelas botinas cor de chocolate... aquele par...

BOTA DIREITA — O dos botões de madrepérola?

BOTA ESQUERDA — Esse.

BOTA DIREITA — O daquela viúva?

BOTA ESQUERDA — O da viúva.

BOTA DIREITA — Que tempo! Éramos novas, bonitas, asseadas; de quando em quando, uma passadela de pano de linho, que era uma consolação. No mais, plena ociosidade. Bom tempo, mana, bom tempo! Mas, bem dizem os homens: não há bem que sempre dure, nem mal que se não acabe.

BOTA ESQUERDA — O certo é que ninguém nos inventou para vivermos novas toda vida. Mais de uma pessoa ali foi experimentar-nos; éramos calçadas com cuidado, postas sobre um tapete, até que um dia, o Dr. Crispim passou, viu-nos, entrou e calçou-nos. Eu, de raivosa, apertei-lhe um pouco os dois calos.

BOTA DIREITA — Sempre te conheci pirracenta.

BOTA ESQUERDA — Pirracenta, mas infeliz. Apesar do apertão, o Dr. Crispim levou-nos.

BOTA DIREITA — Era bom homem, o Dr. Crispim; muito nosso amigo. Não dava caminhadas largas, não dançava. Só jogava o voltarete, até tarde, duas e três horas da madrugada; mas, como o divertimento era parado, não nos incomodava muito. E depois, entrava em casa, na pontinha dos pés, para não acordar a mulher. Lembras-te?

BOTA ESQUERDA — Ora! por sinal que a mulher fingia dormir para lhe não tirar as ilusões. No dia seguinte ele contava que estivera na maçonaria. Santa senhora!

BOTA DIREITA — Santo casal! Naquela casa fomos sempre felizes, sempre! E a gente que eles frequentavam? Quando não havia tapetes, havia palhinha; pisávamos o macio, o limpo, o asseado. Andávamos de carro muita vez, e eu gosto tanto de carro! Estivemos ali uns quarenta dias, não?

BOTA ESQUERDA — Pois então! Ele gastava mais sapatos do que a Bolívia gasta constituições.

BOTA DIREITA — Deixemo-nos de política.

BOTA ESQUERDA — Apoiado.

BOTA DIREITA (com força) — Deixemo-nos de política, já disse!

BOTA ESQUERDA (sorrindo) — Mas um pouco de política debaixo da mesa?... Nunca te contei... contei, sim... o caso das botinas cor de chocolate... as da viúva...

BOTA DIREITA — Da viúva, para quem o Dr. Crispim quebrava muito os olhos? Lembra-me que estivemos juntas, num jantar do Comendador Plácido. As botinas viram-nos logo, e nós daí a pouco as vimos também, porque a viúva, como tinha o pé pequeno, andava a mostrá-lo a cada passo. Lembra-me também que, à mesa, conversei muito com uma das botinas. O Dr. Crispim sentara-se ao pé do comendador e defronte da viúva; então, eu fui direita a uma delas, e falamos, falamos pelas tripas de Judas... A princípio, não; a princípio ela fez-se de boa; e toquei-lhe no bico, respondeu-me zangada: "Vá-se, me deixe!". Mas eu insisti, perguntei-lhe por onde tinha andado, disse-lhe que estava ainda muito bonita, muito conservada; ela foi-se amansando, buliu com o bico, depois com o tacão, pisou em mim, eu pisei nela e não te digo mais...

BOTA ESQUERDA — Pois é justamente o que eu queria contar...

BOTA DIREITA — Também conversaste?

BOTA ESQUERDA — Não; ia conversar com a outra. Escorreguei devagarinho, muito devagarinho, com cautela, por causa da bota do comendador.

BOTA DIREITA — Agora me lembro: pisaste a bota do comendador.

BOTA ESQUERDA — A bota? Pisei o calo. O comendador: Ui! As senhoras: Ai! Os homens: Hein? E eu recuei; e o Dr. Crispim ficou muito vermelho, muito vermelho...

BOTA DIREITA — Parece que foi castigo. No dia seguinte o Dr. Crispim deu-nos de presente a um procurador de poucas causas.

BOTA ESQUERDA — Não me fales! Isso foi a nossa desgraça! Um procurador! Era o mesmo que dizer: mata-me estas botas; esfrangalha-me estas botas!

BOTA DIREITA — Dizes bem. Que roda-viva! Era da Relação para os escrivães, dos escrivães para os juízes, dos juízes para os advogados, dos advogados para as partes (embora poucas), das partes para a Relação, da Relação para os escrivães...

BOTA ESQUERDA — *Et coetera*. E as chuvas! E as lamas! Foi o procurador quem primeiro me deu este corte para desabafar um calo. Fiquei asseada com esta janela à banda.

BOTA DIREITA — Durou pouco; passamos então para o fiel de feitos, que no fim de três semanas nos transferiu ao remendão. O remendão (ah! já não era a rua do Ouvidor!) deu-nos alguns pontos, tapou-nos este buraco, e impingiu-nos ao aprendiz de barbeiro do Beco dos Aflitos.

BOTA DIREITA — Com esse havia pouco que fazer de dia, mas de noite...

BOTA ESQUERDA — No curso de dança; lembra-me. O diabo do rapaz valsava como quem se despede da vida. Nem nos comprou para outra coisa, porque para os passeios tinha um

par de botas novas, de verniz e bico fino. Mas para as noites...
Nós éramos as botas do curso...

BOTA DIREITA — Que abismo entre o curso e os tapetes do Dr. Crispim...

BOTA ESQUERDA — Coisas!

BOTA DIREITA — Justiça, justiça; o aprendiz não nos escovava; não tínhamos o suplício da escova. Ao menos, por esse lado, a nossa vida era tranquila.

BOTA ESQUERDA — Relativamente, creio. Agora, que era alegre não há dúvida; em todo caso, era muito melhor que a outra que nos esperava.

BOTA DIREITA — Quando fomos parar às mãos...

BOTA ESQUERDA — Aos pés.

BOTA DIREITA — Aos pés daquele servente das obras públicas. Daí fomos atiradas à rua, onde nos apanhou um preto padeiro, que nos reduziu enfim a este último estado! Triste! Triste!

BOTA ESQUERDA — Tu queixas-te, mana?

BOTA DIREITA — Se te parece!

BOTA ESQUERDA — Não sei; se na verdade é triste acabar assim tão miseravelmente, numa praia, esburacadas e rotas, sem tacões nem ilusões, — por outro lado, ganhamos a paz, e a experiência.

BOTA DIREITA — A paz? Aquele mar pode lamber-nos de um relance.

BOTA ESQUERDA — Trazer-nos-á outra vez à praia. Demais, está longe.

BOTA DIREITA — Que eu, na verdade, quisera descansar agora estes últimos dias; mas descansar sem saudades, sem a lembrança do que foi. Viver tão afagadas, tão admiradas na vidraça do autor dos nossos dias; passar uma vida feliz em casa do nosso primeiro dono, suportável na casa dos outros; e agora...

BOTA ESQUERDA — Agora quê?

BOTA DIREITA — A vergonha, mana.

BOTA ESQUERDA — Vergonha, não. Podes crer, que fizemos felizes aqueles a quem calçamos; ao menos, na nossa mocidade. Tu que pensas? Mais de um não olha para suas ideias com a mesma satisfação com que olha para suas botas. Mana, a bota é a metade da circunspecção; em todo o caso é a base da sociedade civil...

BOTA DIREITA — Que estilo! Bem se vê que nos calçou um advogado.

BOTA ESQUERDA — Não reparaste que, à medida que íamos envelhecendo, éramos menos cumprimentadas?

BOTA DIREITA — Talvez.

BOTA ESQUERDA — Éramos, e o chapéu não se engana. O chapéu fareja a bota... Ora, pois! Viva a liberdade! Viva a paz! Viva a velhice! (A Bota Direita abana tristemente o cano) Que tens?

BOTA DIREITA — Não posso; por mais que queira, não posso afazer-me a isto. Pensava que sim, mas era ilusão... Viva a paz e a velhice, concordo; mas há de ser sem as recordações do passado...

BOTA ESQUERDA — Qual passado? O de ontem ou de anteontem? O do advogado ou o do servente?

BOTA DIREITA — Qualquer; contanto que nos calçassem. O mais reles pé de homem é sempre um pé de homem.

BOTA ESQUERDA — Deixa-te disso; façamos da nossa velhice uma coisa útil e respeitável.

BOTA DIREITA — Respeitável, um par de botas velhas! Útil, um par de botas velhas! Que utilidade? Que respeito? Não vês que os homens tiraram de nós o que podiam, e quando não valíamos um caracol mandaram deitar-nos à margem? Quem é que nos há de respeitar? — Aqueles mariscos? (Olhando para mim) Aquele sujeito que está ali com os olhos assombrados?

BOTA ESQUERDA — *Vanitas! Vanitas!*

BOTA DIREITA — Que dizes tu?

BOTA ESQUERDA — Quero dizer que és vaidosa, apesar de muito acalcanhada, e que devemos dar-nos por felizes com esta aposentadoria, lardeada de algumas recordações.

BOTA DIREITA — Onde estarão a esta hora as botinas da viúva?

BOTA ESQUERDA — Quem sabe lá! Talvez outras botas conversem com outras botinas... Talvez: é a lei do mundo; assim caem os Estados e as instituições. Assim perece a beleza e a mocidade. Tudo botas, mana; tudo botas, com tacões ou sem tacões, novas ou velhas; direita ou acalcanhadas, lustrosas ou ruças, mas botas, botas, botas!

Neste ponto calaram-se as duas interlocutoras, e eu fiquei a olhar para uma e outra, a esperar se diziam alguma coisa mais. Nada; estavam pensativas.

Deixei-me ficar assim algum tempo, disposto a lançar mão delas, e levá-las para casa com o fim de as estudar, interrogar, e depois escrever uma memória, que remeteria a todas as academias do mundo. Pensava também em as apresentar nos circos de cavalinhos, ou ir vendê-las a Nova Iorque. Depois, abri mão de todos esses projetos. Se elas queriam a paz, uma velhice sossegada, por que motivo iria eu arrancá-las a essa justa paga de uma vida cansada e laboriosa? Tinham servido tanto! Tinham rolado todos os degraus da escala social; chegavam ao último, a praia, a triste Praia de Santa Luzia... Não, velhas botas! Melhor é que fiqueis aí no derradeiro descanso.

Nisto vi chegar um sujeito maltrapilho; era um mendigo. Pediu-me uma esmola; dei-lhe um níquel.

MENDIGO — Deus lhe pague, meu senhor! (Vendo as botas) Um par de botas! Foi um anjo que as pôs aqui...

EU (ao mendigo) — Mas, espere...

MENDIGO — Espere o quê? Se lhe digo que estou descalço! (Pegando nas botas) Estão bem boas! Cosendo-se isto aqui, com um barbante...

BOTA DIREITA — Que é isto, mana? Que é isto? Alguém pega em nós... Eu sinto-me no ar...

BOTA ESQUERDA — É um mendigo.

BOTA DIREITA — Um mendigo? Que quererá ele?

BOTA DIREITA (alvoroçada) — Será possível?

BOTA ESQUERDA — Vaidosa!

BOTA DIREITA — Ah! Mana! Esta é a filosofia verdadeira: — Não há bota velha que não encontre um pé cambaio.

Eleazar

Elogio da vaidade[1]

Logo que a Modéstia acabou de falar, com os olhos no chão, a Vaidade empertigou-se e disse:

I

Damas e cavalheiros, acabais de ouvir a mais chocha de todas as virtudes, a mais peca, a mais estéril de quantas podem reger o coração dos homens; e ides ouvir a mais sublime delas, a mais fecunda, a mais sensível, a que pode dar maior cópia de venturas sem contraste.

Que eu sou a Vaidade, classificada entre os vícios por alguns retóricos de profissão; mas na realidade, a primeira das virtudes. Não olheis para este gorro de guizos, nem para estes punhos carregados de braceletes, nem para estas cores variegadas com que me adorno. Não olheis, digo eu, se tendes o preconceito da Modéstia; mas se o não tendes, reparai bem que estes guizos e tudo mais, longe de ser uma casca ilusória e vã, são a mesma polpa do fruto da sabedoria; e reparai mais que vos chamo a todos, sem os biocos e meneios daquela senhora, minha mana e minha rival.

---

1 Machado de Assis, "Elogio da vaidade" [*O Cruzeiro*, 28 maio 1878], in *Obra completa em quatro volumes*. São Paulo: Nova Aguilar, 2015, vol. III, pp. 1225-29.

Digo a todos, porque a todos cobiço, ou sejais formosos como Páris, ou feios como Tersites, gordos como Pança, magros como Quixote, varões e mulheres, grandes e pequenos, verdes e maduros, todos os que compondes este mundo, e haveis de compor o outro; a todos falo, como a galinha fala aos seus pintinhos, quando os convoca à refeição, a saber, com interesse, com graça, com amor. Porque nenhum, ou raro, poderá afirmar que eu o não tenha alçado ou consolado.

II

Onde é que eu não entro? Onde é que eu não mando alguma coisa? Vou do salão do rico ao albergue do pobre, do palácio ao cortiço, da seda fina e roçagante ao algodão escasso e grosseiro. Faço exceções, é certo (infelizmente!); mas, em geral, tu que possuis, busca-me no encosto da tua otomana, entre as porcelanas da tua baixela, na portinhola da tua carruagem; que digo? Busca-me em ti mesmo, nas tuas botas, na tua casaca, no teu bigode; busca-me no teu próprio coração. Tu, que não possuis nada, perscruta bem as dobras da tua estamenha, os recessos da tua velha arca; lá me acharás entre dois vermes famintos; ou ali, ou no fundo dos teus sapatos sem graxa, ou entre os fios da tua grenha sem óleo.

Valeria a pena ter, se eu não realçasse os teres? Foi para escondê-lo ou mostrá-lo, que mandaste vir de tão longe esse vaso opulento? Foi para escondê-lo ou mostrá-lo, que encomendaste à melhor fábrica o tecido que te veste, a safira que te arreia, a carruagem que te leva? Foi para escondê-lo ou mostrá-lo, que ordenaste esse festim babilônico, e pediste ao pomar os melhores vinhos? E tu, que nada tens, por que aplicas o salário de uma semana ao jantar de uma hora, senão porque eu te possuo e te digo que alguma coisa deves parecer melhor do que és na realidade? Por que levas ao teu casamento um coche, tão rico e tão caro, como o do teu opulento vizinho, quando podias ir à igreja com teus pés? Por que compras essa joia e esse chapéu? Por que talhas o teu vestido pelo padrão mais rebuscado, e por que te remiras ao espelho com amor, senão porque eu te consolo da tua miséria e do teu nada, dando-te a troco de um sacrifício grande benefício ainda maior?

III

Quem é esse que aí vem, com os olhos no eterno azul? É um poeta; vem compondo alguma coisa; segue o voo caprichoso da estrofe. — Deus te salve, Píndaro! Estremeceu; moveu a fronte, desabrochou em riso. Que é da inspiração? Fugiu-lhe; a estrofe perdeu-se entre as moitas; a rima esvaiu-se-lhe por entre os dedos da memória. Não importa; fiquei eu com ele — eu, a musa décima, e, portanto, o conjunto de todas as musas, pela regra dos doutores de Sganarello.[2] Que ar beatífico! Que satisfação sem mescla! Quem dirá a esse homem que uma guerra ameaça levar um milhão de outros homens? Quem dirá que a seca devora uma porção do país? Nesta ocasião ele nada sabe, nada ouve. Ouve-me, ouve-se; eis tudo.

Um homem caluniou-o há tempos; mas agora, ao voltar à esquina, dizem-lhe que o caluniador o elogiou.

— Não me fales nesse maroto.

— Elogiou-te; disse que és um poeta enorme.

— Outros o têm dito, mas são homens de bem, e sinceros. Será ele sincero?

— Confessa que não conhece poeta maior.

— Peralta! Naturalmente arrependeu-se da injustiça que me fez. Poeta enorme, disse ele?

— O maior de todos.

— Não creio. O maior?

2   Personagem criado e geralmente interpretado pelo próprio Molière em algumas de suas peças.

— O maior.

— Não contestarei nunca os seus méritos; não sou como ele que me caluniou; isto é, não sei, disseram-mo. Diz-se tanta mentira! Tem gosto o maroto; é um pouco estouvado às vezes, mas tem gosto. Não contestarei nunca os seus méritos. Haverá pior coisa do que mesclar o ódio às opiniões? Que eu não lhe tenho ódio. Oh! nenhum ódio. É estouvado, mas imparcial.

Uma semana depois, vê-lo-eis de braço com o outro, à mesa do café, à mesa do jogo, alegres, íntimos, perdoados. E quem embotou esse ódio velho, senão eu? Quem verteu o bálsamo do esquecimento nesses dois corações irreconciliáveis? Eu, a caluniada amiga do gênero humano.

Dizem que o meu abraço dói. Calúnia, amados ouvintes! Não escureço a verdade; às vezes há no mel uma pontazinha de fel; mas como eu dissolvo tudo! Chamai aquele mesmo poeta, não Píndaro, mas Trissotin.[3] Vê-lo-eis derrubar o carão, estremecer, rugir, morder-se, como os zoilos de Bocage. Desgosto, convenho, mas desgosto curto. Ele irá dali remirar-se nos próprios livros. A justiça que um atrevido lhe negou, não lha negarão as páginas dele. Oh! a mãe que gerou o filho, que o amamenta e acalenta, que põe nessa frágil criaturinha o mais puro de todos os amores, essa mãe é Medeia, se a compararmos àquele engenho, que se consola da injúria, relendo-se; porque se o amor de mãe é a mais elevada forma do altruísmo, o dele é a mais profunda forma de egoísmo, e só há uma coisa mais forte que o amor materno, é o amor de si próprio.

IV

Vede estoutro que palestra com um homem público. Palestra, disse eu? Não; é o outro que fala; ele nem fala, nem ouve. Os olhos entornam-se-lhe em roda, aos que passam, a espreitar se

3   O pedante da peça *As eruditas* (1672), também de Molière.

o veem, se o admiram, se o invejam. Não corteja as palavras do outro; não lhes abre sequer as portas da atenção respeitosa. Ao contrário, parece ouvi-las com familiaridade, com indiferença, quase com enfado. Tu, que passas, dizes contigo:

— São íntimos; o homem público é familiar deste cidadão; talvez parente. Quem lhe faz obter esse teu juízo, senão eu? Como eu vivo da opinião e para a opinião, dou àquele meu aluno as vantagens que resultam de uma boa opinião, isto é, dou-lhe tudo.

Agora, contemplai aquele que tão apressadamente oferece o braço a uma senhora. Ela aceita-lho; quer seguir até a carruagem, e há muita gente na rua. Se a Modéstia animara o braço do cavalheiro, ele cumprira o seu dever de cortesania, com uma parcimônia de palavras, uma moderação de maneiras, assaz miseráveis. Mas quem lho anima sou eu, e é por isso que ele cuida menos de guiar à dama, do que de ser visto dos outros olhos. Por que não? Ela é bonita, graciosa, elegante; a firmeza com que assenta o pé é verdadeiramente senhoril. Vede como ele se inclina e bamboleia! Riu-se? Não vos iludais com aquele riso familiar, amplo, doméstico; ela disse apenas que o calor é grande. Mas é tão bom rir para os outros! é tão bom fazer supor uma intimidade elegante!

Não deveríeis crer que me é vedada a sacristia? Decerto; e contudo, acho meio de lá penetrar, uma ou outra vez, às escondidas, até às meias roxas daquela grave dignidade, a ponto de lhe fazer esquecer as glórias do céu, pelas vanglórias da terra. Verto-lhe o meu óleo no coração, e ela sente-se melhor, mais excelsa, mais sublime do que esse outro ministro subalterno do altar, que ali vai queimar o puro incenso da fé. Por que não há de ser assim, se agora mesmo penetrou no santuário esta garrida matrona, ataviada das melhores fitas, para vir falar ao seu Criador? Que farfalhar! que voltear de cabeças! A antífona continua, a música não cessa; mas a matrona suplantou Jesus, na atenção dos ouvintes. Ei-la que dobra as curvas, abre o livro, compõe as rendas, murmura a oração, acomoda o leque.

Traz no coração duas flores, a fé e eu; a celeste, colheu-a no catecismo, que lhe deram aos dez anos; a terrestre colheu-a no espelho, que lhe deram aos oito; são os seus dois Testamentos; e eu sou o mais antigo.

V

Mas eu perderia o tempo, se me detivesse a mostrar um por um todos os meus súditos; perderia o tempo e o latim. *Omnia vanitas.* Para que citá-los, arrolá-los, se quase toda a terra me pertence? E digo quase, porque não há negar que há tristezas na terra e onde há tristezas aí governa a minha irmã bastarda, aquela que ali vedes com os olhos no chão. Mas a alegria sobrepuja o enfado e a alegria sou eu. Deus dá um anjo guardador a cada homem; a natureza dá-lhe outro, e esse outro é nem mais nem menos esta vossa criada, que recebe o homem no berço, para deixá-lo somente na cova. Que digo? Na eternidade; porque o arranco final da Modéstia, que aí lês nesse testamento, essa recomendação de ser levado ao chão por quatro mendigos, essa cláusula sou eu que a inspiro e dito; última e genuína vitória do meu poder, que é imitar os meneios da outra.

Oh! A outra! Que tem ela feito no mundo que valha a pena de ser citado? Foram as suas mãos que carregaram as pedras das Pirâmides? Foi a sua arte que entreteceu os louros de Temístocles? Que vale a charrua do seu Cincinato, ao pé do capelo do meu cardeal de Retz?[4] Virtudes de cenóbios, são virtudes? Engenhos de gabinete, são engenhos? Traga-me ela uma lista de

---

4 Temístocles, grande estrategista da Antiga Atenas, ficou conhecido pela vitória da batalha de Salamina. Cincinato foi designado cônsul e depois ditador de Roma pelo Senado a fim de resolver crises políticas e conter invasões bárbaras. Contudo, uma vez cumprida sua missão, ele renuncia aos cargos e volta à sua charrua, razão pela qual era tido por um modelo de virtude e simplicidade romanas. Daí Machado contrapô-lo aqui ao

seus feitos, de seus heróis, de suas obras duradouras; traga-ma, e eu a suplantarei, mostrando-lhe que a vida, que a história, que os séculos nada são sem mim.

Não vos deixeis cair na tentação da Modéstia: é a virtude dos pecos. Achareis decerto, algum filósofo, que vos louve, e pode ser que algum poeta, que vos cante. Mas, louvaminhas e canta-rolas têm a existência e o efeito da flor que a Modéstia elegeu para emblema; cheiram bem, mas morrem depressa. Escasso é o prazer que dão, e ao cabo definhareis na soledade. Comigo é outra coisa: achareis, é verdade, algum filósofo que vos talhe na pele; algum frade que vos dirá que eu sou inimiga da boa consciência. Petas! Não sou inimiga da consciência, boa ou má; limito-me a substituí-la, quando a vejo em frangalhos; se é ainda nova, ponho-lhe diante de um espelho de cristal, vidro de aumento. Se vos parece preferível o narcótico da Modéstia, dizei-o; mas ficai certos de que excluireis do mundo o fervor, a alegria, a fraternidade.

Ora, pois, cuido haver mostrado o que sou e o que ela é; e nisso mesmo revelei a minha sinceridade, porque disse tudo, sem vexame, nem reserva; fiz o meu próprio elogio, que é vitu-pério, segundo um antigo rifão; mas eu não faço caso de rifões. Vistes que sou a mãe da vida e do contentamento, o vínculo da sociabilidade, o conforto, o vigor, a ventura dos homens; alço a uns, realço a outros, e a todos amo; e quem é isto é tudo, e não se deixa vencer de quem não é nada.

E reparai que nenhum grande vício se encobriu ainda co-migo; ao contrário, quando Tartufo entra em casa de Orgon, dá um lenço a Dorina para que cubra os seios.[5] A Modéstia serve de conduta a seus intentos. E por que não seria assim, se ela ali está de olhos baixos, rosto caído, boca taciturna? Poderíeis

gênio ambicioso de Jean-François Paul de Gondi, futuro cardeal Retz, que armou uma série de intrigas para obter seu chapéu cardinalício.

5 Personagens de *Tartufo* (1669), comédia de Molière.

afirmar que é Virgínia e não Locusta?[6] Pode ser uma ou outra, porque ninguém lhe vê o coração. Mas comigo? Quem se pode enganar com este riso franco, irradiação do meu próprio ser; com esta face jovial, este rosto satisfeito, que um quase nada obumbra, que outro quase nada ilumina; estes olhos, que não se escondem, que se não esgueiram por entre as pálpebras, mas fitam serenamente o sol e as estrelas?

VI

O quê? Credes que não é assim? Querem ver que perdi toda a minha retórica, e que ao cabo da pregação, deixo um auditório de relapsos? Céus! Dar-se-á caso que a minha rival vos arrebatasse outra vez? Todos o dirão ao ver a cara com que me escuta este cavalheiro; ao ver o desdém do leque daquela matrona. Uma levanta os ombros; outro ri de escárnio. Vejo ali um rapaz a fazer-me figas; outro abana tristemente a cabeça; e todas, todas as pálpebras parecem baixar, movidas por um sentimento único. Percebo, percebo! Tendes a volúpia suprema da Vaidade, que é a Vaidade da Modéstia.

Eleazar

6   Virgínia fora assassinada pelo próprio pai segundo Tito Lívio, na obra *Ab Urbe condita libri*, que narra a história de Roma. Locusta, preparadora de venenos, é descrita por vários historiadores romanos, como Tácito e Suetônio.

Carvalho Júnior (1876-1879)

Um amor filósofo
(Romance microscópico)[1]

Eram dois: ela e ele.

Ela era costureira.

Quanto à beleza nada ficava devendo à poética Mimi, amante de Rodolfo, o boêmio de Henri Murger.

Teria vinte anos.

Os cabelos mais pretos que nanquim, os olhos mais travessos que dois moleques capoeiras à frente de uma banda de música.

Só trabalhava cantando.

Passava os dias na loja e as noites em casa dele.

Ele era estudante.

Se estudava, não sei; mas era um estudante.

Pequena era a mesada, e ela, a costureira, gostava tanto de confeitos, que muito a desfalcava.

A casinha onde moravam era de dimensões acanhadas.

Uma sala, um quartinho, uma cozinha. Havia uma só cama, cuja única virtude era não ser lá muito estreita.

*

1 Publicado originalmente no periódico humorístico carioca *O Fígaro, folha ilustrada* em 1876, "Um amor filósofo" aparece em duas páginas intercaladas por uma folha coberta de charges reproduzidas a seguir [pp. 250-51], que são, elas também, súmulas microscópicas da vida fluminense daquele tempo. A peça foi republicada na seção "Folhetins" do livro de Carvalho Júnior, *Parisina, escritos póstumos*. Rio de Janeiro: Tipografia de Agostinho Gonçalves Guimarães & Cia., 1879.

Viram-se e amaram-se.

Ela não aspirava ser baronesa, nem tampouco usar luvas de pelica e andar de carruagem.

Não tinha pai nem mãe, nem parentes carnais ou por afinidade.

Ele gostava das virtudes fáceis, e o seu ideal era possuir uma amante bonita, mas econômica, devotada, mas que não fosse romântica.

Odiava o casamento, porque como republicano não admitia os poderes perpétuos, e, o que é mais, irresponsáveis.

Encontraram-se um dia.

Olharam-se.

Falaram-se

Entenderam-se.

*

Era uma vida de rosas.

No inverno, deitavam-se cedo; no verão, jogavam a bisca de nove para fazer horas de dormir.

Ela não lhe jurava paixão, nem ele a apoquentava com ciúmes.

Quando ele não a beijava, ela, em vez de suspirar, cantava.

Foi-lhe sempre fiel; não obstante nunca o havia prometido.

Às vezes, alta noite, saíam ambos de braço dado.

Durante o tal passeio não falavam sequer de poesia.

Ela não contemplava a lua, nem ele respirava as auras perfumosas.

Riam. Conversavam. Depois voltavam para casa.

Ela por ventura um tanto mais travessa, ele por desgraça um tanto mais condescendente.

Se dormiam logo, ou se velavam ainda mais um pouco, não sei.

Os dias, passavam-os separados.

Ela na loja da modista, ele na Academia, ou então passeando.

Por acaso ele passava pela loja, mas em algumas ocasiões tão distraído que a não via ao balcão.

Ela, por seu lado, muita vez não o via passar, nem mesmo estando à porta.

*

Por exemplo:

Ela tinha um capricho, mas ele não cedia. Mais tarde ele chegava-se e ia então beijá-la; ela ocultava o lábio e opunha resistência.

Vingavam-se; mas isso sem ruído, nem cenas de tragédia.

Brigaram uma vez.

Havia uma sabatina.

Ele estudava com afinco.

Ela, vendo-se sozinha, começou a cantar uma modinha.

Ele pediu-lhe que se calasse, ela pediu-lhe que fechasse os livros. Ele impôs; ela impôs. Nem ele estudou mais, nem ela cantou mais. Arrufaram-se; mas dia seguinte estavam bem.

É que a noite é a hora da paz entre os dois sexos.

*

Um dia não havia dinheiro para pagar a casa.

Ela, coitadinha!, fez o sacrifício dos confeitos, durante o mês inteiro!

Ele, em paga, não sabem o que fez!

Levou a deitar-se mais cedo que o costume, à hora que as galinhas recolhem-se ao poleiro!

*

Ele nunca fez-lhe versos.

Ela nunca leu romances. Não teve ocasião de lhe dizer qual foi o seu primeiro amante, e jamais regateou-lhe os seus encantos.

Entregava-se sem reservas, nem pudores hipócritas.

Ele nunca lhe disse de que era formado o seu ideal, e nunca lhe comunicou as apreensões pelo futuro, talvez por que não pensasse nele.

*

— Oh! Vieste hoje mais tarde!

— As tuas saudades te enganam; nunca cheguei mais cedo.

— Vem dar-me um beijo.

— Espera. Vou despir-me e volto já para conversarmos. Trabalhei tanto!

— Pois sim...

Este era, pouco mais ou menos, o invariável diálogo à chegada.

Parte da noite passavam numa prosa descuidadosa e alegre ou jogando.

*

— Adeus, dorminhoco!

— He... in...

— São quase oito horas, nem tive tempo de vestir-me direito. Adeus.

— Espera um pouco... Estás hoje tão pálida!

— De quem é a culpa? Ora... deixe-me. Não quero seus beijos, até logo.

— Má...

— Tome sentido. Não vá dar ponto.

E na manhã seguinte repetia-se a mesma cena com pequenas alterações.

*

De repente ele caiu doente.

Uma febre, ou outra qualquer coisa. O médico receitou.

Ela não se lembrou de chorar nem fez promessas aos santos pelo seu restabelecimento.

Somente por prudência, foi dormir em cima de um baú, durante todo o tempo da moléstia, e até da convalescença.

248

Ele reclamou; ela, porém, não cedeu.

Foi espartana.

*

Finalmente.

Aproximavam-se os atos.

Ele viu que era impossível estudar com ela ali. Procura, pois, um pretexto, e descobre-o. Por isso repudia-a.

Ela tudo compreende, mas retira-se, discreta, e vai morar com as companheiras em casa de modista.

Ele volta depois da aprovação. Pede-lhe perdão. Reconciliam-se. Ela não revela um só ressentimento, nem se arvora em vítima da ingratidão.

Abraça-o calmamente e volta para casa.

*

Pouco dura a ventura. É tempo de férias. Ele tem de partir, voltar ao lar paterno. Ela nem choraminga. Chega o momento doloroso. Ao separarem-se, ele dá-lhe um beijo na testa.

Ela deixa escapar uma lágrima indiscreta; mas ele estava fumando, foi talvez por causa da fumaça do charuto!

*

Assim se separaram.

Ele esqueceu-se da chave do relógio, mas em compensação levou o dedal dela que na véspera, gracejando, ocultara no bolso do colete.

Se um dia se encontrarem, talvez se reconheçam, se a chave que ela tem couber no relógio dele ou se o dedal couber no dedo dela.

Stênio

Ilustração publicada entre as páginas de "Um amor filósofo", de Carvalho Júnior.

Aspásia
(Fantasia)[1]

Nas horas tristes e silenciosas da noite, quando a lua peregrina vagueia pelos céus, refletindo a face pálida na onda cristalina, e as estrelas, fúlgidos pirilampos da campina azul do firmamento, expargem sua luz bruxuleante e trêmula por sobre a terra adormecida em um sonho de magia e de encanto, como uma fada ao luar; nessas horas mortas e vagarosas como os anos do exílio que resumem um infinito de amargura e de saudade pura os tristes órfãos de pátria — os desterrados, é doce meditar, a sós, perante a natureza que num letargo sublime, parecem sonhar com o Criador, e cujas vozes sentidas as auras perfumosas, mensageiras louçãs, conduzem até sua mansão divina.

Não, a noite não foi feita só para dormir!

Que importa que o burguês honesto e laborioso aproveite-a para o sono que deve restaurar-lhe as forças para os afanosos lazeres do dia seguinte?!...

— A noite é noiva do sonho — e o poeta é um eterno sonhador.

---

1 Peça publicada na seção "Folhetins" do livro de Carvalho Júnior, *Parisina, escritos póstumos*. Rio de Janeiro: Tipografia de Agostinho Gonçalves Guimarães & Cia., 1879.

Para as almas positivas a noite é a hora do descanso, para os salteadores é a protetora do crime, para os amantes é a hora das efusões do coração, das expansões e dos devaneios ardentes.

Amo-te, pois, ó noite, doce filha da tristeza!

Em teu seio lutulento eu desfolho as pálidas flores de minha alma, e derramo os meigos prantos da saudade!

*

E a noite vai calma e silente!

Vem! Pálida hetaira, é a voz do meu coração que te invoca!

Mariposa do amor, quero abraçar-me ainda uma vez no vívido fogo de tua alma. Quero beber-te dos lábios perfumados jorros de inspirações; quero embriagar-me no aroma de teus seios palpitantes, alvos, como dois montes de neve, cuja pontinha rosada parece o sol a levantar-se dentre os limbos do levante.

Aqui, longe de ti, nesta longa noite de saudade, console-me no menos a lembrança dessas horas de amor e de prazer em que eu soluçava a teus pés as notas da paixão, devorando de beijos essas mãozinhas de jaspe, a contemplar-te prostrada e seminua o lábio descorado, os olhos langorosos, orlados de um roxo--violeta a destacar-se do palor das faces, alvas como o mármore.

Vem, pálida hetaira!

Amo-te com todo ardor de meus vinte anos!

Nasci sob um céu de fogo, os afetos de minha alma têm a imensidade dessa cordilheira dos Andes, titãs de granito que parecem escalar o firmamento, têm a impetuosidade de nossos rios caudalosos, de nossas cascatas gigantes!

Para esses que nasceram além... por entre os gelos do norte, que têm a alma de neve e o coração envolto num sudário de brumas, o amor é uma adoração, imaculada e pura, com os brancos nenúfares que se debruçam à beira do lago plácido e azulado, místico e contemplativo como uma estrofe de Ossian, o bardo gaélico.

Para nós, porém, tem o calor abrasador dos trópicos, é ardente e luxurioso como toda essa vegetação que se ostenta em nossos prados exuberantes, como toda essa seiva de nossa natureza americana, é mais um delírio, uma tempestade do que um êxtase.

É assim que eu te amo!

*

Amo-te!

Exorna-te a fronte augusta uma tríplice coroa de realeza:

— A beleza de tuas formas corretas, majestosas, traz-nos à memória aquela corte de divindades pagãs, que o gênio artístico dos helenos esculpira no mármore;

— Teu coração encerra um tesouro de ternuras. Tens uma alma que é toda sentimento e amor. A mulher, que não sente, que não ama, é como o diamante por lapidar, porque a missão dela na terra é o amor, origem fecunda de todas as grandezas, de todos os heroísmos que consigna a história, a grande Bíblia dos povos! E tu és carinhosa, como uma criança, meiga como a rola, amorosa como a corça e sensível como a própria sensitiva;

— Em teu cérebro grandioso convulsiona a ideia, luminosa, imperecedoura como o próprio Deus que no-la-dá.

Um povo inteiro prosta-se a teus pés e rende homenagem a teu gênio!

Como outrora a ateniense amante de Péricles, acercando-se daquela tribuna modelo, destilava dos lábios rosados lições apaixonadas, que a mocidade e a velhice promiscuamente bebiam com avidez, tu, das tábuas iluminadas do proscênio, completas e aperfeiçoas a educação de uma nação inteira, porque o teatro é também uma escola, é também uma tribuna.

Exorta-te a fronte augusta uma tríplice coroa de realeza: a formosura, o coração e o espírito!

*

E as turbas seguiam após ti!

Cercada de esplendores como uma constelação de satélites, assentavas-te num trono de corações, embalsamado por nuvens de incenso que subiam em espirais até os céus, tua pátria!

Mas aí mesmo, nessas altas regiões em que te achavas colocada, um dia percebeste um olhar apaixonado que te acompanhava por toda a parte, uma sombra de moço que pairava sempre a teu lado, quase a sumir-se para não ser vista por ninguém.

Tiveste compaixão daquela alma juvenil tão cheia de futuro e esperança, que se curvara aos teus encantos, tiveste bastante coração para não entregá-la ao desespero e quem sabe se à morte?!...

Então, nos momentos mais solenes da tua vida gloriosa, nesses momentos em que parecias tudo esquecer só para lembrares-te do teu triunfo, quem te observasse ver-te-ia lançar um olhar inundado de ternura ao triste sonhador, que apertava o coração, cujas fibras pareciam estalar uma por uma, de tão forte que era o abalo e a comoção que sentia!

Ao depois, não é verdade que o amaste deveras?

Abandonavas o mundo, o teu imenso cortejo de adoradores, e vinhas todos os dias, ao menos uma hora, as feições cobertas por um véu, furtiva e como que a medo, ao retiro solitário, à casinha isolada e pitoresca onde ele te esperava impaciente, para sozinhos, nos braços um do outro, viverem a vida do amor, e abrindo o coração, cujos extremos irrompiam como as lavas de um vulcão, num dilúvio de beijos, fervidos, delirantes, sorver a ventura de toda uma eternidade!

Como passavam depressa essas horas de enlevo e de volúpia?!...

Lembras-te?

Entravas suspeitosa e tímida, fechando a porta sobre ti. Eu recebia-te em meus braços e colhia-te dos lábios o primeiro beijo: tanto bastava para compensar tua demora e os momentos ansiosos que eu passara à tua espera!

Assentavas-te, e eu, de joelhos, cingindo-te a cintura, cravava os olhos nos teus, límpidos, suaves, como um firmamento sem nuvens, num êxtase de amor que eu mesmo não sei por quanto tempo durava. Depois descalçava-te a botinha e cobria de beijos teus pezinhos brancos, alvos e tão transparentes que eu divisava-lhes as veias azuladas. Teus cabelos negros, abundantes, rolavam então pelas espáduas macias e aveludadas, rasgavam-se os derradeiros véus que te ocultavam as formas primorosas, e meus lábios, calcinados pela febre do desejo, iam pousar sedentos em teu cálido seio que arfava descompassado, e contra o qual, com os olhos úmidos e desvairados, tu apertavas minha cabeça ardente e desgrenhada.

Ao depois, teus braços decaíam, uma palidez de morte se espalhava em teu semblante, e lânguida, agonizante, tombavas para trás a estrebuchar num derradeiro espasmo de gozo.

Oh! Ainda um destes instantes de alucinação e de insânia, e ao depois da morte que fulmine, porque eu morreria feliz levando ainda nos lábios o néctar dulçoroso dos teus, sentindo ainda o contato de tuas carnes opulentas, de tuas formas de estátua!

*

E a noite vai calma e silente!

As estrelas cintilam: no céu os vagalumes tremulam na campina e os fogos-fátuos à beira dos sepulcros!

Foste tu, rainha da treva, doce filha da tristeza, que me inspiraste este canto de amor!

E tu, minha doce amante, acolhe em teu seio de neve estas frases estioladas, tristes e mornos reflexos da luz deste amor que ainda vive, e que é ao mesmo tempo a minha felicidade e a minha desgraça!

Raul Pompeia (1885-1886)

A noite[1]

... *le ciel*
Se ferme lentement comme une grande alcôve,
Et l'homme impatient se change en bête fauve.

C. BAUDELAIRE[2]

Chamamos treva à noite.

A noite vem do Oriente como a luz. Adiante, voam-lhe os gênios da sombra, distribuindo estrelas e pirilampos. A noite, soberana, desce. Por estranha magia revelam-se os fantasmas de súbito. Saem as paixões más e obscenas; a hipocrisia descasca-se e aparece; levantam-se no escuro as vesgas traições, crispando os punhos ao cabo dos punhais; à sombra do bosque e nas ruas ermas, a alma perversa e a alma bestial encontram-se como amantes apalavrados; tresanda o miasma da orgia e da maldade — suja o ambiente; cada nova lâmpada que se acende, cada lâmpada que expira é um olhar torvo ou um olhar lúbrico; familiares e insolentes, dão-se as mãos o vício e o crime — dois bêbedos.

---

1   Raul Pompeia, "A noite" [*Gazeta da Tarde*, 31 dez. 1885], in *Canções sem metro* [1900]. Org. de Gilberto Araújo. Campinas: Ed. da Unicamp, 2013, p. 103.
2   Versos do poema "Crépuscule du soir", reunido nos "Quadros parisienses" de *As flores do mal*.

Longe daí a gemedora maternidade elabora a certeza das orgias vindouras.

E a escuridão, de pudor, cerra-se, mais intensa e mais negra.

Chamamos treva à noite — a noite que nos revela a subnatureza dos homens e o espetáculo incomparável das estrelas.

Rumor e silêncio[1]

... Così tra questa
Immensità s'annega il pensier mio;
E il naufragar m'è dolce in questo mare.

G. LEOPARDI, "L'INFINITO"

Ouvis, lá abaixo o rumor da cidade, a grita dos homens, o estridor dos carros, o tropel dos ginetes, o fragor das indústrias? Ouvis de outra banda a voz do arvoredo, os pássaros saudando a tarde, o vento angustiando a harpa eólica das frondes? Ouvis esse clamor ingente que as ondas mandam? É a sinfonia da vida.

Diz-se então que o silêncio é a morte.

Multiplicai esses rumores. Agravai o tumulto industrial dos homens na paz com as perturbações estrepitosas da guerra; reforçai as vozes da floresta e do mar; juntai-lhes a solene toada das catadupas, o pungente mugir dos oceanos lanceados pelo temporal, as explosões elétricas do raio, a crepitação fragorosa dos gelos derrocados pelo primeiro sopro da primavera polar, o garganteio monstruoso dos vulcões inflamados; fazei rugir o coro das catástrofes humanas e dos cataclismos geológicos.

---

1 Raul Pompeia, "Rumor e silêncio" [*Gazeta da Tarde*, 21 jan. 1886], in *Canções sem metro* [1900]. Org. de Gilberto Araújo. Campinas: Ed. da Unicamp, 2013, p. 128.

Dizei, depois, onde mais intensa é a vida e maior o assombro, se embaixo ou lá em cima, no zimbório diáfano que a noite vai conquistando agora, na savana imensa onde transita a migração dos dias e viajam as estrelas, onde os meteoros vivem, onde os cometas cruzam-se como espadas fantásticas de arcanjos em guerra — na mansão dos astros e do sagrado silêncio do infinito?!

Cruz e Sousa (1893-1898)

Bêbado[1]

Torvo, trêmulo e triste na noite, esse bêbado que eu via constantemente à porta dos cafés e dos teatros, parara em frente do cais deserto, na alta, profunda hora solitária.

Espadaúdo, de grande estatura, ombros fortes como um cossaco, costumava sempre bater a cidade em marchas vertiginosas, na andadura bamba dos ébrios, indo pernoitar depois ali, perto das vagas, amigas eternas de sua nevrose.

Um luar baço, enevoado, de quando em quando brilhava, abria, rasgando as nuvens, num clarão que iluminava amplas faixas do céu de um tom esverdeado, como folhagens tenras e frescas laçadas pela chuva.

O mar tinha uma estranha solenidade, imóvel nas suas águas, com uma larga refulgência metálica sobre o dorso.

Da paz branca e luminosa da lua caía, na vastidão infinita das ondas, um silêncio impenetrável.

E tudo, em torno, naquela imensidade de céu e mar, era a mudez, a solidão da lua...

Junto ao cais, olhando as vagas repousadas, a taciturna figura do bêbado destacava em silhueta sombria.

E ele gesticulava e falava, movia os braços, proferia palavras ásperas e confusas, como os tartamudos.

---

1 Cruz e Sousa, "Bêbado" [*Missal*, 1893], in *Obra completa: prosa*. Org. de Lauro Junkes. Jaraguá do Sul: Avenida, 2008, vol. II, pp. 301-03.

Eu via-lhe as mãos, todo o corpo invadido por um convulsivo temor, que não era, de certo, a desoladora e enregelada doença da senilidade.

O seu aspecto, ao mesmo tempo piedoso e feroz, traduzia a expressão terrível que deixa o bronze inflamado da dor calcinando naturezas nervosas e violentas.

Trôpego, espectral, fazia pensar, pela corpulência, na massa formidanda de um desses ursos melancólicos, caminhando aos boléus, como que numa bruma de pesadelo...

Os seus grandes olhos d'árabe, muito perturbados pelo álcool, tinham o brilho amargo de um rio de águas turvas e tristes.

Era talvez um desses seres nebulosos, gerados do sangue aventureiro e venenoso de uma bailarina e de um judeu, sem episódios pitorescos, frescos e picantes de alegria e saúde.

Um desses seres tenebrosos, quase sinistros, a quem faltou um pouco de graça, um pouco de ironia e riso para florir e iluminar a vida.

Alma sem humor — essa força fina e fria, radiante, que deu a Henri Heine tanta majestade.

No entanto, quanto mais eu observava esse fascinado alcoólico, pasmando instintivamente, na confusão neblinosa da embriaguez, para as ondas adormecidas na noite, mais meditava e sentia as profundas visões de sonâmbulo que lhe vagavam no cérebro as saudades e nostalgias.

Porque o álcool, pondo uma névoa no entendimento, apaga, desfaz a ação presente das ideias e fá-las recuar ao passado, levantando e fazendo viver, trazendo à flor do espírito, indecisamente, embora, as perspectivas, as impressões e sensações do passado.

Nos límpidos espaços nem um movimento, um frêmito leve de aragem perturbava a harmoniosa tranquilidade da noite clara, por entre os finos rendilhados prateados das estrelas.

Mais amplo, mais vasto e sereno ainda, o silêncio descia, pesava na natureza, sobre os telhados, que pareciam, agrupados, aglomerados nos infindáveis renques das casas, enormes dorsos escuros de montanhas, de elefantes, de dromedários.

Sobrepujando, avassalando tudo, com expressões misteriosas de Idade Média, as elevadas torres das igrejas, como vigias colossais de granito, eretas para o firmamento na luminosa sonoridade do luar, tinham a nitidez dos desenhos.

E a luz do astro noturno e branco, da Verônica do Azul, congelada de mágoas, envolvia a face atormentada do bêbado como num longo sudário de piedades eternas...

No inferno[1]

Mergulhando a imaginação nos vermelhos reinos feéricos e cabalísticos de Satã, lá onde Voltaire faz sem dúvida acender a sua ironia rubra como tropical e sanguíneo cacto aberto, encontrei um dia Baudelaire profundo e lívido, de clara e deslumbradora beleza, deixando flutuar sobre os ombros nobres a onda pomposa da cabeleira ardentemente negra, onde dir-se-ia viver e chamejar uma paixão.

A cabeça triunfante, majestosa, vertiginada por caprichos de onipotência, circulada de uma auréola de espiritualização e erguida numa atitude de voo para as incoercíveis regiões do Desconhecido, apresentava, no entanto, imenso desolamento, aparências pungentes de angústia psíquica, fazendo evocar os vagos infinitos místicos, as supremas tristezas decadentes dos opulentos e contemplativos ocasos...

Como que a celeste imaculabilidade, a candidez elísea de um santo e a extravagante, absurda e inquisidora intuição de um Demônio dormiam longa e promiscuamente sonos magos naquela ideal e assinalada cabeça.

A face, branca e lânguida, escanhoada como a de um grego, destacava calma, num vivo relevo, dentre a voluptuosa noite de azeviche molhado, poderosa e tépida, da ampla cabeleira.

---

1 Cruz e Sousa, "No inferno" [*Evocações*, 1898], in *Obra completa: prosa*. Org. de Lauro Junkes. Jaraguá do Sul: Avenida, 2008, vol. II, pp. 526-31.

Nos olhos dominadores e interrogativos, cheios de tenebroso esplendor magnético, pairava a ansiedade, uma expressão miraculosa, um sentimento inquietador e eterno do Nomadismo...

A boca, lasciva e violenta, rebelde, entreaberta num espasmo sonhador e alucinado, tinha brusca e revoltada expressão dantesca e simbolizava aspirar, sofregamente, anelantemente, intensos desejos dispersos e insaciáveis.

Parecia-me surpreender nele grandes garras avassaladoras e grandes asas geniais arcangélicas que o envolviam todo, condoreiramente, num vasto manto soberano.

Era no esdrúxulo, luxuoso e luxurioso parque de Sombras do inferno.

Em todo o ar, de envolta com um cheiro resinoso e acre de enxofre, evaporizava-se uma azulada tenuidade brumosa, fazendo fugitivamente pensar no primitivo Caos donde lenta e gradativamente se geraram as cores e as formas...

Como que diluente, fina harmonia de violinos vagos abstrusamente errava em ritmos diabólicos...

Árvores esguias e compridíssimas, em alamedas intermináveis e sombrias, lembrando necrópoles, apresentavam troncos estranhos que tinham aspectos curiosos, conformações inimagináveis de enormes tóraxes humanos, fazendo pender fantásticas ramagens de cabelos revoltos, desgrenhados, como por estertorosa agonia e convulsão.

Pelas longas alamedas exóticas do fabuloso parque, deuses hirsutos, de patas caprinas e peluda testa conoide, riam com um riso áspero de gonzo, numa dança macabra de gnomos, cabriolando bizarros.

De vez em quando, as suas asas fulgurantes, furta-cores e fortes, ruflavam e relampejavam.

Baudelaire no entanto, suntuoso e constelado firmamento de alma refletindo em lagos esverdeados e mornos, donde fecundas e esquisitas vegetações como que sonâmbula e nebulosamente emergem, estava mudo, imóvel, com o seu perfil suavemente cinzelado e fino, fazendo lembrar a figura austera e altiva, a alada graça perfeita de um deus de cristal e bronze — tranquilamente de pé, como num sólio real, na posição altanada de quem vai prosseguir nos excelsos caminhos dos inauditos Desígnios...

Por conhecer-lhe os ímpetos, as alucinações da audácia, as indomabilidades estesíacas, os alvoroços idiossincráticos da Fantasia, eu imaginava encontrá-lo, vê-lo revoltamente arrebatado para os convulsos infinitos da arte por potentes, negros e rebelados corcéis de guerra.

Mas, a sua atitude serena, concentrada, isolada de tudo, traía a meditação absorvente, fundamental, que o encerrava transcendentemente no Mistério.

E eu, então, murmurei-lhe, quase em segredo:

— Charles, meu belo Charles voluptuoso e melancólico, meu Charles *nonchalant*, nevoento aquário de *spleen*, profeta muçulmano do Tédio, ó Baudelaire desolado, nostálgico e delicado! Onde está aquela rara, escrupulosa psicose de som, de cor, de aroma, de sensibilidade; a febre selvagem daqueles bravios e demoníacos cataclismos mentais; aquela infinita e arrebatadora Nevrose, aquela espiritual doença que te enervava e dilacerava? Onde está ela? Os tesouros do ouro e diamante, as pedrarias e marchetarias do Ganges, as púrpuras e estrelas dos firmamentos indianos que tu nababescamente possuíste, onde estão agora?

Ah! Se tu soubesses com que encanto ao mesmo tempo delicioso e terrível, inefável, eu gozo todas as tuas complexas, indefiníveis músicas; os teus asiáticos e letíficos aromas de ópios e de nardos; toda a mirra arábica, todo o incenso litúrgico e estonteante, todo o ouro régio tesourial dos teus Sonhos Magos, magnificentes e insatisfeitos; toda a tua frouxa morbidez, as doces preguiças aristocráticas e edênicas de decaído Arcanjo enrugado pelas Antiguidades da Dor, mas inacessível e poderoso, mergulhado no caos fundo das Cismas e de cuja Onisciência e Onipotência divinas partem ainda, excelsamente, todos os Dogmas, todos os Castigos e Perdões!

Oh! Que demorados e travorosos sabores experimento com o quebranto feminil das tuas volubilidades mentais de bandoleiro...

Essa alma de funestos Signos, como que gerada dentro de atordoante e feiticeiro sol africano, com todas as evaporações flamívomas, com todas as barbarias das florestas, com todo o vácuo inquietante, desolador, inenarrável, dos desertos, flexibiliza-se, vibratiliza-se, adquire suavidades paradisíacas de açucenais sidéreos, do céu espiritualizado pelos mortuários círios roxos dos ocasos...

Açula-me a desvairadora sede, espicaça-me a ansiedade indomável de beber, de devorar, sorvo a sorvo, sofregamente, o extravagante Vinho turvo, de lágrimas e sangue, que orvalha, como um suor de agonias, todas essas olímpicas e monstruosas florações do teu Orgulho.

Ah! Se tu soubesses como eu intensamente sinto e intensamente percebo todos os teus alanceados, lacerados anseios, todas as suas absolutas tristezas dormentes e majestosas, o grande e longo chorar, o desmantelamento vertiginoso das tuas noites soturnas, as fascinadoras ondas febris e ambrosíacas da tua insana volúpia, as bizarrarias e milagrosos aspectos da tua rebelião sagrada; a fulminativa ironia dolorida e gemente, que evoca melancolias de dobres pungentes de *Requiem aeternam* rolando através de um dia de sol e azul, vibrados numa torre branca junto ao Mar!... Como eu ouço religiosamente, com unção profunda, as tuas preces soluçantes, as tuas convulsas orações do Amor! Como são fascinativos, tentadores e embriagantes os perfumosos falernos da tua sensação, os esquecidos Reinados enevoados e exóticos onde a tua clamante e evocativa Saudade implorativa e contemplativa canta, ondula e freme com lascívia e *nonchalance*! A tua inviolável e milenária Saudade, velha e antiga Rainha destronada, aventurosa e famosa, que erra nos brumosos e vagos infinitos do Passado, como através das luas amarguradas e taciturnas do tempo. A tua lancinante Saudade de beduíno, perdida, peregrinante por países já adormecidos nas eras, remotos, longe, nos neblinamentos da Quimera, onde os teus desejos agitados e melancólicos tumultuam numa febre de mundos multiformes de germens, em estremecimentos sempiternos; onde as tuas carícias nervosas e felinas sibaristamente dormem ao sol e espojam-se com sensualidade, num excitamento vital frenético de se perpetuarem com os aromas cálidos, com os cheiros fortes que impressionativos e afrodisíacos provocam, atacam, cocegam e ferem de extrema sensibilidade as tuas aflantes e capras narinas!

Ah! Como eu supremamente vejo e sinto todo esse esplendor funambulesco e todas essas magnificências sinistras do teu *Pandemonium* e do teu *Te Deum*!

Ó Baudelaire! Ó Baudelaire! Ó Baudelaire Augusto e tenebroso Vencido! Inolvidável Fidalgo de sonhos de imperecíveis elixires! Soberano Exilado do Oriente e do Letes! Três vezes com dolência clamado pelas fanfarras plangentes e saudosas da minha Evocação! Agora que estás livre, purificado pela Morte, das argilas pecadoras, eu vejo sempre o teu Espírito errar, como veemente sensação luminosa, na Aleluia fúlgida dos Astros, nas pompas e chamas do Setentrião, talvez ainda sonhando, nos êxtases apaixonados do Sonho...

E a singular figura de Baudelaire alta, branca, fecundada nas virgens florescências da Originalidade, continuava em silêncio, impassível, dolorosamente perdida e eternizada nas Abstrações supremas...

E, enquanto ele assim imergia no intangível azul, velhos deuses capros, teratológicos Diabos lúbricos e tábidos, desaparecidos desse egrégio vulto satânico, cismativo e sombrio, dançavam, saltavam, infernalmente gralhando e formando no ar quente, em vertigens de diabolismos, os mais curiosos e simbólicos hieróglifos com a flexibilidade e deslocamento acrobático e mágico dos hirsutos corpos peludos e elásticos...

Mas, em meio do misterioso parque, elevava-se uma árvore estranha, mais alta e prodigiosa que as outras, cujos frutos eram astros e cujas grandes e solitárias flores de sangue, grandes flores acerbas e temerosas, flores do Mal, ébrias de aromas mornos e amargos, de dolências tristes e búdicas, de inebriamentos, de segredos perigosos, de emanações fatais e fugitivas, de fluidos de venenosas mancenilhas, deixavam languidamente escorrer das pétalas um óleo flamejante.

E esse óleo luminoso e secreto, escorrendo com abundância pelo maravilhoso parque do Inferno, formava então os rios fosforescentes da imaginação, onde as almas dos Meditativos e Sonhadores, tantalizadas de tédio, ondulavam e vagavam insaciavelmente...

A forma livre

Tire uma vértebra, e as duas partes desta tortuosa fantasia se reunirão sem esforço. Pique-a em numerosos fragmentos, e verá que cada qual pode existir à parte.

C. BAUDELAIRE[1]

---

1 Charles Baudelaire, *O spleen de Paris. Pequenos poemas em prosa*. Trad. de Samuel Titan Jr. São Paulo: Editora 34, 2021, p. 7.

Charles Baudelaire (1864)

Charles Baudelaire (1864)

A moeda falsa[1]

Quando já nos distanciávamos da tabacaria, meu amigo fez uma cuidadosa triagem do troco que tinha; no bolso esquerdo do colete, guardou as moedinhas de ouro; no direito, as moedinhas de prata; no bolso esquerdo das calças, uma massa de soldos graúdos; e, por fim, à direita, uma moeda de prata de dois francos, que tinha examinado com atenção.

"Singular e minuciosa divisão!", eu disse com meus botões.

Encontramos pelo caminho um pobre que nos estendeu o boné, tremendo. — Não conheço nada de mais inquietante que a eloquência muda desses olhos de súplica, que contêm a um só tempo, para o homem sensível que sabe lê-los, tanta humildade, tanta reprovação. Ele encontra neles alguma coisa que beira aquela profundeza de sentimentos complexos que há nos olhos lacrimejantes dos cães que açoitamos.

A oferenda de meu amigo foi muito mais considerável que a minha, e eu lhe disse: "Você tem razão; depois do prazer de ser surpreendido, não há prazer maior que o de causar uma surpresa". "Era a moeda falsa", ele me respondeu tranquilamente, como se quisesse justificar sua prodigalidade.

Mas, em meu miserável cérebro, sempre ocupado em procurar sarna para se coçar (que faculdade cansativa a natureza me

---

1　Charles Baudelaire, "La Fausse Monnaie" [1864], in *O spleen de Paris. Pequenos poemas em prosa*. Trad. de Samuel Titan Jr. São Paulo: Editora 34, 2021, pp. 65-66.

presenteou!), penetrou de repente a ideia de que tal conduta da parte de meu amigo não era perdoável senão pelo desejo de produzir um acontecimento na vida daquele pobre diabo, ou quem sabe mesmo pelo desejo de conhecer as consequências diversas, funestas ou não, que pode engendrar uma moeda falsa nas mãos de um mendigo. Não podia ela multiplicar-se em moedas verdadeiras? Não podia ela igualmente levá-lo à prisão? Um dono de botequim ou um padeiro podiam, por exemplo, mandá-lo prender como falsário ou propagador de dinheiro falsificado. Mas bem podia ser que a moeda falsa se convertesse, para um pequeno especulador, na semente de uma riqueza de alguns dias. E assim minha fantasia corria à solta, emprestando asas ao espírito de meu amigo e extraindo todas as deduções possíveis de todas as hipóteses possíveis.

Mas este interrompeu bruscamente meu devaneio ao retomar minhas próprias palavras: "Sim, você tem razão; não há prazer mais doce que o de surpreender um homem, dando-lhe mais do que esperava".

Eu o mirei no branco dos olhos e me assustei ao ver que seus olhos brilhavam com incontestável candura. Vi então, claramente, que ele quisera fazer, ao mesmo tempo, uma caridade e um bom negócio; ganhar quarenta soldos e o coração de Deus; conquistar o paraíso a preço módico; enfim, levar grátis um brevê de homem caridoso. Eu quase teria perdoado a ele o desejo de um deleite criminoso, de que o julgara capaz havia pouco; eu teria achado curioso, singular, que ele achasse graça em comprometer os pobres; mas não lhe perdoarei nunca a inépcia de seu cálculo. Não é perdoável ser mau, mas há algum mérito em saber que o somos; e o mais irreparável dos vícios é o de fazer o mal por estupidez.

280

Machado de Assis (1880-1905)

O almocreve[1]

Vai então, empacou o jumento em que eu vinha montado; fustiguei-o, ele deu dois corcovos, depois mais três, enfim mais um, que me sacudiu fora da sela, com tal desastre, que o pé esquerdo me ficou preso no estribo; tento agarrar-me ao ventre do animal, mas já então, espantado, disparou pela estrada fora. Digo mal: tentou disparar, e efetivamente deu dois saltos, mas um almocreve, que ali estava, acudiu a tempo de lhe pegar na rédea e detê-lo, não sem esforço nem perigo. Dominado o bruto, desvencilhei-me do estribo e pus-me de pé.

— Olhe do que vosmecê escapou — disse o almocreve.

E era verdade; se o jumento corre por ali fora, contundia-me deveras, e não sei se a morte não estaria no fim do desastre; cabeça partida, uma congestão, qualquer transtorno cá dentro, lá se me ia a ciência em flor. O almocreve salvara-me talvez a vida; era positivo; eu sentia-no no sangue que me agitava o coração. Bom almocreve! Enquanto eu tornava à consciência de mim mesmo, ele cuidava de consertar os arreios do jumento, com muito zelo e arte. Resolvi dar-lhe três moedas de ouro das cinco que trazia comigo; não porque tal fosse o preço da minha vida — essa era inestimável; mas porque era uma recompensa

1   Machado de Assis, *Memórias póstumas de Brás Cubas* [*Revista Brasileira*, mar./dez. 1880], in *Obra completa em quatro volumes*. São Paulo: Nova Aguilar, 2015, vol. I, pp. 627-28.

digna da dedicação com que ele me salvou. Está dito, dou-lhe as três moedas.

— Pronto — disse ele, apresentando-me a rédea da cavalgadura.

— Daqui a nada — respondi — deixa-me, que ainda não estou em mim...

— Ora qual!

— Pois não é certo que ia morrendo?

— Se o jumento corre por aí fora, é possível; mas, com a ajuda do Senhor, viu vosmecê que não aconteceu nada.

Fui aos alforjes, tirei um colete velho, em cujo bolso trazia as cinco moedas de ouro, e durante esse tempo cogitei se não era excessiva a gratificação, se não bastavam duas moedas. Talvez uma. Com efeito, uma moeda era bastante para lhe dar estremeções de alegria. Examinei-lhe a roupa; era um pobre-diabo, que nunca jamais vira uma moeda de ouro. Portanto, uma moeda. Tirei-a, vi-a reluzir à luz do sol; não a viu o almocreve, porque eu tinha-lhe voltado as costas; mas suspeitou-o talvez, entrou a falar ao jumento de um modo significativo; dava-lhe conselhos, dizia-lhe que tomasse juízo, que o "senhor doutor" podia castigá-lo; um monólogo paternal. Valha-me Deus! Até ouvi estalar um beijo: era o almocreve que lhe beijava a testa.

— Olé! — exclamei.

— Queira vosmecê perdoar, mas o diabo do bicho está a olhar para a gente com tanta graça...

Ri-me, hesitei, meti-lhe na mão um cruzado em prata, cavalguei o jumento, e segui a trote largo, um pouco vexado, melhor direi um pouco incerto do efeito da pratinha. Mas a algumas braças de distância, olhei para trás, o almocreve fazia-me grandes cortesias, com evidentes mostras de contentamento. Adverti que devia ser assim mesmo; eu pagara-lhe bem, pagara-lhe talvez demais. Meti os dedos no bolso do colete que trazia no corpo e senti umas moedas de cobre; eram os vinténs que eu devera ter dado ao almocreve, em lugar do cruzado em prata. Porque, enfim, ele não levou em mira nenhuma recompensa ou virtude, cedeu a um impulso natural, ao temperamento, aos hábitos do ofício; acresce que a circunstância de estar, não mais adiante nem mais atrás, mas justamente no ponto do desastre, parecia constituí-lo simples instrumento da Providência; e de um ou de outro modo, o mérito do ato era positivamente nenhum. Fiquei desconsolado com esta reflexão, chamei-me pródigo, lancei o cruzado à conta das minhas dissipações antigas; tive (por que não direi tudo?), tive remorsos.

A propósito de botas[1]

Meu pai, que me não esperava, abraçou-me cheio de ternura e agradecimento. Agora é deveras? disse ele. Posso enfim...?

Deixei-o nessa reticência, e fui descalçar as botas, que estavam apertadas. Uma vez aliviado, respirei à larga, e deitei-me a fio comprido, enquanto os pés, e todo eu atrás deles, entrávamos numa relativa bem-aventurança. Então considerei que as botas apertadas são uma das maiores venturas da terra, porque, fazendo doer os pés, dão azo ao prazer de as descalçar. Mortifica os pés, desgraçado, desmortifica-os depois, e aí tens a felicidade barata, ao sabor dos sapateiros e de Epicuro. Enquanto esta ideia me trabalhava no famoso trapézio, lançava eu os olhos para a Tijuca, e via a aleijadinha perder-se no horizonte do pretérito, e sentia que o meu coração não tardaria também a descalçar as suas botas. E descalçou-as o lascivo. Quatro ou cinco dias depois, saboreava esse rápido, inefável e incoercível momento de gozo, que sucede a uma dor pungente, a uma preocupação, a um incômodo... Daqui inferi eu que a vida é o mais engenhoso dos fenômenos, porque só aguça a fome, com o fim de deparar a ocasião de comer, e não inventou os calos, senão porque eles aperfeiçoam a felicidade terrestre. Em ver-

---

1 Machado de Assis, *Memórias póstumas de Brás Cubas* [*Revista Brasileira*, mar./dez. 1880; "A propósito de botas". *Revista Ilustrada*, ano 6, n. 235, 15 jan. 1881, pp. 3-6.], in *Obra completa em quatro volumes*. São Paulo: Nova Aguilar, 2015, vol. I, pp. 641-42.

dade vos digo que toda a sabedoria humana não vale um par de botas curtas.

Tu, minha Eugênia, é que não as descalçaste nunca; foste aí pela estrada da vida, manquejando da perna e do amor, triste como os enterros pobres, solitária, calada, laboriosa, até que vieste também para esta outra margem... O que eu não sei é se tua existência era muito necessária ao século. Quem sabe? Talvez um comparsa de menos fizesse patear a tragédia humana.

M. d'Assis.
(Das *Memórias póstumas de B. Cubas*)

Revista Illustrada

Gazetilha

A Redacção da *Revista Illustrada* continua a gosar boa saude, apesar de ainda se não ter fundado o Credito-real a longo praso de que esperamos ser os melhores e mais assiduos freguezes.

Os dias vão-se tornando cada vez maiores. Parece mesmo que, em consequencia d'esse alongamento extraordinario, o primeiro de março não cahirá senão lá para meados do junho.

Em compensação, como as noites vão justamente encurtando na mesma proporção, é natural que a de S. João venha a cahir no primeiro de abril, approximadamente.

Parto breve para Montevidéo, onde vai redigir a *Patria*, o nosso collega Alfredo Bastos, que acaba de assignar um contracto com o proprietario d'aquelle jornal — Fóra do paiz, mas na *Patria*.

Devem ser hoje demittidos todos os engenheiros da camara municipal, mesmo o Dr. Rangel; mas é que quando Deus manda castigo á terra, toca a todos.

Um jornal de Paris diz que „leurs attesses brésiliennes la contesse e le conte d'Eu sont á Paris" ; mas acrescenta logo que „heureusement ni Paris ni la France ne sont pas á eux."

Depois que arrebentaram alguns tubos do encanamento das aguas, toda a engenharia é de opinião que os canos são finos. Finos ?! ..

Eu já acho que são bem grosso canudo.

Junio, que não gosta das pessoas tristes e sempre romanticamente melancholicas, define proissicamente o suspiro :
O arroto do coração ?

Partiu hoje para Europa o Dr. Luiz de Castro, redactor e um dos socios do *Jornal do Commercio*.

K. Brito sustentava ante-hontem com a severidade que se lhe reconhece que, — antes matar o tempo do que a sogra. Eu não acho.

R.

Uma receita por semana

Quereis um bom prato para o vosso almoço de hoje ?

Levantae-vos bem cedo, em quanto os urbanos dormirem ainda pelas calçadas, o tomae :

Tres figados de gallinha, cada qual mais gorda que o *Apostolo* ;

Quatro moellas de pato — em seu juizo perfeito ;

Meio kilo de castanhas, em completa maturidade ;

Meia libra de manteiga fresca de Petropolis ;

Uma attitude simples, mas decidida...

Meixei tudo com duas gemmas d'ovo fresco e meio copo de Madeira secco, deixae coser a grande fogo, absolutamente como se fosse a vossa sogra, e ao cabo de uma hora, se não gostardes, mandae chamar-me....

Eu encarrego-me de comer.

ROLANDO.

O meu canhenho

Sabbado:
Grandes bailas á phantasia nos salões dos Fenianos e nos Tenentes.

No Peleiro, dansa-se a Canna-Verde no mar, com grande *entrain* e prazer ; na caverna apparece o Pato-tonto, do cara preto, representando o esclavagismo do *Cruzeiro*... Um pandego escreveo-lhe ás costas :

„O Mal-das-vinhas do café."

Domingo:
Conferencia publica, refutando o folletim de Ramalho Ortigão sobre Alexandre Herculano. Eu entro, encontro o Adelino tomando apontamentos :

— Pois tambem vieste ?
— Oro, não se paga para entrar ...
— Eu pagava mesmo para sahir.

Segunda-feira:
O imperador encerra as camaras com a mesma serra do costume :
„Agradeço-vos a sollicitude... etc. e tal".
Perfeitamente como da vez passada.
E ninguem se riu ! — por já ser muito velho o *beniment*.

Terça-feira :

Apparecem, em volume, as *Memorias Posthumas de Braz Cubas*, por Machado de Assis, já publicadas na *Revista Brasileira*.

Não se falla n'outra cousa.
Não se falla, nem se lê ; relê-se.

Quarta-feira:

Exercicio de fogo na praia da Copacabana.

Duas forças attacam-se denodadamente. Combatem, manobram. Uma verdadeira campanha.
— Quem ganhou ?
— A companhia da bonde de Botafogo.

Quinta-feira:

A folha icterica, pelo orgão do seu folhetinista Alcista queixa-se da *Revista Illustrada*.
— Vou comprar uma corda, diz Junio, para ligar importancia ás queixas do *Cruzeiro*.

Sexta-feira :

E' dia de jejum. Cada um mortifica o corpo e prepara o espirito para receber a *Revista Illustrada* — 44, rua d'Assembléa.

Inauguração da igreja de Nossa Senhora do Patrocinio, na povoação do Desengano.

O nosso correspondente telegrapha :
„Viagem magnifica : companheiros divertidos, temperatura agradavel e nem um grão de pó! Ceremonia imponente, até Carvalho, se riu! A Exma. Sra. D. Nogueira da Gama com do Exm. Comm. F. V. Carneiro Nogueira da Gama de uma amabilidade encantadora e alegria communicativa. Igreja de fazer christão um atheu..... Adeus....

Que ha Deus, já eu sabia, ca mesmo na côrte.

K. Barro.

A proposito de botas

CAPITULO XXXVI

Meu pai, que me não esperava, abraçou-me cheio de ternura e agradecimentos :
— Agora é deveras? disse elle. Posso emfim....?

Deixei-o n'essa reticencia, e fui descalçar as botas que estavam apertadas. Uma vez allivdo, respirei á larga, e deitei-me a fio comprido, em quanto os pés, e todo eu atraz d'elles, entravamos n'uma relativa bemaventurança. Então considerei que as botas apertadas são uma das maiores venturas da terra, porque, fazendo doer os pés, dão azo ao prazer de as descalçar. Mortifica os pés, desgraçado, desmortifica-os depois; e ahi tens a felicidade barata, ao sabor dos sapateiros e de Epicuro. Emquanto esta idéa me trabalhava no famoso trapezio, lançava eu os olhos para a Tijuca, e via a alvijalinha perder-se no horisonte do preterito, e sentia que o meu coração não tardaria tambem a descalçar as suas botas.

E descalçou-as, o lascivo. Quatro ou cinco dias depois, saboreava esse rapido, ineffavel e incrivel momento do gozo, que succede a uma dôr pungente, a uma preoccupação, a um incommodo... D'aqui inferi eu que a vida é o mais engenhoso dos phenomenos, porque só aguça a fome, com o fim de deparar a occasião de comer, e não inventou as callos, senão porque elles aperfeiçoam a felicidade terrestre. Em verdade vos digo que toda a sabedoria humana não vale um par de botas curtas.

Tu, minha Eugenia, é que não as descalçaste nunca; foste ahi pela estrada da vida, manquejando da perna e do amor, triste como os enterros pobre, solitaria, calada, laboriosa, até que viesto tambem para esta outra margem.... O que eu não sei é se a tua existencia era muito necessaria ao seculo. Quem sabe? Talvez um compasso de menos fizesse patear a tragedia humana.

M. D'Assis.

(Das Memorias posthumas de B. Cubas.)

Observação

Jesus teve o supplicio da cruz e morreu; nos sonhos mais fortes que Jesus: temos o supplicio do Oruseiro e gosamos saude.

Um cego póde ás vezes ver-se perfeitamente... atrapalhado, se o deixam sem guia.

Nas fabulas de Lafontaine, quanta verdade; nas verdades do Evangelho, quanta fabula!

Um cemiterio de negros deve chamar-se um negroterio.

A virtude que é natural, não tem merecimento.

Exquisitos os surdos-mudos. Nunca os vereis juntar o gesto á palavra.

K. Brito.

BIBLIOGRAPHIA

Acabo agora mesmo de reler as *Memorias posthumas de Braz Cubas*, cuja publicação tinha acompanhado sempre com o maximo interesse.

Já uma vez me referi a esta obra, cujos primeiros capitulos eram uma valiosissima promessa, que o autor hoje paga com uma generosidade do espirito e de bom humor inapreciaveis. Machado de Assis, reconhecem-n'o todos aquelles que o tem acompanhado d'esde as *Phalenas*, a *Méo e a Lua*, *Resurreição*, *Contos Fluminenses*... até *Yaya-Garcia* e *Tu só, tu, puro amor...*, é uma organisação essencialmente litteraria e, sobretudo, um talento provadamente progressivo: vence-se constantemente.

As *Memorias Posthumas*, escriptas com a penna da galhofa e a tinta da melancholia, são mais uma prova interessante do seu engenho e um valioso mimo de humorismo. A obra é tudo, diz elle, esquivando-se a um prologo: se to agradar, pago-me da tarefa; se te não agradar, pago-te com um piparote.

Eu, com certeza, não apanho o piparote.

— De Pernambuco, chega-me o Relatorio apresentado á assembléa geral do Gabinete Portuguez de Leitura (no Recife) pela respectiva directoria, e do qual se vê o estado prospero d'aquella associação.

— Os Srs. Cardoso Monteiro & Abreu mandaram-nos quatro folhinhas para o anno corrente. São muito amaveis os Srs. Cardoso e Abreu e muito bellas as suas folhinhas. Graças.

D. Junio.

PELOS THEATROS

O Sant'Anna está definitivamente desencaixorado.

Depois de ter entretido o publico com peças conhecidas, mas que se alternavam cada dia, acaba de obter um bello successo com a nova opera-comica *les Mousquetaires au Couvent* do Paul Ferrier e Jules Prevel, musica de Louis Varney.

Bella opera! A musica é alegre e apropriada, alguns trechos são de grande belleza; e o libretto constitue uma verdadeira comedia, de enredo natural, bem combinado e tendendo graciosamente ao seu fim: maestro e librettistas combinaram perfeitamente, e deram-nos uma excellente opera-comica.

Quatro papeis sobresahem nos tres actos; Bridaine, Marie, Simone e Louise que foram confiados a Mr. Joyeux, Mlles. Lentz, Massart, e Delsol quatro excellentes interpretes. Os outros escoltam-n'os regularmente. Mr. Joyeux fez com graça e fidelidade o abbade Bridaine, e Mlle. Delsol nunca havia mostrado tanto talento como na interpretação do papel de Louise, a pensionista bisbilhoteira e espiégle, que se aborrece do exercicio:

Ah! quel exercice en nayeux!
C'est une double pénitence
Que se taire et baiser les yeux.

Mr. Dabont é que desanhou sempre que pôde, e é-lhe isso tão facil!

Labiche desde que está na Academia está tambem nos nossos theatros. E'-lhe com a compensação...

No Recreio representa-se a sua melhor comedia, o *Chapeo de palha de Italia*, uma das primeiras escriptas e de collaboração com Marc Michel, nome que os annunciar não trazem.

Nem os annuncios, nem a propria comedia.

Como um chapéo — comido por um cavallo — pode engendrar uma comedia e uma excellente comedia, é dificil de se imaginar; mas o chapéo é um simples pretexto aos ciumes d'um Othello comico, que dão lugar a uma série de scenas graciosas, adubadas de ditos de fino espirito, que exehem cinco excellentes actos, bem traduzidos pelo nosso amigo Ferreira de Aranjo.

Assim o publico recebeu o *Chapéo de palha de Italia* com alegres gargalhadas,

---

"A propósito de botas", de Machado de Assis,
nas páginas da *Revista Ilustrada* de 15 de janeiro de 1881.

Chovendo[1]

Chove, e muito, uma dessas chuvas que não se podem chamar miúdas, e, todavia, não são aguaceiros. Chove desde madrugada, sem parar, às vezes mais, às vezes menos, mas constante. Os regos enchem-se, a lama alastra a calçada. Da janela em que estou vejo dezenas de guarda-chuvas, que se cruzam, de um lado e de outro, e pela esquina da rua próxima passam outros para cima ou para baixo.

Esse cobre uma dama de preto, que arregaça o vestido, mostra um pouco das saias e da botina, e nada mais, e vai lépida, sem um respingo de lama, nem d'água. Esse outro protege o chapéu de um desembargador, que vai mais lento, por causa dos anos e das ordenações do Reino, enquanto aquele defende a cabeça de um negociante, aquele outro a de um padre. Cá vai agora, sem guarda-chuva, um triste sujeito, molhado, escorrido, com o chapéu desabado, as botas encharcadas, as mãos nos bolsos, os joelhos reluzentes, e ali passa uma preta, cujo tabuleiro lhe serve ao mesmo tempo de guarda-chuva — o que é suprema habilidade: negociando, cobre-se.

Não falemos daquele chim, que atira indiferente as gâmbias finas, e recebe a água como se fossem as graças de um manda-

---

1 Machado de Assis, "Chovendo" [*Almanaque da Gazeta de Notícias para 1885*. Rio de Janeiro: Tipografia da Gazeta de Notícias, 1884, pp. 277-78], in *Obra completa em quatro volumes*. São Paulo: Nova Aguilar, 2015, vol. III, pp. 1272-73.

rim. Passa agora um tílburi, com um médico, outro com uma senhora. Lá vem a criança patinando n'água e na lama, por gosto, descalça, a cabeça molhada, e um grande riso na boca. Agora um casal, agora um velho, agora — um menino — e depois outro menino, outro velho, e outro casal, e rapazes também, de todas as idades e profissões, e moças como de ainda há pouco, arregaçando as saias, e mostrando a botina. Também há as que não conhecem essa arte especial, e cuja barra do vestido, molhada e lamacenta, vai batendo nos tacões da botina de duraque.

Durante esse tempo, continuei à janela, imaginando que os homens fizeram esta rua, e Deus mandou esta água, unicamente para que eu me distraia e escreva essa página sem assunto. Deus é grande! a página está pronta.

M. de A.

A esmola da felicidade[1]

— Deus lhe acrescente, minha senhora devota! — exclamou o irmão das almas ao ver a nota cair em cima de dois níqueis de tostão e alguns vinténs antigos. — Deus lhe dê todas as felicidades do céu e da terra, e as almas do purgatório peçam a Maria Santíssima que recomende a senhora dona a seu bendito filho!

Quando a sorte ri, toda a natureza ri também, e o coração ri como tudo o mais. Tal foi a explicação que, por outras palavras menos especulativas, deu o irmão das almas aos dois mil-réis. A suspeita de ser a nota falsa não chegou a tomar pé no cérebro deste: foi alucinação rápida. Compreendeu que as damas eram felizes, e, tendo o uso de pensar alto, disse piscando o olho, enquanto elas entravam no carro:

— Aquelas duas viram passarinho verde, com certeza.

Sem rodeios, supôs que as duas senhoras vinham de alguma aventura amorosa, e deduziu isto de três fatos, que sou obrigado a enfileirar aqui para não deixar este homem sob a suspeita de caluniador gratuito. O primeiro foi a alegria delas, o segundo, o valor da esmola, o terceiro, o carro que as esperava a um canto, como se elas quisessem esconder do cocheiro o ponto dos namorados. Não concluas tu que ele tivesse sido cocheiro algum dia, e andasse a conduzir moças antes de servir às almas. Também não creias que fosse outrora rico e adúltero,

---

1 Machado de Assis, *Esaú e Jacó* [1904], in *Obra completa em quatro volumes*. São Paulo: Nova Aguilar, 2015, vol. I, p. 599.

aberto de mãos, quando vinha de dizer adeus às suas amigas. *Ni cet excès d'honneur, ni cette indignité.* Era um pobre-diabo sem mais ofício que a devoção. Demais, não teria tido tempo; contava apenas vinte e sete anos.

Cumprimentou as senhoras, quando o carro passou. Depois ficou a olhar para a nota tão fresca, tão valiosa, nota que almas nunca viram sair das mãos dele. Foi subindo a rua de São José. Já não tinha ânimo de pedir; a nota fazia-se ouro, e a ideia de ser falsa voltou-lhe ao cérebro, e agora mais frequente, até que se lhe pegou por alguns instantes. Se fosse falsa... "Para a missa das almas!", gemeu à porta de uma quitanda e deram-lhe um vintém — um vintém sujo e triste, ao pé da nota tão novinha que parecia sair do prelo. Seguia-se um corredor de sobrado. Entrou, subiu, pediu, deram-lhe dois vinténs, o dobro da outra moeda no valor e no azinhavre.

E a nota sempre limpa, uns dois mil-réis que pareciam vinte. Não, não era falsa. No corredor pegou dela, mirou-a bem; era verdadeira. De repente, ouviu abrir a cancela em cima, e uns passos rápidos. Ele, mais rápido, amarrotou a nota e meteu-a na algibeira das calças; ficaram só os vinténs azinhavrados e tristes, o óbolo da viúva. Saiu, foi à primeira oficina, à primeira loja, ao primeiro corredor, pedindo longa e lastimosamente:

— Para a missa das almas!

Na igreja, ao tirar a opa, depois de entregar a bacia ao sacristão, ouviu uma voz débil como de almas remotas que lhe perguntavam se os dois mil-réis... Os dois mil-réis, dizia outra voz menos débil, eram naturalmente dele, que, em primeiro lugar, também tinha alma, e, em segundo lugar, não recebera nunca tão grande esmola. Quem quer dar tanto vai à igreja ou compra uma vela, não põe assim uma nota na bacia das esmolas pequenas.

Se minto, não é de intenção. Em verdade, as palavras não saíram assim articuladas e claras, nem as débeis, nem as menos débeis; todas faziam uma zoeira aos ouvidos da consciência. Traduzi-as em língua falada, a fim de ser entendido das pessoas que me leem; não sei como se poderia transcrever para o papel um rumor surdo e outro menos surdo, um atrás de outro e todos confusos para o fim, até que o segundo ficou só: "não tirou a nota a ninguém... a dona é que a pôs na bacia por sua mão... também ele era alma...". À porta da sacristia que dava para a rua, ao deixar cair o reposteiro azul-escuro debruado de amarelo, não ouviu mais nada. Viu um mendigo que lhe estendia o chapéu roto e sebento, meteu vagarosamente a mão no bolso do colete, também roto, e aventou uma moedinha de cobre que deitou ao chapéu do mendigo, rápido, às escondidas, como quer o Evangelho. Eram dois vinténs; ficavam-lhe mil novecentos e noventa e oito réis. E o mendigo, como ele saísse depressa, mandou-lhe atrás estas palavras de agradecimento, parecidas com as suas:

— Deus lhe acrescente, meu senhor, e lhe dê...

Sobre os autores e tradutores

Alberto Coelho da Cunha

Alberto Coelho da Cunha nasceu em Pelotas, Rio Grande do Sul, em 1853. Muda-se para o Rio de Janeiro para seguir seus estudos, mas logo regressa à cidade natal por questões de saúde, tornando-se caixeiro ajudante do guarda-livros no escritório de seu pai. A convite de Aquiles Porto Alegre, autor do livro *Fantasias* (1894),[1] começa a colaborar com contos e fantasias na revista mensal da Sociedade Partenon Literário,[2] importante agremiação da então província do Rio Grande do Sul. Nesse periódico, sob o pseudônimo de Vitor Valpírio ou Jatyr, Alberto publica as seguintes fantasias: "Fantasias e caprichos" (1873); "Fantasias: 'Mimi' e 'Meu anjo escuta'" (1873); "Fantasias: 'Vozes à toa', 'Vozes de amor' e 'A morte de Serafina'"(1873); "Fantasias: Vozes a esmo" (1873) e "Fantasia: A filha do capataz" (1874).

---

1   Cf. Afrânio Coutinho e José Galante de Sousa, *Enciclopédia de literatura brasileira*. São Paulo: Global Editora / Fundação Biblioteca Nacional, 2001.
2   *Partenon Literário*. Org. de Alice T. C. Moreira, Maria Eunice Moreira e Mauro Nicolas Póvoas. Porto Alegre: EDIPUCRS, 2018. Disponível on-line.

Campos Carvalho

Bem pouco ou quase nada se sabe sobre João Ribeiro de Campos Carvalho, o primeiro tradutor dos pequenos poemas em prosa de *O* spleen *de Paris* e autor do primeiro volume brasileiro de poemas em prosa baudelairianos.

Nasceu em Lavra do Mato, Minas Gerais, em 9 de setembro de 1848, e dividiu os estudos de direito em São Paulo com a prática da escrita, contribuindo nos rodapés da imprensa "para distrair-se, para passar o tempo". *Arabescos. Fantasias* reúne "folhetins e inéditos" e foi publicado no Rio de Janeiro em 1871, quando o autor ainda era um estudante da Academia de São Paulo. Escrito de acordo com "o espírito turbulento e cintilante da mocidade", o livro, escreve Guimarães Júnior na "Introdução", não é para o leitor "descansado, pacato, muito constitucional e amigo de soletrar com pausas prolongadas", mas antes para aquele que procura "a literatura ligeira" que é a "face predominante do tempo, heroico e leviano, fútil e empreendedor".

Carvalho Júnior

Francisco Antônio de Carvalho Júnior nasceu no Rio de Janeiro em 1855 e, como boa parte dos jovens da elite de sua geração, estudou direito em Recife e em São Paulo.[3] Morreu de problemas cardíacos aos 24 anos, mal começada a vida adulta, e com obra diminuta na gaveta, que o amigo Artur Barreiros reuniu e publicou num único volume no ano de sua morte, em 1879. Assim que obteve o grau de bacharel em 1877, Carvalho Júnior colaborou como folhetinista em diversos periódicos, como *A República*, na qual também publicavam importantes intelectuais da época, escreveu versos, crítica literária e política,

3 Em 1827 as duas cidades foram escolhidas para abrigar as duas faculdades de direito do Brasil, antes disso os filhos da elite formavam-se na Europa.

proferiu discursos no Clube Republicano Acadêmico de São Paulo e ainda teve tempo de se casar, assumir o cargo de promotor público de Angra dos Reis, e enfim o de juiz municipal.

Parisina, única obra do autor, reúne 22 poemas "escritos ao jeito de Baudelaire"[4] na seção intitulada *Hespérides*; uma peça de teatro em três atos que empresta o título ao volume; sete textos críticos e cinco folhetins escritos, segundo o amigo, "sem outro intuito que o de encher espaço e desenfastiar o leitor". Nessa última seção, Artur Barreiros reuniu "Necrológio de um...", "Um amor filósofo", "Aspásia (Fantasia)", "Fervet Opus" e "A estátua da carne". A classificação, no entanto, é ambígua, pois une crítica literária e textos ficcionais. De todas as peças, duas em particular saltam aos olhos. "Aspásia", cujo subtítulo entre parênteses indica a qual gênero pertence; e "Amor filósofo (Romance microscópico)", peça em que motivos baudelairianos são abrasileirados com lirismo e graça — "os cabelos mais pretos que nanquim, os olhos mais pretos que dois moleques capoeiras" —, e a forma breve tão típica desse gênero de composições se torna princípio literário, reduzindo a menos de duas linhas cada passo decisivo da história.[5] Ambas estão reproduzidas neste livro [pp. 252 e 245, respectivamente].

4   Artur Barreiros, "Prefácio", in Carvalho Júnior, *Parisina, escritos póstumos*. Rio de Janeiro: Tipografia de Agostinho Gonçalves Guimarães & Cia., 1879, p. XII.

5   Note-se a esse respeito que os experimentos líricos que formariam a base dos primeiros poemas em prosa de Raul Pompeia de 1883 foram publicados com o título de "Microscópicos" nos periódicos *A comédia*, em São Paulo, e a *Gazetinha*, no Rio de Janeiro. Gilberto Araújo, "Introdução", in Raul Pompeia, *Canções sem metro* [1900]. Org. de Gilberto Araújo. Campinas: Ed. da Unicamp, 2013, pp. 26-27.

Cruz e Sousa

Filho de escravos alforriados, João da Cruz e Sousa — nome que recebe em homenagem aos antigos senhores de seus pais — nasceu em 1862, em Desterro, na atual Florianópolis, em Santa Catarina. O futuro poeta cresce na casa senhorial e aprende a ler com dona Clarinda, esposa do coronel Guilherme de Sousa, para o qual João da Cruz declama já aos 8 anos seus primeiros versos. Em 1874 ingressa no Ateneu Provincial, onde conhece os amigos Virgílio Várzea e Santos Lostada, e com os quais cria em 1881 o jornal literário *Colombo*. Ao mesmo tempo que compõe poemas para o jornal, ganha a vida como professor particular e caixeiro, e depois como ponto da Companhia Dramática Simões. É a partir dessa época que começa a surgir em torno destes amigos e do interesse pelo teatro o chamado grupo da "Ideia Nova". Em 1883 chega à cidade o novo presidente da província, o Dr. Francisco Luís da Gama Rosa, que logo integra o grupo e nomeia Virgílio Várzea oficial de seu gabinete e Cruz e Sousa promotor público de Laguna — cargo que o poeta não assumirá por objeções racistas da classe política local. No mesmo ano, João da Cruz integra a Companhia Dramática Julieta dos Santos, viajando país afora. De volta à terra natal, escreve com o amigo Virgílio Várzea seu primeiro ensaio no gênero poema em prosa, *Tropos e fantasias*, publicado em 1885, e torna-se redator no jornal satírico *O Moleque*. Colabora em seguida no *Abolicionista*, e depois no *Tribuna Popular*. Depois da abolição da escravatura, transfere-se para o Rio de Janeiro, onde conhece Gavita, sua futura esposa, e passa a colaborar ativamente na imprensa local. Naquele ano de 1893 são publicados *Missal* (poemas em prosa) e *Broquéis* (poesias), livros inaugurais do simbolismo brasileiro. Pouco depois, em meio às preocupações financeiras, à loucura da esposa e ao agravamento da própria saúde, Cruz e Sousa seleciona os poemas em prosa de *Evocações* (1898), as poesias de *Faróis* (1900) e *Últimos sonetos* (1905), volumes póstumos que só viriam a público graças ao esforço do amigo Nestor Vítor. Cruz e Sousa faleceu aos 36 anos.

Gama Rosa

Em 1888 Francisco Luís da Gama Rosa publica na *Tribuna Liberal* o primeiro artigo sobre o movimento simbolista francês:

> O movimento literário que nós propomos descrever, posto que tenha por precursor Charles Baudelaire, o homem de *As flores do mal*, é de data inteiramente recente, visto como somente começou a existir há apenas três anos, em 1885, com a formação dos primeiros núcleos de jovens escritores, sob a direção de Paul Verlaine e Stéphane Mallarmé, chefe dos dois grupos que representam a direita conservadora e a extrema esquerda radical do partido literário.[6]

O escrito saía no mesmo mês que uma série publicada no jornal *Novidades*[7] por Araripe Jr., amigo que lhe transmitira alguns livros decadistas. Este, por sua vez, havia sido apresentado às obras de autores como Verlaine e Mallarmé por Medeiros e Albuquerque, intelectual pernambucano que conhecera o melhor da produção do gênero graças a um integrante do grupo mallarmista em Paris.[8] Nascido em Uruguaiana, província do

6   Gama Rosa, "Tribuna liberal" [*Órgão do partido (Liberal)*, ano 1, n. 8, 08 dez. 1888], *apud* Andrade Muricy, *Panorama do movimento simbolista brasileiro*. Rio de Janeiro: Departamento de Imprensa Nacional, 1952, p. 116.

7   Cf. Glória Carneiro do Amaral, *Aclimatando Baudelaire*. São Paulo: Annablume, 1996, p. 63. Araripe Jr. publica artigos no *Novidades* de 6 de dezembro de 1888 a 8 de fevereiro de 1889. Os artigos foram reunidos sob o título "Raul Pompeia / *O Ateneu* e o romance psicológico" em Araripe Jr., *Obra crítica*. Rio de Janeiro: MEC / Casa de Rui Barbosa, 1958-70, vol. II.

8   Cf. Araripe Júnior, "Movimento literário do ano de 1893", in *Obra crítica*, op. cit., vol. III, pp. 135-36.

Rio Grande do Sul em 6 de janeiro de 1852, Gama Rosa vai ainda menino a Desterro, Santa Catarina. Ali frequentaria o Liceu Provincial e o Colégio Santíssimo Salvador, instituição em que tem início sua carreira de jornalista, tornando-se editor do periódico *A União*. Aos quinze anos muda-se para o Rio de Janeiro, onde se forma em medicina em 1876. Sua tese, "Higiene do casamento", seria publicada naquele mesmo ano e traduzida para o francês por Max Nordau — médico e jornalista com quem frequentemente se correspondia, além de outros intelectuais europeus da época, como Herbert Spencer — e ainda nos idiomas inglês e alemão. Recém-laureado, atua numa clínica gratuita na Gávea ao mesmo tempo que passa a colaborar com diversos jornais e revistas da capital do Império, como a *Tribuna Liberal*, a *Revista Brasileira*, a *Gazeta da Tarde* e o *Jornal do Comércio*, os dois últimos a convite de Araripe Jr. Em 1881 é nomeado presidente da província de Santa Catarina pelo Conselheiro Lafaiete, cargo que ocuparia até 1884. Seu mandato ficaria famoso pelas nomeações às funções públicas de jovens poetas, como Virgílio Várzea, Manuel dos Santos Lostada e Cruz e Sousa, os jovens do grupo da "Ideia Nova". Intelectual curioso e atento à multiplicidade das novidades daquele fim de século, cujo emblema, escreve, é "a viagem de *wagon*, a 120 quilômetros por hora",[9] Dr. Gama Rosa tratou em suas obras dos usos higiênicos do gelo à literatura de Machado de Assis.[10] Foi ainda secretário da Escola Nacional de Belas-Artes, função que ocupou até o fim da vida.

9 Gama Rosa, *apud* Andrade Muricy, *Panorama do movimento simbolista brasileiro*. Rio de Janeiro: Departamento de Imprensa Nacional, 1952, p. 115.

10 Gama Rosa, "Os papéis avulsos por Machado de Assis". *Gazeta da Tarde*, 02 nov. 1882.

Luís Guimarães Júnior

Luís Caetano Pereira Guimarães Júnior nasceu em 1845, no Rio de Janeiro. Aos 17 anos compõe uma "Cena contemporânea", oferecida ao "autor de *Desencantos*", e publica seu livro de estreia, o romance *Lírio Branco*, que Machado de Assis elogiaria em *O futuro*. No mesmo ano viaja a São Paulo para terminar o curso preparatório e se inscrever na Faculdade de Direito. Dois anos mais tarde parte para o Recife, onde concluirá o curso de direito em fins de 1869, ano da publicação de seu primeiro volume de poesias, *Corimbos*. Naquela cidade convive com Tobias Barreto, Castro Alves e Vitoriano Palhares, poetas da nascente escola condoreira em que Guimarães Júnior também toma parte.[11] De volta ao Rio, escreve peças de teatro e colabora intensamente com a imprensa, publicando toda sorte de narrativas curtas que depois reuniria em livro. De janeiro a abril de 1870 vem a público *A família agulha* (romance humorístico), nas páginas do *Diário do Rio de Janeiro*, jornal em que manteve durante três anos duas seções de crônicas de variedades, "Por paus e pedras" e "Revista de domingo".[12] No ano seguinte funda com o primo João Pinheiro Guimarães a revista *O Mundo da lua: folha ilustrada, lunática, hiperbólica e satírica*, que teve vida breve. Em 1872, ano em que entra para o serviço diplomático, são publicados os volumes de folhetins *Filigranas*, *Curvas e zig-zags, caprichos humorísticos*, e os poemas em prosa de *Noturnos*. Dali em diante será adido em Santiago do Chile, Londres e Roma, de

---

11 Antonio Candido diz que "A morte da águia", do autor, "simboliza as diversas fases da aventura condoreira, que marcou o fim do romantismo poético no Brasil". Antonio Candido, *Formação da literatura brasileira: momentos decisivos*. São Paulo: Todavia, 2017, p. 621.

12 Flora Süssekind, "A família agulha: prosa em ziguezague", in *A família agulha: romance humorístico*. Rio de Janeiro: Vieira & Lent / Casa de Rui Barbosa, 2003, pp. 11-32.

onde escreve ao amigo Machado parabenizando-o por três de suas fantasias publicadas em *O Cruzeiro*. Também foi ministro em Caracas e secretário de Legação em Lisboa, para onde se transferiria mais tarde e viria a falecer em 1895. Os poemas parnasianos de *Sonetos e rimas*, de 1880, foram escritos neste período europeu.

Raul Pompeia

Raul d'Ávila Pompeia não é propriamente um autor esquecido como outros que integram este livro, mas tem a particularidade de ser comumente lembrado por uma única obra, *O Ateneu*, de 1888. Nasceu em Angra dos Reis, em 1863, e mudou-se ainda menino para o Rio de Janeiro, onde frequentaria o Colégio Abílio, e no qual viveria experiências que lhe inspirariam mais tarde o famoso romance. Aos 15 anos escreve seu livro de estreia, *Uma tragédia no Amazonas*, cuja publicação em 1880 seria custeada por ele e pelo pai. No ano seguinte vai a São Paulo a fim de ingressar na Academia de Direito da cidade, e lá se envolve na luta pelas causas republicana e abolicionista, o que provavelmente influiria na reprovação dos seus exames e na transferência para Recife, onde conclui o último ano de sua formação, em 1885. Mas é na capital paulista, convivendo com a mocidade boêmia e relativamente engajada da Academia, com Luís Gama, de quem se tornaria amigo, com Teófilo Dias ou ainda Luís Murat, que Raul Pompeia compõe os primeiros poemas em prosa das *Canções sem metro*, obra longamente arquitetada e que só seria publicada cinco anos após o suicídio do escritor, em 1900. Raul Pompeia também escreveu crônicas, contos e ensaios, além de ter sido um hábil ilustrador (inclusive de suas próprias obras). Como resenhista não foi menos astuto e ousado, escrevendo no calor da hora, enquanto as *Memórias póstumas de Brás Cubas* saíam aos pedaços na *Revista Brasileira*, uma crítica elogiosa para aquele excêntrico romance.[13] Exerceu, por fim, o magistério, tornando-se professor da Escola Nacional de Belas Artes e, com a Proclamação da República, diretor da Biblioteca Nacional, cargo que perderia com a destituição de Floriano Peixoto, que o escritor defendeu até o fim. Tal posicionamento prejudicaria sua reputação no meio intelectual da época e romperia antigas amizades, levando-o ao suicídio no natal de 1895.

---

13 Raul Pompeia, "Crônica 3" [*Revista Ilustrada*, n. 202, 1880], in *Obras*. Org. de Afrânio Coutinho. Rio de Janeiro: MEC / FENAME / Oficina Literária Afrânio Coutinho, Civilização Brasileira, 1983, vol. VII, pp. 21-22.

Gravura de um retrato de Charles Baudelaire por Etienne Carjat em 1863. Acervo Museológico da ABL. Coleção Machado de Assis.

Retrato de Machado de Assis por Insley Pacheco em 1874.

Cronologia[1]

1821 No dia 9 de abril nasce em Paris Charles Baudelaire.

1839 No dia 21 de junho nasce no Rio de Janeiro Joaquim Maria Machado de Assis. Em Paris, Baudelaire é expulso do colégio Louis-le-Grand por indisciplina. Assim que termina os estudos do ensino médio, se inscreve na Faculdade de Direito de Paris, mas não frequenta os cursos.

1848 Baudelaire toma parte na Revolução de Fevereiro e nas Jornadas de Junho. Funda com três amigos um jornal revolucionário (*Le Salut public*), torna-se secretário de redação de um jornal socialista (*La Tribune nationale*) e publica sua primeira tradução de E. A. Poe, "Révelation magnétique", na revista *La Liberté de penser, revue philosophique et littéraire*.

---

1   Para a cronologia machadiana, tomo pé na versão ampliada das "Fontes para o estudo de Machado de Assis", de José Galante de Sousa, publicadas em "Memória Seletiva", in *Cadernos de literatura brasileira: Machado de Assis*. São Paulo: Instituto Moreira Salles, n. 23/24, jul. 2008, pp. 10-40; e para os dados biográficos de Baudelaire, na cronologia realizada por André Guyaux para a nova edição das *Œuvres complètes*. Paris: Gallimard, 2024, tomo I, pp. LIII-XCII e tomo II, pp. IX-XXVIII. Bibliothèque de la Pléiade.

1851 Publicação de *Do vinho e do haxixe*, primeiras incursões de Baudelaire no gênero do poema em prosa. No dia do aniversário de 30 anos do poeta, onze sonetos seus são publicados no jornal *Le Messager de l'Assemblée*.

1855 Depois de publicar, no ano anterior, sua primeira obra poética, um soneto com dedicatória "À Ilma. Sra. D. P. J.", no *Período dos pobres*, Machado inicia sua colaboração na *Marmota Fluminense* com a poesia "Ela". Dois poemas em prosa de Baudelaire, "O crepúsculo da tarde" e "Solidão", são publicados em um livro em homenagem a C.-F. Denecourt. Em junho, a *Revue des Deux Mondes* publica dezoito poemas seus sob o título *Les Fleurs du mal*. No ano seguinte, o poeta reúne suas traduções dos contos de E. A. Poe no livro *Histoires extraordinaires*, cuja publicação é anunciada no *Courrier du Brésil*.

1857 É publicada em 25 de junho a primeira edição de *As flores do mal*. Em 20 de agosto o Ministério Público francês condena seis peças da coletânea e imputa uma multa de 300 francos a Baudelaire. Seis poemas em prosa do autor são publicados na revista *Le Présent* sob o título de "Poemas noturnos". Segundo José Galante de Sousa, Machado seria aprendiz de tipógrafo na Tipografia Nacional desde o ano anterior. Em agosto traduz uma opereta francesa, *A ópera das janelas* (*Opéra aux fênetres*), de L. Halévy.

1860 Machado escreve crítica teatral para *O espelho*, entra para a equipe do *Diário do Rio de Janeiro* e passa a colaborar em *A Semana Ilustrada*. Publicação de "Os paraísos artificiais", de Baudelaire. No ano seguinte, a *Revue fantaisiste* publica nove poemas em prosa do autor.

1862 De agosto a setembro vinte poemas em prosa de Baudelaire são publicados no jornal *La Presse*. Os versos de

"La Lune offensée" são publicados no *Courrier du Brésil*. Machado é bibliotecário da Sociedade Arcádia Brasileira, escreve crônicas para *O futuro* e mantém a coluna "Comentários da semana" para o *Diário*.

1863 Machado de Assis reúne duas comédias no volume *Teatro de Machado de Assis*. Em Paris, alguns poemas em prosa de Baudelaire são publicados nas revistas *Le Boulevard* e *Revue nationale et étrangère*.

1864 Breve colaboração de Machado de Assis na *Imprensa Acadêmica de São Paulo*. Publicação de *Crisálidas*, primeiro volume de poesias de Machado. *Le Figaro* publica sob o título de *Le Spleen de Paris* seis poemas em prosa de Baudelaire. Além destes, dois saem nas revistas *La Semaine de Cusset et de Vichy* e *La vie Parisienne*, três na revista *L'Artiste* (entre os quais, "A moeda falsa") e seis na *Nouvelle Revue de Paris*. Baudelaire instala-se em Bruxelas.

1866 Machado publica nova comédia, *Os deuses de casaca* e começa a traduzir, para o *Diário do Rio de Janeiro*, *Os trabalhadores do mar*, de Victor Hugo, romance que Baudelaire recebe naquele mesmo ano das mãos de Adèle Hugo, e sobre o qual escreve algumas notas. Com a saúde cada vez mais debilitada, o poeta francês publica quinze poemas sob o título "Nouvelles Fleurs du mal" na revista *Le Parnasse contemporain*, dirigida por Catulle Mendès. Dois poemas em prosa são publicados ainda na *Revue du Dix-Neuvième Siècle* sob o título "Pequenos poemas licantrópicos", e "Os bons cães" em *La Petite Revue* e *Le Grand Journal*.

1867 Charles Baudelaire falece aos 46 anos a 31 de agosto. Alguns de seus poemas em prosa são publicados de setembro a outubro na *Revue nationale et étrangère*. "A espingarda Baudelaire", anedota sobre o autor, é publicada em dois jornais brasileiros. Machado é agraciado com o grau de Cavaleiro da Ordem da Rosa e sua tradução de uma comédia de Victorien Sardou, *A família Benoiton*, é apresentada no Teatro Ginásio.

1869 *O spleen de Paris* é publicado pelo editor Michel Lévy no quarto volume das obras completas de Charles Baudelaire (os dois primeiros volumes são publicados no ano anterior, e o terceiro em fevereiro). Machado de Assis assina contrato com Garnier e compromete-se a entregar três livros ao editor. Casa-se em novembro com Carolina Augusta Xavier de Novais. No ano seguinte publica seu segundo volume de poesias, *Falenas*, os *Contos fluminenses* e começa a traduzir *Oliver Twist*, de Dickens, para o *Jornal da Tarde*.

1871 Campos Carvalho publica as primeiras traduções de alguns poemas em prosa de *O spleen de Paris* nas páginas do *Correio Paulistano*, e o livro *Arabescos. Fantasias*. Luís Guimarães Júnior publica "Literatura angélica, poemas em prosa" em *O Mundo da lua: folha ilustrada lunática, hiperbólica e satírica*. Tradução do poema "O veneno" ["Le Poison"] de *As flores do mal*, por Luís Delfino (inédita até 1934). Machado torna-se membro do Conservatório Dramático do Rio de Janeiro.

1872 Machado publica seu primeiro romance, *Ressurreição*, e escreve resenha sobre *Noturnos*, livro de poemas em prosa de Luís Guimarães Júnior publicado naquele ano. Seis traduções dos poemas em prosa de *O spleen de Paris* saem no *Diário de Notícias do Rio de Janeiro*. "Uma vítima do himeneu, poema em prosa em três cantos" aparece no *Centro Acadêmico do Rio de Janeiro*. É publicado *Alcíones*, do poeta gaúcho Carlos Ferreira, que escreve para o *Correio do Brasil* uma resenha sobre o novo romance de Machado.

1873   Publicação de *Histórias da meia-noite* e "Notícia da atual literatura brasileira", de Machado de Assis. Uma tradução do poema "O ideal e o real", de *O spleen de Paris*, é publicada nas páginas do *Domingo, Jornal Literário e Recreativo*. Alberto Coelho da Cunha começa a publicar a série "Fantasias" na *Revista mensal da Sociedade Partenon Literário*.

1874   Machado escreve, para as páginas do jornal *O Globo, A mão e a luva*, seu segundo romance (publicado em volume no mesmo ano) e recebe um convite de Cattule Mendès para fazer parte da *Sociedade Internacional dos Poetas*. "Le Jet d'eau", de *As flores do mal*, é traduzido por João Batista Regueira Costa. No ano seguinte Machado publica seu terceiro volume de versos, *Americanas*.

1876   Início da colaboração de Machado no periódico *Ilustração Brasileira*. Em agosto, começa a publicar seu terceiro romance, *Helena*, em *O Globo*. Publicação de "Um amor filósofo (Romance microscópico)", de Carvalho Júnior, nas páginas de *O Fígaro, folha ilustrada*.

1878   Publicação seriada de *Iaiá Garcia* no rodapé de *O Cruzeiro*, quarto romance de Machado, seguido de nove fantasias e dois artigos sobre o realismo de Eça de Queirós, e da série de crônicas "Notas Semanais". Em dezembro, por questões de saúde, parte para Friburgo.

1879   Machado começa a colaborar em *A Estação* e na *Revista Brasileira*, onde é publicado o famoso artigo sobre "A nova geração". Saem no jornal *O Repórter* quatro poemas em prosa de *O spleen de Paris* traduzidos por Gama

Rosa. Publicação de *Parisina, escritos póstumos*, de Carvalho Júnior.

1880 A *Revista Brasileira* publica em janeiro seis poemas de Machado de Assis sob o título "Cantos ocidentais", e, de março a dezembro, o romance *Memórias póstumas de Brás Cubas*.

1881 Publicação das *Memórias póstumas de Brás Cubas* em livro, pelo editor Garnier. Um capítulo desse romance, "A propósito de botas", sai nas páginas da *Revista Ilustrada*. Em dezembro Machado inicia sua colaboração como cronista na *Gazeta de Notícias*.

1884 Machado publica "Chovendo" no *Almanaque da Gazeta de Notícias* e o volume de contos *Histórias sem data*. Publicação de *Flores transplantadas*, de Regueira Costa, e de *Opalas*, de Fontoura Xavier. No ano seguinte Cruz e Sousa publica com o amigo Virgílio Várzea "Tropos e fantasias", e Raul Pompeia publica na *Gazeta da Tarde* o poema em prosa "A noite", que será reunido nas *Canções sem metro*.

1886 Início da publicação de *Quincas Borba*, romance de Machado, em *A Estação*. Raul Pompeia publica na *Gazeta da Tarde* o poema em prosa "Rumor e silêncio", reunido posteriormente em *Canções sem metro*.

1893 Publicação de *Missal*, poemas em prosa de Cruz e Sousa.

1897 Machado de Assis torna-se o presidente da recém-criada Academia Brasileira de Letras. Publicação póstuma, no ano seguinte, de *Evocações*, poemas em prosa de Cruz e Sousa.

1900 Publicação póstuma de *Canções sem metro*, de Raul Pompeia. No ano seguinte, Machado publica um volume de suas *Poesias completas*.

1904 Publicação do romance *Esaú e Jacó*. Em outubro falece Carolina, esposa de Machado.

1908 Publicação do romance *Memorial de Aires*. Falece Machado de Assis em 29 de setembro, aos 69 anos.

Referências bibliográficas

Obras literárias

José de ALENCAR, "Introdução", in Luís Caetano GUIMARÃES JÚNIOR, *Noturnos*. Rio de Janeiro: A. de A. Lemos, 1872, pp. III-VI.

Charles BAUDELAIRE, *O spleen de Paris. Pequenos poemas em prosa*. Trad. de Samuel TITAN JR. São Paulo: Editora 34, 2020.

___, *Œuvres complètes*. Paris: Gallimard. Org. de André GUYAUX e Andrea SCHELLINO, 2024, tomos I e II, 2024. Bibliothèque de la Pléiade.

___, *Correspondance*. Org. de Claude PICHOIS e Jean ZIEGLER. Paris: Gallimard, 2024, tomos I e II, 2024. Bibliothèque de la Pléiade.

Alberto Coelho da CUNHA, "Fantasias". *Revista mensal da Sociedade Partenon Literário*. Porto Alegre: Tipografia do Constitucional, série 2, ano 2, n. 1, 1873.

Joaquim Maria MACHADO DE ASSIS, *Obra completa em quatro volumes*. São Paulo: Nova Aguilar, 2015.

___, *Correspondência de Machado de Assis (1870-1889)*. Org. de Irene MOUTINHO e Sílvia ELEUTÉRIO. Rio de Janeiro: ABL, 2009, tomo II. Coleção Afrânio Peixoto, 92.

___, *Memórias póstumas de Brás Cubas. Revista Brasileira*. Rio de Janeiro: N. Midosi editor, 1880, tomo III, pp. 353-72.

Artur BARREIROS, "Prefácio", in Francisco Antonio de CARVALHO JÚNIOR, *Parisina, escritos póstumos*. Rio de Janeiro: Tipografia de Agostinho Gonçalves Guimarães & Cia., 1879, pp. VII-XVI.

João Ribeiro de CAMPOS CARVALHO, *Arabescos. Fantasias*. Rio de Janeiro: Perseverança, 1871.

Francisco Antonio de CARVALHO JÚNIOR, *Parisina, escritos póstumos*. Rio de Janeiro: Tipografia de Agostinho Gonçalves Guimarães & Cia., 1879.

João Batista Regueira COSTA, *Flores transplantadas*. Recife: Tipografia Comercial, 1884.

Teófilo DIAS, *Fanfarras*. São Paulo: Dolivais Nunes, 1882.

Carlos FERREIRA, *Alcíones*. Rio de Janeiro: J. T. P. Soares, 1872.

Luís Caetano GUIMARÃES JÚNIOR, "Introdução", in João Ribeiro de CAMPOS CARVALHO, *Arabescos. Fantasias*. Rio de Janeiro: Tipografia Perseverança, 1871, pp. VII-XVII.

___, *Noturnos*. Rio de Janeiro: A. de A. Lemos, 1872.

___, *Curvas e zig-zags, caprichos humorísticos*. Rio de Janeiro: B. L. Garnier / Tipografia Franco Americana, 1872.

___, "Carta a Machado de Assis, 24 de junho de 1878", in Joaquim Maria MACHADO DE ASSIS, *Correspondência de Machado de Assis (1870--1889)*. Org. de Irene MOUTINHO e Sílvia ELEUTÉRIO. Rio de Janeiro: ABL, 2009, tomo II, pp. 139-41. Coleção Afrânio Peixoto, 92.

Vitoriano PALHARES, *As noites da virgem*. Pernambuco: G. de Lhailacar / Livraria francesa, 1868.

Raul POMPEIA, *Canções sem metro* [1900]. Org. de Gilberto ARAÚJO. Campinas: Ed. da Unicamp, 2013.

Cruz e SOUSA, *Obra completa: prosa*. Org. de Lauro JUNKES. Jaraguá do Sul: Avenida, 2008, vol. II.

Fontoura XAVIER, *Opalas* [1884]. Lisboa: Viúva Tavares Cardoso, 1905.

Teoria e crítica literária

Gilles ABES, "A recepção de Baudelaire no Brasil: obra e fortuna crítica". *Remate de Males*, Campinas, vol. XLII, n. 1, jan./jun 2022, pp. 108-31.

Glória Carneiro do AMARAL, *Aclimatando Baudelaire*. São Paulo: Annablume, 1996.

Davi ARRIGUCCI JR., "Fragmentos sobre a crônica", in *Enigma e comentário*. São Paulo: Companhia das Letras, 1987, pp. 51-66.

Erich AUERBACH, "Filologia da literatura mundial", in *Ensaios de literatura ocidental. Filologia e crítica*. Org. de Davi ARRIGUCCI JR. e Samuel TITAN JR. Trad. de Samuel TITAN JR. e José Marcos Mariani de MACEDO. São Paulo: Editora 34, 2012, pp. 357-73.

Tavares BASTOS, *Baudelaire no idioma vernáculo*. Rio de Janeiro: Livraria São José, 1963.

Walter BENJAMIN, *Obras escolhidas III. Charles Baudelaire: um lírico no auge do capitalismo*. Trad. de José Carlos Marins BARBOSA e Hemerson Alves BAPTISTA. São Paulo: Brasiliense, 2010.

Suzanne BERNARD, *Le Poème en prose: de Baudelaire jusqu'à nos jours*. Paris: Librairie A.-G. Nizet, 1994.

Denise BOTTMANN, "Edições de Baudelaire no Brasil". *Revista XIX*, vol. II, n. 5, 2018, pp. 158-90.

Antonio CANDIDO, *Formação da literatura brasileira: momentos decisivos, 1750-1880*. São Paulo: Todavia, 2023.

___, "Esquema Machado de Assis", in *Vários escritos*. São Paulo: Todavia, 2023, pp. 15-35.

___, "A vida ao rés-do-chão", in *Recortes*. Todavia: 2023, pp. 26-35.

___, "A educação pela noite", in *A educação pela noite*. São Paulo: Todavia, 2023, pp. 13-29.

___, "Os primeiros baudelairianos", in *A educação pela noite*. São Paulo: Todavia, 2023, pp. 31-52.

___, "Literatura comparada", in *Recortes*. São Paulo: Todavia, 2023, pp. 262-68.

___, "Introdução", in Teófilo DIAS, *Poesias escolhidas*. Org., intr. e notas de Antonio CANDIDO. Rio de Janeiro: ABL; São Paulo: Imprensa Oficial do Estado de São Paulo, 2011, pp. XIII-XXXVII.

Cassiana Lacerda CAROLLO, *Decadismo e Simbolismo no Brasil: crítica e poética*. Rio de Janeiro: Livros Técnicos e Científicos; Brasília: INL, 1980.

Aurélia CERVONI, "Baudelaire lycanthrope ". *Cahiers de Littérature Française: Adjectif Baudelaire*, n. 16, 2017, pp. 25-37.

Antoine COMPAGNON, *Baudelaire. L'irréductible*. Paris: Flammarion, 2014.

Jean-Michel GOUVARD, "*Le Spleen de Paris* de Charles Baudelaire: des 'petits genres journalistiques' aux 'petits poèmes en prose'". *Mémoires du livre*, vol. VIII, 2017, pp. 120.

Lúcia GRANJA, *Machado de Assis. Antes do livro, o jornal: suporte, mídia e ficção*. São Paulo: Ed. da Unesp, 2018.

Hélio de Seixas GUIMARÃES, "O impacto da obra de Machado de Assis sobre as concepções de romance". *Machado de Assis em linha*, ano 1, n. 1, jun. 2008, pp. 29-39.

___, *Os leitores de Machado de Assis: o romance machadiano e público de leitores do século 19*. São Paulo: Nankin / Edusp, 2004.

André GUYAUX, "Chronologie" in Charles BAUDELAIRE, *Œuvres complètes*. Org. de André GUYAUX e Andrea SCHELLINO. Paris: Gallimard, 2024, tomo I, pp. LIII-XCII e tomo II, pp. IX-XXVIII. Bibliothèque de la Pléiade.

Jamil Almansur HADDAD, "Baudelaire e o Brasil", in Charles BAUDELAIRE, *As flores do mal*. Trad., intr., e notas de Jamil Almansur HADDAD. São Paulo: Max Limonad, 1981.

Jean-Michel MASSA, *Machado de Assis tradutor*. Trad. de Oséias FERRAZ. Belo Horizonte: Crisálidas, 2008.

José Guilherme MERQUIOR, "Gênero e estilo das *Memórias póstumas de Brás Cubas*". *Revista Colóquio / Letras*, n. 8, 1972, pp. 12-20.

Augusto MEYER, "O homem subterrâneo", in Joaquim Maria MACHADO DE ASSIS, *Obra completa em quatro volumes*. São Paulo: Nova Aguilar, 2015, vol. I, pp. 33-36.

___, "De Machadinho a Brás Cubas". *Teresa*, n. 67, 2005, pp. 409-17.

Andrade MURICY, *Panorama do movimento simbolista brasileiro*. Rio de Janeiro: Departamento de Imprensa Nacional, 1951.

Dolf OEHLER, "'Loucura do povo e loucura da burguesia'. Baudelaire: ator, poeta e juiz da revolução de 1848". *Literatura e Sociedade*, vol. XV, n. 13, 2010, pp. 26-35.

___, *O velho mundo desce aos infernos: auto-análise da modernidade após o trauma de junho de 1848 em Paris*. Trad. de José Marcos MACEDO. São Paulo: Companhia das Letras, 1999.

___, *Quadros parisienses: estética antiburguesa em Baudelaire, Daumier e Heine (1830-1848)*. Trad. José Marcos MACEDO e Samuel TITAN JR. São Paulo: Companhia das Letras, 1997.

Fernando PAIXÃO, "Poema em prosa: problemática (in)definição". *Revista Brasileira*, 2013, pp. 151-62.

Natasha Belfort PALMEIRA, "Outro Baudelaire: sobre a forma livre de *O* spleen *de Paris* e das *Memórias póstumas de Brás Cubas*. *Novos Estudos CEBRAP*, vol. XL, n. 3, 2021, pp. 517-31.

Lúcia Miguel PEREIRA, *Machado de Assis: estudo crítico e biográfico*. Belo Horizonte: Editora Itatiaia; São Paulo: Editora da Universidade de São Paulo, 1988.

Xavier PLACER, *O poema em prosa: conceituação e antologia*. Rio de Janeiro: Departamento de Imprensa Nacional, 1962.

Mario PRAZ, *La carne, la morte e il diavolo nella letteratura romantica*. Florença: Sansoni, 1999.

Péricles Eugênio da Silva RAMOS. *Do Barroco ao Modernismo: estudos da poesia brasileira*. São Paulo: Ed. Secretaria da Cultura, Esportes e Turismo, 1968.

Enylton José de Sá REGO, *O calundu e a panaceia: Machado de Assis, a sátira menipeia e a tradição luciânica*. Rio de Janeiro: Forense Universitária, 1989.

Jacques RIVIÈRE, *Études*. Paris: Gallimard, 1945.

Sergio Paulo ROUANET, "A forma shandiana: Laurence Sterne e Machado de Assis". Trad. de Sandra Guardini Teixeira VASCONCELOS. *Teresa*, n. 67, 2005, pp. 318-38.

Antônio Marcos SANSEVERINO, "*Cantos ocidentais* (1880), a poesia machadiana na *Revista Brasileira*". *Machado de Assis em linha*, vol. VIII, n. 15, 2015, pp. 100-19.

Henri SCEPI, "Baudelaire: prose et formes poétiques", in *Théorie et poétique de la prose, d'Aloysius Bertrand à Léon-Paul Fargue*. Paris: Honoré Champion / Unichamp-Essentiel, 2012, pp. 61-84.

Andrea SCHELLINO, *Bibliographie du Spleen de Paris (1855-2014)*. Paris: Classiques Garnier, 2015.

Roberto SCHWARZ, *Um mestre na periferia do capitalismo. Machado de Assis*. São Paulo: Duas Cidades / Editora 34, 2008.

Luiz Alberto de souza, "Um mundo em agonia: a geração de 1870 em Desterro". *Revista História e Cultura*, vol. iii, n. 1, 2014, pp. 172-88.

Flora süssekind, "A família agulha: prosa em ziguezague", in *A família agulha: romance humorístico*. Rio de Janeiro: Vieira & Lent / Casa de Rui Barbosa, 2003, pp. 11-32.

Marie-Ève thérenty, *La littérature au quotidien. Poétiques journalistiques au xixe siècle*. Paris: Le Seuil, 2009.

Samuel titan jr., "O romance e a revista. As *Memórias póstumas de Brás Cubas* na *Revista Brasileira*". *Serrote*, vol. i, 2009, pp. 144-49.

Paolo tortonese, "Dans la marmite de Baudelaire". *Revue de langue et littérature françaises de l'Université de Tokyo*, n. 55, 2022, pp. 443-59.

___, "Baudelaire romantique et antiromantique". *L'Année Baudelaire*, vol. xviii/xix, 2014, pp. 149-66.

Alain vaillant, "Baudelaire, artiste moderne de la 'poésie-journal'". *Études littéraires*, vol. xl, n. 3, 2009, pp. 44-60.

Gilberto Araújo de vasconcelos júnior, *O poema em prosa no Brasil (1883-1898): origens e consolidação*. Rio de Janeiro: ufrj, 2014. Tese (Doutorado em Letras).

___, "Introdução", in Raul pompeia, *Canções sem metro* [1900]. Org. de Gilberto araújo. Campinas: Ed. da Unicamp, 2013.

Historiografia

Capistrano de abreu, "Sobre as *Memórias póstumas de Brás Cubas*" [*Gazeta de Notícias*, Rio de Janeiro, 30 jan. 1881], in Joaquim Maria machado de assis, *Obra completa em quatro volumes*. São Paulo: Nova Aguilar, vol. i, pp. 18-20.

Paulo airaghi e Vitor sauerbronn, "O jornal centro acadêmico do Rio de Janeiro: um centro difusor de ideias republicanas no século xix". *Bilros: revista de história*, vol. vi, n. 12, 2018, pp. 163-81.

ARARIPE JR., "Movimento literário do ano de 1893", in *Obra crítica*. Rio de Janeiro: MEC / Casa de Rui Barbosa, 1958-70, vol. III, pp. 135-36.

Heloisa BARBUY, *A cidade-exposição: comércio e cosmopolitismo em São Paulo, 1860-1914*. São Paulo: Edusp, 2006.

Augusto Vitorino Alves Sacramento BLAKE, *Dicionário bibliográfico brasileiro*. Rio de Janeiro: Tipografia Nacional, 1883.

Luís da Câmara CASCUDO, *Geografia dos mitos brasileiros*. São Paulo: Global Editora, 2002.

Afrânio COUTINHO e José GALANTE DE SOUSA, *Enciclopédia de literatura brasileira*. São Paulo: Global Editora / Fundação Biblioteca Nacional, 2001.

José Luís de Almeida NOGUEIRA, *A Academia de São Paulo: Tradições e Reminiscências. Estudantes, estudantões, estudantadas*. São Paulo: Tipografia Vanorden & Co., 1907, vol. I.

Raul POMPEIA, "Crônica 3" [*Revista Ilustrada*, Rio de Janeiro, n. 202, 1880], in *Obras*. Org. de Afrânio COUTINHO. Rio de Janeiro: MEC / FENAME / Oficina Literária Afrânio Coutinho / Civilização Brasileira, 1983, vol. VII, pp. 21-22.

José Joaquim Peçanha PÓVOA, *Anos acadêmicos, S. Paulo, 1860-1864*. Rio de Janeiro: Tipografia Perseverança, 1870.

Sílvio ROMERO, "Explicações indispensáveis", in *Tobias Barreto: vários escritos*. Rio de Janeiro: Laemmert & C. Editores, 1900.

Virgílio VÁRZEA, "Impressões da Província (1882-1889): A Tribuna Popular e a Guerrilha Literária Catarinense". *Correio da Manhã*, 17 fev. 1907, p. 1.

PARTENON LITERÁRIO. Org. de Alice T. C. MOREIRA, Maria Eunice MOREIRA e Mauro Nicolas PÓVOAS. Porto Alegre: EDIPURCS, 2018. Disponível on-line.

Publicações na imprensa

João Ribeiro de CAMPOS CARVALHO, "Ode ao cigarro!". *Correio Paulistano*, São Paulo, 22 abr. 1871.

___, "O estrangeiro". *Correio Paulistano*, São Paulo, 10 set. 1871 e *Diário de Notícias do Rio de Janeiro*, Rio de Janeiro, 13 mar. 1872.

___, "Embriagai-vos". *Correio Paulistano*, São Paulo, 10 set. 1871 e *Diário de Notícias do Rio de Janeiro*, Rio de Janeiro, 13 mar. 1872.

___, "Um hemisfério nos cabelos". *Correio Paulistano*, São Paulo, 10 set. 1871 e *Diário de Notícias do Rio de Janeiro*, Rio de Janeiro, 13 mar. 1872.

___, "Fora do mundo". *Correio Paulistano*, São Paulo, 10 set. 1871 e *Diário de Notícias do Rio de Janeiro*, Rio de Janeiro, 13 mar. 1872.

___, "Vênus e o louco". *Correio Paulistano*, São Paulo, 10 set. 1871 e *Diário de Notícias do Rio de Janeiro*, Rio de Janeiro, 13 mar. 1872.

___, "Desejo de pintar". *Correio Paulistano*, São Paulo, 10 set. 1871 e *Diário de Notícias do Rio de Janeiro*, Rio de Janeiro, 13 mar. 1872.

___, "Epílogo". *Correio Paulistano*, São Paulo, 10 set. 1871.

___, "O relógio". *Diário de Notícias do Rio de Janeiro*, Rio de Janeiro, 13 mar. 1872.

Francisco Antonio de CARVALHO JÚNIOR, "Um amor filósofo (Romance microscópico)". *O Fígaro, folha ilustrada*, Rio de Janeiro, 1876.

Luís Caetano GUIMARÃES JÚNIOR, "Literatura angélica, poemas em prosa". *O Mundo da lua: folha ilustrada lunática, hiperbólica e satírica*, Rio de Janeiro, 07 jan. 1871.

___, "*Arabescos*". *Diário do Rio de Janeiro*, Rio de Janeiro, 02 fev. 1872.

Joaquim Maria MACHADO DE ASSIS, "A propósito de botas". *Revista Ilustrada*, Rio de Janeiro, ano 6, n. 235, 15 jan. 1881, pp. 3-6.

Gama ROSA, "As quimeras". *O Repórter*, Rio de Janeiro, 11 fev. 1879.

___, "O bobo e a vênus (poema em prosa)". *O Repórter*, Rio de Janeiro, 12 fev. 1879.

___, "Um hemisfério nos teus cabelos". *O Repórter*, Rio de Janeiro, 22 fev. 1879.

___, "O estrangeiro, poema em prosa". *O Repórter*, Rio de Janeiro, 08 abr. 1879.

___, "Os papéis avulsos por Machado de Assis". *Gazeta da Tarde*, Rio de Janeiro, 02 nov. 1882.

"A espingarda de Baudelaire". *Correio Mercantil* e *Diário de Notícias*, Rio de Janeiro, 22 out. 1867.

ALMANAQUE LAEMMERT, ADMINISTRATIVO, MERCANTIL E INDUSTRIAL DO RIO DE JANEIRO. Rio de Janeiro, 1876, 1877 e 1878.

"Charles Baudelaire almoçava". *Diário de São Paulo*, São Paulo, 07 nov. 1875.

"La Lune offensée". *Courrier du Brésil, Politique, Littérature, Revue des Théâtres, Sciences et Arts, Industrie, Commerce*, Rio de Janeiro, 20 abr. 1862.

LIVRARIA ACADÊMICA DE L. A. GARRAUX EM LÍNGUA FRANCESA. São Paulo, L. A. Garraux, 1878.

"O ideal e o real". *Domingo, Jornal Literário e Recreativo*, Rio de Janeiro, 30 nov. 1873.

"Uma vítima do himeneu, poema em prosa em três cantos". *O Centro Acadêmico do Rio de Janeiro*, Rio de Janeiro, 14 jul. 1872.

Índice onomástico

A

Alberto de Oliveira, Antônio
  Mariano (1857-1937), 22
Alencar, José Martiniano de
  (1829-1877), 11, 19, 26,
  30, 185, 187, 188, 194
Alighieri, Dante (1265-1321), 94, 112
Almeida, Manuel Antônio
  de (1831-1861), 11
Álvares de Azevedo, Manuel
  Antônio (1831-1852), 27, 129, 130
Araújo Figueiredo, Juvêncio
  de (1865-1927), 21
Azevedo, Militão Augusto
  de (1837-1905), 88, 89

B

Badaró, Giovanni Battista Líbero
  (1798-1830), 128, 129
Bandeira Filho, Manuel Carneiro
  de Sousa (1886-1968), 50
Banville, Théodore Faullain de
  (1823-1891), 22, 50, 103
Barbosa, Lídio Martins
  (1864-1913), 21
Barreira Júnior, João Batista
  (1866-1961), 50

Barreiros, Artur (1856-
  -1885), 298, 299
Baudelaire, Charles (1821-1867),
  12-20, 22-32, 34-39, 41, 43-51,
  53, 55, 56, 68, 85, 103, 104, 107,
  109, 120, 158, 164, 171, 182, 201,
  203, 204, 259, 268-270, 272, 275,
  277, 279, 299, 301, 306, 309-312
Beauvoir, Roger de — pseudônimo
  de Eugène-Augustin-Nicolas
  Roger (1807-1866), 162
Bertrand, Aloysius — pseudônimo
  de Louis Jacques Napoléon
  Bertrand (1807-1841),
  18, 23, 26-28, 50, 171
Bocage, Manuel Maria Barbosa
  l'Hedois du (1765-1805), 237
Boccaccio, Giovanni (1313-1375), 161
Borel, Pétrus (1809-1859), 171
Buisson, Jules (1822-1909), 53

C

Callot, Jacques (1592-1635), 23, 27
Campos Carvalho, João Ribeiro
  de (1848-1876), 19, 22, 24, 48,
  57, 59, 60, 62, 64, 65, 67, 69, 71,
  81-83, 96, 103, 112, 129, 155, 157,
  158, 160, 162, 164, 167, 298, 312

Carvalho Júnior, Francisco Antônio de (1855-1879), 14, 15, 17, 22, 24, 38, 50, 243, 245, 251, 252, 298, 299, 313, 314

Castro Alves, Antônio Frederico de (1847-1871), 14, 24, 303

Catulle Mendès, Abraham (1841-1909), 28, 311

Chatrian, Alexandre (1826-1890), 120

Chopin, Frédéric François (1810-1849), 23

Coelho da Cunha, Alberto (1853--1939), 22, 109, 195, 197, 297, 313

Cousin, Victor (1792-1867), 158

Cruz e Sousa, João da (1862--1898), 18, 20, 21, 50, 51, 263, 265, 268, 300-302, 314

D

Delfino dos Santos, Luís (1834-1910), 20, 21, 312

Denecourt, Claude-François (1788-1875), 26, 310

Dias, Gonçalves Antônio (1823--1864), 27, 144, 214

Dias de Mesquita, Teófilo Odorico (1854-1889), 14, 17, 21, 22, 24, 25, 35, 36, 304

Diniz, Júlio — pseudônimo de Joaquim Guilherme Gomes Coelho (1839-1871), 112

Droz, Gustave (1832-1895), 158

Drummond de Andrade, Carlos (1902-1987), 50

Dumas, Alexandre (1802-1870), 113

E

Eça de Queirós, José Maria de (1845-1900), 16, 313

Erckmann, Émile (1822--1899), 119, 120

Espronceda, José de (1808-1842), 105

F

Fernán Caballero — pseudônimo de Cecilia Böhl de Faber y Ruiz de Larrea (1796-1877), 105

Ferreira, Carlos (1844-1913), 22, 25, 312

Ferreira Gullar — pseudônimo de José Ribamar Ferreira (1930-2016), 50

Feuillet, Octave (1821-1890), 103

Fontoura Xavier, Antônio Vicente da (1856-1922), 14, 17, 22, 25, 314

G

Gacon-Dufour, Marie Armande Jeanne (1753-1835), 107

Gama Rosa, Francisco Luís da (1852-1918), 21, 57, 74, 75, 77, 78, 300-302

Gama, Luís Gonzaga Pinto da (1830-1882), 304

Gasparin, Valérie de (1813-1894), 164

Garnier, Baptiste-Louis (1823--1893), 14, 312, 314

Gautier, Jules Pierre Théophile
(1811-1872), 22, 151
Goethe, Johann Wolfgang von
(1749-1832), 103-105
Goldsmith, Oliver
(1728/1730-1774), 133
Góngora, Luis de (1561-1627), 161
Gottschalk, Louis Moreau
(1829-1869), 156
Goya y Lucientes, Francisco
José de (1746-1828), 23
Guerra Junqueiro, Abílio
Manuel (1850-1923), 17
Guimarães Júnior, Luís Caetano
Pereira (1845-1898), 18, 19,
23-25, 31, 32, 49, 149, 151,
155, 163, 167-169, 171, 187,
193, 194, 298, 303, 312

H

Heine, Christian Johann Heinrich
(1797-1856), 31, 32, 45, 266
Hoffmann, Ernst Theodor
Amadeus (1776-1822),
23, 26, 27, 112
Hogarth, William (1697-1764), 119
Houssaye, Arsène (1814-1896),
28, 46, 107
Hugo, Victor-Marie (1802-
-1885), 14, 24, 311

K

Karr, Jean-Baptiste Alphonse
(1808-1890), 107

Kardec, Allan — pseudônimo
de Hippolyte Léon Denizard
Rivail (1804-1869), 113, 125, 128
Kerner, Justinius (1786-1862), 119
Kock, Charles Paul de
(1793-1871), 106

L

Lambert-Thiboust, Pierre-
-Antoine-Auguste
(1827-1867), 106
Latouche, Henri de
(1785-1851), 164
Lévy, Michel (1821- 1875),
25, 68, 312
Le Vavasseur, Gustave
(1819-1896), 53
Leopardi, Giacomo
(1798-1837), 261
Lesage, Alain-René
(1668-1747), 115
Liszt, Franz (1811-1886), 23, 156
Lostada, Manuel dos Santos
(1860-1923), 21, 300, 302
Louvet, Jean-Baptiste
(1760-1797), 127

M

Macedo, Joaquim Manuel
de (1820-1882), 11, 30
Machado de Assis, Joaquim Maria
(1839-1908), 11-14, 16, 18,
20, 22, 24, 25, 30-48, 50, 51,
180, 187, 191, 193, 205, 207,
218, 226, 227, 234, 239, 281,

283, 286, 289, 290, 292, 302, 303, 304, 306, 307, 309-315

Maistre, Xavier de (1763--1852), 12, 40, 41

Mallarmé, Stéphane (1842--1898), 50, 301

Marlowe, Chritopher (1564-1593), 119

Marquês de Sade, Donatien Alphonse François de Sade (1740-1814), 161

Martins Pena, Luís Carlos (1815-1848), 30

Medeiros e Albuquerque, José Joaquim de Campos da Costa de (1867-1934), 301

Meneses, Tobias Barreto de (1839-1889), 16, 24, 303

Méryon, Charles (1821-1868), 28

Molière, Jean-Baptiste Poquelin (1622-1673), 114, 127, 236, 237, 240

Morais Neto, Prudente de (1904-1977), 22

Murat, Luís Norton Barreto (1862-1929), 304

Murger, Henri (1822--1861), 203, 245

Musset, Alfred de (1810-1857), 158

N

Nerval, Gérard de (1808--1855), 32, 113

Nodier, Charles (1780-1844), 27

Nogueira, José Luís de Almeida (1851-1914), 129

Nordau, Max (1849-1923), 302

Novalis, Georg Philipp Friedrich von Hardenberg (1772-1801), 188

O

Oliveira Belo, Luís Alves Leite de (1849-1915), 109

Oliveira, Artur de (1851--1882), 22, 24

P

Palhares, Vitoriano José Mariano (1840-1890), 23, 24, 27, 50, 303

Poe, Edgar Allan (1809- 1849), 20, 85, 113, 119, 309, 310

Pompeia, Raul d'Ávila (1863- 1895), 18, 26, 48, 50, 51, 84, 257, 259, 261, 299, 301, 304, 305, 314, 315

Pontoppidan, Erik (1698--1764), 90, 93

Poulet-Malassis, Paul Emmanuel Auguste (1825-1878), 28

Póvoa, José Joaquim Peçanha (1831-1904), 129, 130

Proudhon, Pierre-Joseph (1809-1865), 85

Q

Quental, Antero Tarquínio de (1842-1891), 17

Quincey, Thomas de (1785-1859), 120

R

Rabelais, François (1494-1553), 92
Radcliffe, Ann (1764-1823), 83
Regueira Costa, João Batista
 (1845-1915), 23, 24, 313, 314
Ribeiro de Almeida, Oscar
 Rosas (1864-1925), 21
Richardson, Samuel
 (1689-1761), 124
Rimbaud, Jean-Nicolas
 Arthur (1854-1891), 50

S

Sand, George (1804-1876), 107, 164
Sardou, Victorien (1831-
 -1908), 107, 302
Schumann, Robert Alexander
 (1810-1856), 23
Shakespeare, William
 (1564-1616), 35, 119
Sousa Carvalho, Horácio
 Fortunato de (1857-1933), 21
Sousândrade — pseudônimo
 de Joaquim de Sousa
 Andrade (1833-1902), 22
Spinoza, Baruch (1632-1677), 85
Spencer, Herbert (1820-1903), 302
Sterne, Laurence (1713-
 -1768) 12, 40, 41

Staël, Germaine de (1766-
 -1817), 107
Sully-Prudhomme — pseudônimo
 de René Armand François
 Prudhomme (1839-1907), 22

T

Tieck, Ludwig (1773-1853), 105
Tiepolo, Giambattista
 (1696-1770), 23
Trueba, Antonio de
 (1819-1889), 105

V

Vale, José Antônio do
 (1845-1912), 115
Várzea, Virgílio dos Reis (1863-
 -1941), 20, 21, 300, 302, 314
Verlaine, Paul (1844-1896), 301
Voltaire, François-Marie Arouet
 (1694-1778), 127, 268

Z

Zorrilla, José (1817-1893), 105

A forma livre © Natasha Belfort Palmeira
Esta edição © Editora 34, 2024

Edição Samuel Titan Jr.
Preparação Andressa Veronesi
Revisão João Cândido Cartocci Maia, Débora Donadel
Projeto gráfico Bloco Gráfico
Assistência de design Lívia Takemura

1ª edição, 2024.

A reprodução de qualquer folha deste livro é ilegal e configura
apropriação indevida dos direitos intelectuais e patrimoniais do autor.
A grafia foi atualizada segundo o Acordo Ortográfico da Língua
Portuguesa de 1990, que entrou em vigor no Brasil em 2009.

CIP – Brasil. Catalogação na Fonte
(Sindicato Nacional dos Editores de Livros, RJ, Brasil)

Palmeira, Natasha Belfort
   A forma livre: Baudelaire e Machado
       de Assis / Natasha Belfort Palmeira
  São Paulo: Editora 34, 2024
  (1ª Edição)
  336 pp.

ISBN 978-65-5525-214-9

1. Teoria literária. 2. Literatura comparada.
3. Baudelaire, Charles (1821-1867). 3. Machado
de Assis, Joaquim Maria (1839-1908). I. Título.

CDD 801

Editora 34 Ltda.
Rua Hungria, 592 – Jardim Europa
São Paulo – SP – Brasil
CEP 01455-000
Tel (11) 3811-6777
www.editora34.com.br

Este livro foi composto em Chassi
e impresso em papel Pólen Bold 70 g/m²
na gráfica Loyola para a
Editora 34 em novembro de 2024.